청소년을 위한 사회문제 탐구 에세이

청소년을 위한
사회문제 탐구
에세이

구정화 지음

경인교육대학교 사회과교육과 교수

해냄

시작하는 탐구자를 위한 작은 안내서

저는 오래전부터 사회현상을 연구하고 있습니다. 제가 직접 연구한 결과를 논문으로 작성하기도 하고, 누군가가 연구한 결과를 활용하여 청소년이 읽기 쉽게 정리한 책을 만들기도 합니다.

이 과정에서 저는 많은 논문과 전문 서적을 찾아서 읽습니다. 그러다 보면 우리가 살아가는 사회에서 발생하는 현상에 관해 사소해 보이지만 중요한 연구가 많이 진행되고 있음을 깨닫습니다. 동일한 사회현상에 다른 관점을 적용한 연구결과를 비교하는 재미도 종종 누립니다.

제 일상을 잠깐 말씀드리면, 저는 노래방에 가더라도 노래를 부르는 것보다 노래 부르는 사람을 관찰하는 것이 더 재미있습니다. '왜 저 노래를 부를까?' '왜 친구가 노래하는데 박수 치지 않고 자신이 부를 노래의 번호만 입력할까?' 등등의 생각도 합니다.

다른 상황에서도 마찬가지여서, 제 머리에서는 그 상황에 관해 이런 저런 질문이 맴돕니다. 질문을 시작하면 그에 대한 답을 찾기 위해 자료를 검색하기도 하고, 스스로 연구문제를 정해서 논문을 작성하거나 적절한 답을 짧은 글로 써보기도 합니다.

이처럼 어떤 상황에서 궁금증이 생기거나 질문이 생기는 것은 저만의 경험이 아닐 것입니다. 모든 사회현상에 대한 탐구는 질문에서 시작되기에, 사회현상에 관심을 가진 사람들은 특이한 경험을 하는 상황에서 질문을 만들어보고 답을 찾으려고 합니다.

'왜 저런 일이 생겼을까?'라는 질문. 어느 하나도 당연하다고 인식하지 않고 질문하는 일. 바로 탐구의 시작입니다. 그러나 시작과 달리 탐구 과정은 매우 복잡합니다. 또한 탐구결과를 알리기 위해 논문이나 보고서를 완성해 가는 것도 힘든 작업입니다.

사회현상을 탐구하는 과정은 자신의 질문에 답을 찾아가는 매우 흥미로운 여정입니다. 이를 시작하려는 사람들에게 도움이 되도록 작은 안내서를 만들어보았습니다.

사실 탐구하고 기록하는 것은 그 과정을 옆에서 세세하게 관찰하고 이를 바탕으로 실수도 하고 직접 적용해 보면서 배워야 하는 과정입니다. 그래서 책으로 그 여정을 안내하려면 매우 자세하게 설명해야 합니다. 처음 시작할 때는 정말 상세한 안내서를 만들자고 생각했습니다. 그런데 제가 적은 글을 살펴보니 여전히 추상적이고 이론적인 설명이 많습니다. 그럼에도 작은 도움이 되길 바랍니다.

잠깐! 혹시 이제껏 글을 읽으면서, '연구와 탐구는 다른가?'라고 생각한 사람이 있나요? 멋진 질문입니다. 사실 연구와 탐구는 다르지 않습니다. 같은 말이라고 봐도 무방합니다. 다만 이 책에서는 일반적으로 '탐구'라는 표현을 쓰고, 전문적인 연구자들의 연구결과를 소개할 때는 '연구'라는 표현을 사용하겠습니다.

이 책을 읽고 사회현상에 대한 탐구 과정을 어느 정도 이해했다면, 사소한 현상이라도 관심을 가지고 직접 탐구해 보길 권합니다.

2024년 4월

구정화

차례

1장

탐구의 첫걸음, 알아두어야 할 것들

2장

사회문제 탐구, 어떤 주제로 할까?

5장
탐구를 멋지게, 결과 정리하기

1장

탐구의 첫걸음, 알아두어야 할 것들

1
사회현상을 과학적으로 탐구한다고?

● 세상의 온갖 것들을 연구하는 사람들

매년 연말이 되면 스웨덴 한림원에서 노벨상 수상자를 발표합니다. 우리나라는 여러 차례 후보에 올랐던 문학상에 관심을 많이 기울이죠. 최근에는 화학상 등 과학연구 분야에서도 후보로 거명되면서, 다양한 분야에서 노벨상을 받을 가능성을 점치기도 합니다.

그런데 노벨상을 비틀어 만든 상이 있다는 것을 알고 있나요? 바로 이그노벨상입니다. 이그노벨상은 매년 노벨상 시상식 즈음에 시상하는데, 그해에 매우 황당한 연구를 한 이에게 주어집니다. 과학 분야의 노벨상이 그해 인류에게 매우 큰 영향을 준 연구에 대한 상이라면, 이그노벨상은 웃기거나 굳이 연구하지 않아도 되는 주제를 다룬 연구에 대한 상입니다.

"일단 사람들을 웃기고, 생각하게 하라(First, make people laugh and then make them think)"라는 표어를 가진 이 상은 미국 하버드대학교 내의 한 과학연구 잡지사에서 1991년부터 주고 있습니다. 잡지명은 'Annals of Improbable Research'입니다. 우리말로 번역하면 '황당무계한 연구 연보'라고 할 수 있죠. 이 잡지는 연구논문을 모아놓는 학술지인데요, 학술지는 여러분이 많이 들어본《네이처》와 같은 자연과학 학술지를 포함하여 연구 분야별로 매우 다양합니다.

노벨상이 그렇듯이, 이그노벨상도 대부분 자연현상에 대한 연구논문을 대상으로 합니다. 놀랍게도 우리나라는 이그노벨상을 네 번 받았습니다. 가장 최근 수상은 2017년인데, 민족사관고등학교 재학생이 학교 과제로 만든 연구보고서였습니다. '커피잔을 들고 걸을 때 어떤 형태의 커피잔에 들어 있는 커피를 제일 적게 쏟는가?'라는 질문에 대한 연구결과를 정리한 것입니다. 컵의 아랫부분을 잡을 때보다 윗부분을 감싸쥐고 걸을 때, 머그잔이 아닌 와인잔을 사용할 때 커피가 덜 넘치는 것을 밝혀냈죠. 그 원리는 복잡하니, 그냥 넘어갑시다.

이그노벨상은 자연현상에 초점을 둔 연구만을 대상으로 하는 것은 아닙니다. 2013년의 이그노벨상은 프랑스의 사회심리학 연구자인 로랑 베그(Laurent Begue)와 그 연구팀이 받았습니다. 주제는 '술을 마신 사람은 자신을 매력적으로 생각할까?'였습니다.

'술을 마시면 가까이 있는 이성을 매력적으로 인식한다'는 '비어고글' 현상은 많은 이들이 받아들이는 상식입니다. 눈에 콩깍지 대신 '맥주깍지'가 낀 현상이라는 의미를 담고 있겠죠. 로랑 베그 연구팀은 술에 취한 상태에서 이성에게 매력을 느끼는 것을 넘어, 자신도 매력적으로 느끼는가에 관심을 가지고 연구를 시작했습니다.

이 연구는 어떻게 진행되었을까요? 먼저 술을 마시지 않은 상태의 사람에게 자신이 얼마나 매력적인지를 발표하게 하고는, 술을 마신 후 취한 상태에서 자신이 얼마나 매력적인지 발표하게 했습니다. 그러자 술에 취하지 않았을 때보다 술에 취했을 때 자신을 스마트하고 매력적으로 표현하는 진술을 더 많이 하는 것을 확인할 수 있었죠. 이 연구결과를 정리한 논문으로 이그노벨상을 받은 것입니다.

● 인간은 왜 탐구할까?

노벨상이나 이그노벨상의 대상은 아니지만, 많은 사람들이 살아가면서 궁금한 것을 다양하게 연구하고 그 결과를 연구학술지에 제시합니다. 생각지도 못할 만큼 다양한 연구가 이루어지고 있죠. 인간은 왜 끊임없이 연구하는 걸까요?

인간을 동물이라는 존재로만 보면, 신체의 크기나 힘 등에서 다른 동물에 비해 뒤집니다. 그러나 수많은 동물과 달리 인간은 과학과 기술을 발전시키면서 지구에 다양한 문명을 만들고 역사를 형성하면서 살아왔습니다. 모두가 알다시피 인간의 활발한 두뇌 활동이 이 모든 일을 가능하게 했지요.

알타미라 동굴벽화나 울산의 반구대 암각화에서 보듯이, 아주 오래전부터 인간은 관찰한 것을 기록했습니다. 그 내용은 다음 세대로 이어지고 인류에게 큰 유산이 되었죠. 현재 우리가 먹을 수 있는 식물과 먹으면 안 되는 식물을 구별하는 것도 과거에 수많은 사람이 관찰하고 그 결과를 기록이나 구전으로 알려주어서 가능한 일입니다.

오늘날에도 수많은 사람이 주변에서 새로운 것을 관찰한 결과를 그냥 넘기지 않고 정리하는 일을 합니다. 그것이 바로 연구, 탐구결과입니다. 탐구는 실험실에서만 하는 특이한 일이 아닙니다. 인간이 자신의 주변에서 일어나는 다양한 현상을 다양한 측면에서 조사하고 분석하여 정리한 것이 탐구죠. 결국 우리가 주변에서 일어나는 일을 관찰하고 탐구한 덕분에 인류는 다른 동물과 경쟁하면서 지금에 이를 수 있었던 것은 아닐까요?

● 과학적 탐구란 무엇일까?

일상의 다양한 현상을 관찰하고 탐구하는 것은 사소해 보이지만 인간의 삶을 편리하게 만드는 중요한 일인 경우가 많습니다.

예를 들어 옷이나 신발 착용을 편하게 해주는 벨크로(찍찍이)를 볼까요? 이것은 어떻게 사용하게 되었을까요? 1941년에 스위스의 전기기술자인 조르주 드 메스트랄(George de Mestral) 덕분에 사용하게 됐죠. 메스트랄은 사냥개를 따라 산속으로 들어갔다가 우연히 산에서 산우엉 씨(도꼬마리 씨)가 옷에 붙어 떨어지지 않는 것을 관찰했습니다.

그는 '왜 다른 씨와 달리 이것은 옷에서 잘 떨어지지 않을까?'라는 의문을 품고서, 그 씨를 현미경으로 확대하여 조사했습니다. 갈고리 모양으로 씨를 감싼 갈기를 보고, 갈고리 모양으로 인해 산우엉 씨가 오래 붙어 있었다는 것을 알게 됐죠. 그는 이를 응용하여 벨크로 테이프를 만들었고, 신이나 옷, 가방 등에 적용했습니다. 이처럼 인간은 주변에 무엇인가 새롭거나 궁금한 것이 생기면 그냥 넘기지 않고 "왜?"

라는 호기심을 갖고 그 현상을 탐구하려고 합니다.

어떤 현상에 대해 "왜?"라는 질문을 던지고 객관적으로 보여줄 수 있는 자료를 찾아 해답을 내놓은 결과를 '과학적 지식'이라고 합니다. 이그노벨상을 받은 연구팀이 술에 취한 사람에게 자신의 매력을 표현하게 하고 술을 먹기 전에 자신의 매력을 표현한 정도와 비교한 후 '술을 마신 사람은 자신을 매력적으로 생각한다'라고 내놓은 결과도 과학적 지식입니다.

'과학'이라는 말은 영어 'science'를 번역한 표현입니다. science는 라틴어 'scientia'가 어원인데, '알다'라는 의미를 담은 'scio'의 명사형입니다. 그래서 science는 '아는 것, 지식'이라는 의미를 지닙니다. 그러니까 '과학적 지식'은 '지식'을 반복한 셈이므로, 결국 지식을 강조하는 표현이라고 볼 수 있습니다. 또 일반적 지식과 구별하여 연구를 통해 얻은 지식이라는 측면에서 과학적 지식이라고 표현하기도 합니다. 이 점에서 '지식 중의 지식'으로 볼 수 있죠.

그렇다면 과학적 지식에서 말하는 '과학'은 과목을 의미하지 않는다는 점도 알 수 있겠죠. 과학은 세상에 존재하는 모든 것에 내재하는 법칙이나 특성을 체계적으로 알아가려고 하는 학문을 말하며, 자연현상에 관한 것만이 아니라 사회현상에 관한 연구도 포함합니다.

● 자연현상과 사회현상, 뭐가 다를까?

오늘날 많은 사람이 반려견과 더불어 살아갑니다. 혹시 개와 관련하여 궁금한 점이 있나요? 저는 '왜 개는 냄새를 잘 맡을까?'가 궁금합니다. 일반적으로 동물은 외부에 존재하는 것을 파악하려고 할 때 자신이 가진 다양한 감각, 즉 오감을 사용합니다. 시각, 청각, 후각, 미각, 촉각이죠.

생물학에서 발견한 결과를 보면, 오감 중에서 인간은 70퍼센트를 시각에 의존하는 반면에, 개는 50퍼센트 이상을 후각에 의지합니다. 인간이 약 500만 개의 후각세포를 갖고 있는 데 비해 개는 2억 개에서 많게는 30억 개의 후각세포를 가졌다고 하니, 대단하죠.[1] 이 많은 후각세포가 다른 동물에 비해 개가 냄새를 잘 맡는 비결일 것입니다.

그렇다면 반려견과 관련해서 이런 질문도 가능하지 않을까요? '반려견은 인간의 정서 안정에 도움을 줄까?' 반려견을 비롯한 동물을 키우는 주변 사람에게 물어보면, 반려견과 생활하면 누군가와 함께 있다는 생각이 들어 든든하다고 이야기합니다. 특히 개가 주인에게 충성을 다하는 동물이라는 점에서, 반려견은 같이 사는 인간과 깊은 유대감을 맺고 이로 인해 심리적 안정을 준다고 합니다.

자, 그렇다면 여기서 잠깐! '개가 냄새를 잘 맡는 현상'과 '반려견이 사람의 정서 안정에 도움을 주는 현상'은 같을까요, 다를까요? 두 현상 모두 개와 관련된 것이지만, '개가 냄새를 잘 맡는 현상'은 인간의 의지나 의도와 무관하게 일어납니다. 이런 것을 자연현상이라고 합니다.

반면 '반려견이 사람의 정서 안정에 도움을 주는 현상'은 인간이 반려견을 키운다는 의지나 의도가 반영되어 나타난 것으로, 이를 사회현상이라고 합니다. 어떤 현상에 인간의 의지나 의도가 담겨서 나타나면 사회현상이고, 그렇지 않으면 자연현상입니다.

탐구 대상으로서 자연현상과 사회현상에는 차이가 있습니다. 무엇인지 살펴볼까요? 예를 들어 '계곡에서 물이 흘러내리는 자연현상'과

'계곡에 물을 담아둘 댐을 만드는 사회현상'을 비교해 봅시다.

먼저 '계곡에서 물이 흘러내리는 자연현상'을 봅시다. 아마도 지구상의 모든 계곡에서 물은 위에서 아래로 흐를 것입니다. 이러한 현상은 인간이 의도한다고 해서 일어나지 않는, 즉 인간의 가치와 무관하게 일어나는 몰가치성을 보입니다.

그리고 시간과 공간을 뛰어넘어 나타난다는 점에서 보편성을 보입니다. 더구나 물이 위에서 아래로 흐르는 것은 지구에서 중력이 작용하기에 나타나는 당연한 낙하 작용으로, 예외 없이 일어나서 법칙처럼 작용하기에 필연성의 원리가 작동합니다.

그렇다면 '계곡에 물을 담아둘 댐을 만드는 사회현상'을 살펴봅시다. 댐을 만든다는 것은 가뭄을 대비하겠다는 인간의 가치와 관련하여 나타난다는 점에서 가치 함축적입니다.

그런데 모든 사회에서 계곡을 이용하여 댐을 만들지는 않습니다. 많은 인간 사회에서 댐을 만들지만, 댐의 모양은 장소나 시기에 따라 다릅니다. 댐을 이용하여 농업용수를 저장하기도 하지만, 오로지 홍수를 막는 데만 댐을 사용하기도 합니다. 이처럼 사회현상은 사람들이 사는 공간, 시대적 배경, 상황에 따른 양상이 차이를 보인다는 점에서 어느 정도의 보편성과 더불어 특수성을 보이는 경우가 많습니다.

그리고 댐을 이용하여 홍수를 조절해도 항상 성공하는 것은 아니라는 점에서 사회현상은 확률과 개연성의 원리가 적용됩니다.

● 어렵지만 유익한 일, 사회현상 탐구

사실 사회현상은 자연현상과 달리 관련 요인이 복잡해서 명확하게 인과관계를 밝히기 어렵다는 특성이 있습니다. 그럼에도 사회현상에 관심을 가지고 과학적 탐구를 하는 이유는 무엇일까요? 자연현상과 마찬가지로 사회현상을 탐구한 다양한 연구결과 역시 인류가 살아가는 세상을 이롭게 하기 때문입니다.

예를 들어볼까요? '피그말리온 효과'에 대해 들어본 적이 있나요? 피그말리온은 그리스 신화에 나오는 조각가입니다. 평소 여성을 혐오하면서 멀리하던 피그말리온은 여성의 조각상을 만들지 않았습니다. 그런데 어쩌다 자신이 이상적으로 생각하는 여성을 조각하고 조각상의 여인에게 빠져듭니다.

결국 피그말리온은 사랑의 여신인 아프로디테에게 조각상의 여인과 결혼하게 해달라고 기도하죠. 기도가 받아들여져 피그말리온이 조각상에 입을 맞추자 조각상이 실제 여인으로 변합니다. 피그말리온은 그 여인과 결혼하여 행복하게 살았답니다. 그래서 '피그말리온'이라는 표현은 절실하게 원하는 것은 실제로 이룬다는 의미를 담고 있습니다.

그런데 이 피그말리온의 이름을 딴 실험 결과가 있습니다. 1964년에 미국 하버드대학교의 교육심리학자인 로버트 로젠탈(Robert Rosenthal) 박사의 실험이죠. 왜 이런 이름이 붙었을까요? 로젠탈 박사는 원래 쥐를 이용하여 미로 찾기 실험을 하고 있었습니다. 그런데 실

📋 알아봅시다

그리스 신화에서 따온 사회학 용어는?

피그말리온 효과 외에도 신화 주인공의 이름을 따서 현상을 설명하는 경우를 종종 볼 수 있다. 대표적인 것이 오이디푸스 효과로 예언이 실현의 조건이 된다는 것인데, '말하는 대로 된다'는 의미라고 생각하면 이해하기 쉽다.

그리스 로마 신화는 아니지만 성경에 나오는 지명이나 이름을 따서 사회현상을 설명하는 경우도 있다. '마태 효과'가 대표적이다. 빈익빈 부익부라고 알려진 현상을 일컫는 말인데, 로버트 머튼(Robert Merton)이라는 사회학자가 「마태복음」의 "무릇 있는 자는 더욱 받아 풍족하게 되고, 없는 자는 있는 것도 빼앗기리라"라는 말을 인용하며 처음 주장했다. 두 가지 모두 좀더 탐구해 보면 좋을 법한 개념이다.

이처럼 사회현상의 이름을 신화나 성경 등에서 따오는 이유는 무엇일까? 현상에 대한 이해를 높이기 위해 다수가 아는 말을 활용함으로써 현상을 좀더 쉽게 이해하도록 하기 위한 장치일 것이다. 우리나라의 인물이나 신화를 사용한 표현도 만들어 보면 어떨까?

험실에서 정성을 다해서 돌본 쥐가 그렇지 않은 쥐에 비해 미로를 잘 빠져나오는 것을 발견합니다. 그 순간 로젠탈 박사는 아이들도 마찬가지가 아닐까 생각합니다.

로젠탈 박사는 한 초등학교를 찾아가 학생들의 지능 테스트를 한 후, 결과와 무관하게 일부 학생을 골라 명단을 작성합니다. 그런 후 교사들에게 명단에 오른 아이들은 앞으로 성적이 오를 거라고 말합니다. 교사들은 명단에 오른 아이들에게 기대와 격려가 담긴 행동을 취했죠. 그리고 시간이 흘러 그 아이들의 성적을 살펴보니, 실제로 성적이 많이 올랐습니다. 이 연구결과는 원래 학생의 지적 능력과 상관없이 '잘할 것이라는 기대'가 학생의 성취에 긍정적인 영향을 미친다는 점을 증명했습니다. 이것이 바로 피그말리온 효과입니다.

피그말리온 효과는 연구자의 이름을 따서 '로젠탈 효과'라고도 하고, 발견 내용에 초점을 두어 '교사 기대효과'라고도 불립니다. 이 연구결과는 실제로 교사가 학생을 어떻게 대해야 할지에 관한 교수법적 원리를 제공합니다. 더 나아가 주변의 사람이 어떤 사람에게 높은 기대를 품는다면 그 사람도 그렇게 변할 것이라는 삶의 원리로도 확장할 수 있죠.

이처럼 자연현상만이 아니라 사회현상에 관한 연구도 인간 사회를 유익하게 하는 과학적 지식을 만들어냅니다. 그 탐구의 길을 함께 시작해 볼까요?

2
사회학적 상상력은 질문이 된다

● 커피 문화를 새로운 시각으로 본다면?

여러분은 커피를 마시나요? 여러분은 마시지 않더라도, 주변에서 커피를 마시는 사람들은 쉽게 볼 수 있을 겁니다.

커피는 언제 처음 우리나라에 들어왔을까요? 1896년, 일제로부터 위협받던 고종이 러시아 공사관으로 피난했던 아관파천 때 러시아 공사관에서 고종이 커피를 접했다는 기록이 있습니다. 이후에 양반들도 숭늉 대신에 커피를 즐기면서, 커피는 우리나라에서 수용한 서구 문화의 상징이 되었지요.

그렇다면 우리나라 최초의 카페는 언제 열렸을까요? 고종 당시에 독일계 러시아인으로 알려진 손탁 부인이 정동구락부라는 곳에서 커피를 판 것이 최초라고 알려져 있습니다. 정동구락부는 독립협회의 중요 모임 장소였다고도 합니다.

인류가 커피를 마신 역사를 500년 정도라고 추측하니, 130년 정도 되는 한반도의 커피 역사는 상대적으로 짧은 편입니다. 그런데 현재 한국의 커피 소비량은 탁월합니다. 국제커피협회의 자료에 따르면 2021년에 대한민국의 커피 소비량은 유럽연합, 미국, 브라질, 일본, 러시아, 캐나다 다음으로 여섯 번째를 차지합니다. 놀라운 것은 우리나라의 커피 소비량이 매년 증가하고 있다는 사실입니다.[2]

자, 우리나라 사람들이 즐기는 커피를 살펴봅시다. '아메리카노, 비엔나커피, 더치커피, 에스프레소'라는 표현을 들어본 적이 있나요? 아메리카노는 아메리칸, 즉 미국 사람이 마시는 커피를 말합니다. 비엔나는 오스트리아의 수도 이름을 딴 것입니다. 더치커피에서 '더치'는 네덜란드를 뜻하고, 에스프레소는 이탈리아어로 '빠르다'라는 의미를 담고 있습니다. 이들 나라의 공통점은 무엇일까요? 첫째, 북반구에 위치합니다. 둘째, 유럽에 있거나 유럽의 문화 특성이 드러나는 국가들입니다. 셋째, 커피를 많이 마시는 나라입니다.

그러면 커피와 관련된 다른 나라를 볼까요? '에티오피아, 케냐, 콜롬비아, 탄자니아, 브라질'의 공통점은 무엇일까요? 이들 국가는 주로 커피콩이라고 불리는 원두를 생산하는 국가입니다. 커피 원두는 우리가 마시는 커피의 원료로, 대부분 남반구에 있는 나라에서 생산됩니다. 최근에는 인도네시아나 베트남처럼 북반구에 위치한 나라에서도 커피 원두를 생산합니다. 이들 모두는 적도를 기점으로 25도 내에 있어서, 이를 커피벨트라고도 합니다.

가만히 보면, 커피 원두가 생산되는 나라와 커피를 많이 마시는 나라로 뚜렷이 구분된다는 것을 알 수 있습니다. 길거리에 즐비한 카페를

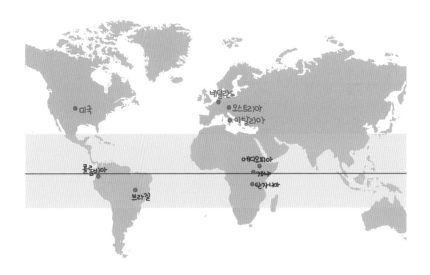

보면서 '왜 커피를 생산하는 나라와 커피를 소비하는 나라가 다를까?'
라는 질문을 할 수 있습니다. 이처럼 사회현상에는 드러난 것 이면에
새로운 의미나 양상이 존재합니다. 탐구한다는 것은 이처럼 사회현상
속에 담긴 그 무엇인가를 파악하는 일입니다. 어떻게 탐구해야 할까요?

● 생각의 범위를 넓히는 법

여러분이 학교를 마치고 학원에 가는 이유를 생각해 본 적 있나요?
"학원에 다니면 성적이 조금이라도 올라갈 것이라고 기대하기 때문이
다" "부모님이 등록해 주어서 간다" "나랑 친한 친구가 모두 학원을 가
니 당연히 나도 간다" "초등학교 때부터 학원에 가는 것은 학교 가는
것과 같이 당연해서 다닌다" 등 여러 답이 있을 수 있죠.

그런데 이런 생각은 현재 학원에 가는 나의 행위에 대해 내 생각이

나 희망, 선택이라는 측면에서 바라보는 것입니다. 학원에 다니는 이유를 나와 나의 부모님에게서만 찾는 것이죠. 생각을 조금 달리해 볼까요?

현재 우리나라에서는 대학 입시를 위해 내신도 챙기고 수능도 봐야 합니다. 지금처럼 입시 과정이 복잡하지 않다면, 여러분이 학원에 다닐까요? 우리나라 사람들이 좋은 대학에 가는 것을 중요하게 생각하지 않는 문화라면, 부모님이 나를 학원에 보내려 그렇게 애를 쓰실까요? 우리 사회가 학생이 제대로 놀아야 건강하고 행복하게 성장한다고 믿는 사회였다면 어떨까요? 우리나라에서 주말에는 학원 운영을 금지하는 제도를 도입했다면, 나는 주말에 학원에 다닐까요?

어떤 현상을 설명할 때 개인적인 측면만이 아니라 그와 관련된 사회 제도나 규범, 가치, 문화, 사회적 상황이나 맥락 등 더 넓은 범위와 연관시키면서 사고할 필요가 있습니다. 이것이 바로 사회학적 상상력입니다. 사회학자 앤서니 기든스(Anthony Giddens)는 사회학적 상상력을 제대로 발휘하려면 역사적 상상력, 인류학적 상상력, 비판적 상상력이 필요하다고 이야기합니다.

우선 역사적 상상력은 시간적인 측면에서 그 현상의 특성을 파악하려는 노력인데, 어떤 사회현상이 역사적으로 어떤 맥락에 관련이 있는지 생각해 보는 것입니다. 우리나라에서는 언제부터 학원에서 과외 공부를 하기 시작했을까요? 과외는 1970년대에 서울에 재수학원이 생기면서 본격화되었습니다. 1960년 전후로 태어난 베이비붐 세대는 학생 수가 늘어났는데도 대학 입학 정원이 그대로여서 원하는 대학에 입학하지 못하는 경우가 늘었습니다. 재수생이 증가하면서 이들이 공부할 공간이 필요해졌고 학원이 그 자리를 채우기 시작했죠.

이렇듯 학원 공부라는 현상을 역사적 측면에서는 대학 입시 경쟁과 관련지어야 합니다. 한국에는 자연자원이 부족하여 인적자원이 중요하다 보니 치열한 경쟁을 뚫고 대학에 진학하는 것이 중요했습니다. 그 결과가 오늘날 여러분이 학원에 다니는 데 영향을 준 것입니다.

다음으로 인류학적 상상력을 살펴볼까요? 이것은 공간적으로 현상의 특성을 살펴보는 것으로, 그 현상과 관련하여 다른 문화를 가진 지역과 비교해 보는 일입니다. 다른 나라에서도 대학 입시 준비를 하지만, 대부분은 고등학교 공부가 끝난 후 학원에 가서 또다시 공부하지는 않습니다.

기본적으로 대학에 가는 것이 삶의 중요한 목표라고 생각하지 않는 나라도 많고, 청소년기에 잘 놀고 적당하게 공부하는 것이 경쟁보다 더 중요하다고 여기는 문화를 가진 곳도 많기 때문입니다. 더불어 다른 나라에서는 대학에 가지 않더라도 사회적 편견이나 차별의 대상이 되지 않는데 우리나라는 그렇지 않죠. 이러한 현실까지 고려하면, 우리나라의 입시 경쟁이 청소년들을 얼마나 힘들게 하는지 이해할 수 있습니다.

마지막으로 비판적 상상력을 알아봅시다. 이것은 현상이 나타나는 사회의 가치나 규범을 고려하면서 인식하는 것입니다. 그 현상과 관련하여 중요하게 여겨지는 가치와 규범을 그대로 인정하거나 받아들이지 않고, 비판하며 새로운 대안을 제시해 보는 것입니다.

예를 들어 학원에 다니면서 입시 경쟁을 하는 현상을 비판해 봅시다. 우리나라에서는 고등학생 자녀가 있는 가정의 한 달 평균 사교육비가 70만 원 가까이 된다고 합니다.[3] 비용도 비용이지만, 입시 경쟁을 위해 힘들게 학원에 다녀야 하는 이 현상이 계속되어야 할지 생각해 볼 필요가 있습니다. 조만간 고등학교 3학년의 학생 수보다 대학 입학생 수가 더 많은 사회로 변화할 것으로 예측되기 때문입니다.

이런 상황을 고려하면, '나는 대학에 왜 가려고 하는가?' '대학에 가기 위해 학원 공부를 꼭 해야 하는가?'와 같이 자신의 선택을 비판적으로 생각해 볼 수 있습니다. 더 나아가 '대학 입시 경쟁을 뚫는다고 해서 그 이후의 경쟁에서 자유로워질 수 있는 것인가?'라는 생각도 할 수 있습니다. 나아가 '나는 어떤 가치를 지향하는 사회에서 살고 싶은가?'라는 질문을 바탕으로 대학 입시, 학원 공부 등은 어떻게 달라져야 하고, 그러기 위해 무엇을 할 수 있는지까지도 생각해 볼 수 있죠.

이처럼 사회학적 상상력을 발휘하면, 학원에 가는 것이 단순히 나의 개인적 선택이고 어쩔 수 없는 상황이라는 점을 뛰어넘어 다양한 생각을 할 수 있습니다. 더 나아가 사회 특유의 입시제도나 대학 입시와 관련한 편견과 차별 등 문화적 측면도 고려할 수 있습니다. 이것이 바로 사회학적 상상력의 힘입니다.

● 서로 영향을 주고받는 사회구조와 행위자

사회학적 상상력으로 사회현상을 바라보면, 인간의 의지가 담긴 사회현상을 제대로 파악하기 위해서는 그 현상에 연관된 개인적인 측면과 사회적인 측면을 함께 고려해야 한다는 사실을 알 수 있습니다. 이 둘은 어떤 관계에 있을까요?

이사 간 첫날을 생각해 봅시다. 방이나 화장실의 위치가 전에 살던 곳과 달라져, 방문을 잘못 열기도 하고 화장실 위치를 혼동합니다. 이미 오랫동안 살아온 이전 집의 구조에 따라 했던 행동을 기억하고 있기 때문이죠. 그래서 이사 후엔 한동안 집 구조가 달라져 헷갈리는 일들이 있게 마련입니다.

집은 방의 위치나 문의 방향 등이 정해져서 구조를 이룹니다. 처음에는 적응하기 어렵지만, 조금 지나면 그곳에 맞추어 적응하고 예전 집에서의 기억은 잊습니다. 이처럼 집마다 방이나 부엌, 화장실의 위치가 다르고 그에 따라 사람들의 행동이 달라지는 것처럼, 속한 사회에 따라 사람들의 행동은 달라집니다.

사회에서 사람들의 행동에 영향을 주는 것은 제도나 법률, 가치, 문화 등입니다. 이런 것을 사회구조라고 합니다. 사회구조는 '개인과 사회집단 간의 관계를 만들어내는 지속적인 체계'라고 볼 수 있습니다.

반면 사회구조 속에서 행동하는 행위자이자 사회 구성원인 개인은 대부분 사회구조의 영향을 받아서 특정한 행동을 합니다. 사회구조에 따른 규범 등을 사회화하여 개인들이 사회에 적응하는 것이죠.

예를 들어 여러분이 숟가락과 젓가락을 사용하여 식사하는 것은 특정 음식 도구를 사용하는 사회규범을 그대로 사회화한 결과입니다. 숟가락과 젓가락을 사용하는 것이 여러분의 선택인 것 같지만, 사실은 여러분이 한국이라는 사회에서 살고 있기 때문에, 즉 사회구조에 의해서 결정된 행동 양식인 것이죠.

그렇다고 행위자가 항상 사회구조에 따라서만 행동하는 것은 아닙니다. 이사 간 집에서 방의 위치나 문을 여는 방식을 바꾸는 것이 가능한 것처럼, 행위자가 의도를 가지고 사회구조를 바꾸는 것도 가능합니다. 행위자가 비판적 상상력을 가지고 규범이나 가치, 문화 등을 바꾸려고 힘을 합하면 사회구조를 바꿀 수 있습니다. 결국 사회구조와 행위자는 상호작용하는 관계라고 볼 수 있습니다.

사회구조를 조금 더 확장해서 개인과 세계를 연결해 봅시다. 행위자인 우리는 친구와 대화하기 위해 커피를 마십니다. 그런데 커피 생산지와 소비지를 생각하면 친구와 커피를 마시는 행위 이면에 존재하는 세계의 커피 무역 양상, 커피 무역과 관련한 지구 남반구와 북반구의 불평등 같은 세계적 차원의 현상도 고려할 수 있습니다.

그래서 사회학적 상상력은 어떤 현상에 대해 행위자의 개인적 선택에만 초점을 맞추지 않습니다. 그의 선택에 영향을 준 사회적 측면, 행위자가 사회구조를 변화시키는 측면, 그리고 개인의 행위와 관련한 지역적, 국가적, 세계적 양상까지 확장하여 사고하는 것을 강조합니다.

사회학적 상상력을 발휘하려면 어떻게 해야 할까요? 사회현상을 깊게 바라보면서 탐구해야 합니다. 이를 위해 제일 먼저 할 일은 좋은 탐구 질문을 던지는 것입니다.

● **질문을 확장하는 법**

개인과 사회는 어떻게 연결되어 있을까요? 사회현상에 대해 사회학적 상상력을 가지면, 이에 관해 다양한 측면에서 여러 관점을 적용하여 질문할 수 있습니다.

다시 커피로 돌아가볼까요?[4] 커피를 마시는 현상에 관하여 행위자와 사회구조의 관련성을 생각해 봅시다. 역사적 상상력, 인류학적 상상력, 비판적 상상력을 발휘하여 여러분 스스로 질문을 만들어보세요.

커피를 마시는 현상에 관한 질문 만들어보기

질문 1.

질문 2.

질문 3.

자, 여러분의 질문과 비교하여 아래 질문들을 봅시다.

- "왜 커피 소비지는 대부분 북반구의 잘사는 나라이고, 커피 생산지는 대부분 적도 부근의 저개발국인가?"
- "왜 청소년에게 흡연은 금지하면서 카페인 중독 현상을 가져오는 커피는 금지하지 않는가?"
- "왜 어른들은 대화하려고 할 때 커피 한잔하자고 할까?"

커피 한잔에서 더 나아가 새로운 질문을 던져볼까요?

- "왜 한국에서는 대기업 브랜드 카페가 인기 있을까?"
- "왜 믹스커피가 한국의 중요한 생산품이 되었을까?"
- "왜 한국의 직장인은 출근하자마자 커피를 마실까?"
- "왜 한국인은 세계 평균 커피 소비량(연간 1인당 132잔)의 세 배 가까이 되는(연간 1인당 353잔) 커피를 소비할까?"[5]
- "왜 한국인의 커피 소비량은 증가하는데 공정무역 커피 소비량은 증가하지 않을까?"

이런 식으로 다양한 질문을 확장해 나갈 수 있을 것입니다. 이 중에 "왜 한국의 직장인은 출근하자마자 커피를 마실까?"에 대해 사회학적 상상력을 적용하여 생각해 봅시다.

직장 생활을 하는 주변 어른에게 아침에 커피를 마시는 이유를 질문해 봅시다. 그러면 대부분 "아침에 피로가 덜 풀려도 일을 해야 하니 카페인의 도움을 받아 정신 차리기 위해 커피를 마신다"라고 할 것입니다. 이 답이 맞는지 알아보기 위해서는 어떻게 해야 할까요? 커피의 카페인에 각성 효과가 있는지 확인해 보아야겠죠. 그런데 이 것만 확인하면 될까요? 한국 직장인의 커피 소비량이 다른 나라보다 많은 이유는 어떻게 설명할 수 있을까요?

우리나라 직장인에게 커피를 마시는 이유에 대해 질문해 보면 되겠죠. 또한 직장 휴게실에 가장 많이 배치된 차가 커피인지도 확인해 볼 수 있습니다. 그리고 우리나라 직장인이 다른 나라 직장인과 비교하여 얼마나 피곤해하는지 확인하기 위해 1년간 평균 노동시간의 국제 비교를 검토할 수도 있습니다.

이런 자료를 바탕으로 「한국 직장인의 노동 현실과 커피의 과다 소비」라는 보고서를 작성할 수 있습니다. 보고서에서는 "한국 직장인 대부분이 아침에 커피를 마시는 것은 개인의 취향에 따른 선택이 아니라 다른 나라보다 월등하게 긴 시간 동안 일하는 한국의 노동 현실에 의한 결과"임을 제시할 것입니다. 그리고 노동 현실을 개선하는 방안도 제시할 수 있습니다. 이처럼 평범한 사회현상에 사회학적 상상력으로 질문을 던지다 보면 사회탐구 주제를 정할 수 있습니다.

● 탐구주제와 질문은 어떻게 정할까?

앞에서 제시한 직장인의 아침 커피 소비에 대한 조사 내용은 아주 엄격한 탐구결과라기보다는 관련 사실을 바탕으로 여러 자료를 잘 구성한 것입니다. 여러 통계자료나 문헌 등을 활용하여 논리적으로 증명한 것이지요. 학자들은 이를 논리적 서술이라고 보며, 경험적으로 탐구한 결과라고는 하지 않습니다.

사회현상을 과학적으로 탐구하기 위해서는 경험적 자료를 바탕으로 해야 하는데, 그러려면 탐구하는 연구자가 오감을 통해 판단할 수 있는 구체적 자료로 증명해야 합니다. 이를 위해 적절한 자료 수집 방법을 선택하여 연구를 진행합니다. 실제로 여러 직장인들에게 노동 시간과 커피 소비량을 조사해 보고 그 결과를 보고서로 제시할 수 있을 것입니다.

즉, 사회현상을 탐구하기 위해서는 연구주제를 정하고 연구 질문을 만들어야 합니다. 연구주제와 질문은 어떻게 만들 수 있을까요?

가장 좋은 방법은 자신의 일상생활에서 궁금한 점을 적어보는 것입니다. 또 다른 방법은 관심 있는 주제를 다루는 책이나 논문을 찾아서 읽고 조금 더 나아간 주제를 찾아보는 것입니다. 예를 들어 인권에 관한 책을 읽다 보면 다문화 사회인 우리나라에서 이주민에 대한 편견은 어느 정도인지, 역사를 볼 때 한국은 단일민족 국가인지 등에 대해 궁금증을 가질 수 있습니다. 이렇게 책을 통해 주제를 찾는 방법은 고등학생들이 경험해 보지 못한 세상에 관한 주제를 탐구할 때 도움이 됩니다.

주제를 정했으면 이제 탐구 질문을 만듭니다. 주로 '왜'로 시작하는 문장을 만들어보면 됩니다. "왜 고등학생은 모둠 활동보다 개인 활동을 선호할까?" "왜 한국은 다문화 사회인데도 이주민에 대한 편견이 강할까?" 현상의 특징을 비교하기 위해 "~별로 차이는 있는가?" 형식의 질문을 만들어보거나, 어떤 것의 효과를 밝히기 위하여 "~는 효과적인가?"와 같은 질문을 할 수 있습니다. "용서는 학업 성취에 도움을 주는가?"나 "모둠 활동은 협동심을 향상하는 데 효과적인가?"와 같은 질문도 가능하겠죠.

그럼, 이제부터 관심 있는 주제를 찾아서 이런 탐구 질문을 만들어보고 탐구를 시작해 봅시다.

3
정확한 수량화가 중요한 양적연구

● '용서의 효과'를 수치화할 수 있을까?

2023년에 미국의 한 대학교 학술논문 발표장에서 흥미로운 연구결과가 발표되었습니다. 미국 버지니아대학교의 한 연구팀이 여러 나라의 4,500여 명을 대상으로 연구를 진행한 결과, 사람이 용서 워크북을 기록하며 용서하는 경험을 하면 우울과 불안이 줄어든다는 것이었습니다. 관련 연구를 한 다른 팀은 용서 워크북을 기록하며 용서한 경험이 학업 성취를 높이는 데도 효과가 있다고 밝혔습니다.[6]

이런 연구는 실제로 어떻게 했을까요? 아마도 다음과 같은 방식으로 진행되었을 것입니다. 연구진은 '용서의 효과'에 대해 관심을 가졌을 것입니다. 예를 들어 "용서하는 경험을 한 사람이 그렇지 않은 사람에 비해 학업 성적이 향상될 것이다"라고 잠정적인 답을 정한 경우를 살펴봅시다.

이렇게 생각한 연구팀은 본격적으로 연구대상자를 구하고, 참여 집단을 두 집단으로 나눌 것입니다. 두 집단에 대해 사전에 학업과 관련한 시험을 본 후, 한 집단에는 용서 워크북을 기록하면서 용서 경험을 하도록 하고 다른 집단은 평상시와 같이 지내도록 합니다. 정해진 프로그램을 끝냈을 때 두 집단에 다시 학업 관련 시험을 치게 하고 학업 점수를 비교합니다. 두 집단의 학업 점수를 비교한 결과, 용서 워크북 프로그램에 참여한 집단의 학업 점수가 더 높았기에 연구팀은 이런 연구결과를 제시할 수 있었을 것입니다.

이 연구에서 핵심은 연구 전과 후의 시험점수라는 수치를 비교하여 용서 경험을 한 집단의 점수가 더 높은지 판단한 것입니다. 이렇게 현상을 수치로 바꾸는, 즉 수량화(계량화)를 활용하여 연구결과를 얻는 것을 양적연구라고 합니다. 이런 연구는 언제 시작되었을까요?

● **양적연구가 시작된 19세기 유럽**

대전에 위치한 표준과학연구원에는 100여 년 전 프랑스에서 만든 1미터 표준원기와 1킬로그램 표준원기가 있습니다. 이것들은 무엇이고 어떤 연유로 우리나라에 있게 됐을까요?

산업혁명 이후 유럽에서는 상품을 무역할 때 길이나 부피, 무게를 재는 단위인 도량형이 국가마다 달라서 불편한 점이 많았습니다. 그래서 1875년에 유럽의 17개국 대표가 파리에 모여 '미터협약'을 체결하고 동일한 단위를 사용하기로 합니다. 프랑스혁명 100주년인 1889년

에는 파리에서 제1차 국제도량형회의를 개최하여 현재 사용하는 미터, 킬로그램 등 단위에 대한 정의를 정하고 각 단위의 기준이 되는 물체, 표준원기를 만듭니다. 그때 1미터에 해당하는 표준원기 30개와 1킬로그램에 해당하는 표준원기 40개를 제작하고 번호를 매겼고요. 1894년, 우리나라는 1미터 표준원기 10번과 1킬로그램 표준원기 39번을 구입했고 그것이 현재 표준과학연구원에 남아 있는 것입니다.

이처럼 1800년대 유럽에서는 어떤 것을 표준화·수량화하여 객관적으로 측정·비교하는 것을 강조했습니다. 더구나 유럽의 17세기 과학혁명 이후, 자연과학 연구에서는 뉴턴의 만유인력 법칙처럼 경험적·객관적 증거를 바탕으로 현상을 설명하는 학문적 풍토가 형성됩니다.

이런 상황 속에서 18세기 말에 태어난 프랑스 출신의 사회학 창시자로 알려진 오귀스트 콩트(Auguste Comte)는 공과대학을 다녔고 수학 가정교사를 하며 자연현상에 관심을 가진 사람이었습니다. 그런데 프랑스 산업혁명에 따른 빈곤과 사회 불평등 현상을 관찰하면서 사회 문제 해결에도 관심을 갖습니다.

그는 만유인력 법칙과 같은 자연과학 연구를 기반으로 과학기술이 발달하고 이것이 사회발전을 이끈 것처럼, 사회문제도 자연과학의 연구방법을 적용하여 해결 방안을 찾아야 한다고 생각했습니다. 뉴턴이 사과가 떨어지는 이유를 중력 작용으로 설명하고 물건이 낙하할 때 발생하는 중력을 수치로 보여줬던 것처럼, 사회현상 또한 그런 방식으로 연구해야 된다고 본 것입니다. 즉, 사회현상을 인과관계로 설명하고 수치를 적용한 계량화를 통해 연구해야 한다고 주장한 것이죠.

이처럼 계량화에 바탕을 두어 인과관계를 증명하는 것이 '실증주의'의 핵심입니다. 콩트는 "과학으로부터 예측이, 예측으로부터 행동이 나온다"라면서, 사회현상도 실증주의에 따라 과학적으로 연구할 수 있다고 보고 이를 '사회학'이라고 이름 붙입니다.[7]

● 사회현상의 원인과 결과를 밝히다

사회현상도 자연현상과 마찬가지로 연구할 수 있다는 콩트의 주장을 방법론적 일원론이라고 합니다. 또한 실증주의적 연구방법을 양적 연구방법이라고도 합니다.

양적연구방법에서는 사회현상도 자연현상과 같이 인과관계, 즉 원인과 결과를 밝혀내는 것이 중요하다고 봅니다. 예를 들어 "가을에 단풍이 드는 이유는 무엇일까?"라며 자연현상인 단풍의 원인을 탐구한 경우를 살펴봅시다.

다양한 실험과 관찰을 통해 자연과학자는 "가을에 기온이 섭씨 0도 가까이 내려가면 잎의 엽록소 활동이 멈추고, 대신에 안토시아닌이나 카로틴과 같은 물질의 활동이 활발해지면서 붉은색이나 노란색으로 변한다"라고 설명할 것입니다. 그리고 구체적인 수치를 제시하면서 기온 변화에 따른 식물의 화학작용 변화를 근거로 제시하겠죠.

방법론적 일원론에 따르면 사회현상도 이처럼 그 현상의 원인을 설명할 수 있어야 합니다. 예를 들어 "요즘 한국 사회에서 출산율이 낮은 이유는 무엇일까?"라는 질문의 경우, 학자들은 젊은 부부에게 질문하여 자녀 양육에 드는 경제적 비용의 증가, 맞벌이 가정의 돌봄 시간 부족 등에 대한 통계자료를 얻을 수 있을 것입니다. 이를 바탕으로 "자녀 양육에 대한 경제적 부담 증가 및 자녀 돌봄을 어렵게 하는 환경 요인으로 인해 출산율이 낮다"라고 그 이유를 제시할 수 있겠죠.

● 양적연구를 계획할 때 주의할 점

양적연구에서는 무엇이 중요한지 살펴볼까요? 이를 위해 다음의 연구를 먼저 봅시다.

한 연구자는 "학생의 행복감에 어떤 것이 영향을 줄까?"라는 질문을 생각하다가 아침 식사도 행복감의 요인이 되는지 궁금했습니다. 이에 연구자는 "아침 식사를 하는 고등학생들이 그렇지 않은 고등학생에 비해 행복감이 더 높을 것이다"라는 인과적 예측을 했습니다.

그런 후에 학생들에게 질문하여 아침 식사 여부와 행복감 등을 조사했습니다. 그 결과 아침밥을 먹는다는 고등학생들의 행복감이 그렇지 않은 학생들의 행복감에 비해 실제로 의미 있는 차이를 보였습니다. 이에 따라 연구자는 아침 식사 여부가 고등학생의 행복감에 영향을 주는 요인이 된다는 연구결과를 얻을 수 있었죠.

○ 사회현상에 대한 잠정적인 답, 가설

'고등학생의 행복감에 아침 식사 여부가 미치는 영향'을 생각해 봅시다. 연구 시작 전에 연구자는 고등학생이 '아침 식사를 하는 것'이라는 원인이 '행복감'이라는 결과에 영향을 준다는 인과관계를 생각했습니다. 그래서 "고등학생의 행복감에 어떤 것이 영향을 줄까?"라는 탐구 질문에 연구자는 "아침 식사를 하는 고등학생이 그렇지 않은 고등학생에 비해 행복감이 더 높을 것이다"라며 잠정적 답을 정합니다.

이 답은 연구결과에 따라 맞거나 틀릴 수 있어서 잠정적인 답, 즉 '가설(假說)'이라고 부릅니다. '假'는 '거짓'이라는 의미도 있지만 '임시적인' 또는 '잠정적인'이라는 의미도 있습니다. 즉, 가설은 탐구 문제에 대한 잠정적이거나 임시적인 답입니다.

가설을 만들기 위해서는 몇 가지를 고려해야 합니다. 첫째, 예측하는 진술을 합니다. 그래서 대체로 "~할 것이다"라고 서술합니다.

둘째, 인과관계를 밝혀야 하기에 원인이 되는 내용과 그에 따라 나타나는 영향을 논리적으로 진술합니다. "A가 높을수록 B가 높을 것이다"와 같이 쓰는 것이죠. 여기서 A는 원인이 되고, B는 영향을 받는 현상이 됩니다.

그런데 필연성의 법칙을 갖는 자연현상과 달리 사회현상은 확률성의 법칙을 갖습니다. 그래서 사회현상에 대한 가설에서는 인과관계가 명확하게 드러나지 않는 경우, 관련성에 초점을 두어 "A와 B는 관계가 있을 것이다"라고 진술할 수도 있습니다. 여기서 조금 더 나아갈 수 있다면 두 개의 관계가 서로 비례하는 경우에는 "A와 B는 정(+)의 관계가 있을 것이다"라고 하고, 서로 반비례하는 경우에는 "A와 B는 부(-)의 관계가 있을 것이다"라고 진술할 수 있죠.

셋째, 가설은 현상을 증명하기 위한 진술이기에, 가치를 개입하여 서술하면 안 됩니다. 예를 들어 고령화 사회의 원인과 관련하여 "신의 축복으로 인해 우리 사회의 평균수명은 더 길어질 것이다"라는 진술을 했다고 가정합시다. 이는 고령화의 원인을 신의 축복이라고 여기는 진술을 포함하죠. 그런데 '신의 축복'은 가치에 관한 것으로, 계량화할 수 없어서 증명이 불가능합니다. 따라서 이렇게 쓰면 안 됩니다.

📋 **알아봅시다**

좋은 가설은 한순간에 나오지 않는다

우리는 뉴턴이 사과가 떨어지는 것을 보고 끌어당기는 힘을 증명했다고 생각한다. 그러나 이 발견 당시 뉴턴은 이미 탁월한 수학자였고, 이미 존재하던 구심력 등에 관한 책을 읽고 해당 이론을 이해하고 있었다. 그러니 그의 만유인력의 증명은 단순히 떨어지는 사과를 관찰한 그 순간에 행한 것이 아니라, 그가 수학과 중력 등에 관한 이론을 공부해 온 시간에 걸쳐 이루어진 일로 보는 것이 맞다.

사회현상에 대한 증명 과정도 마찬가지라서, 어떤 현상에 관한 연구문제를 해결하는 가설은 그냥 만들어지는 것이 아니다. 그 현상과 관련한 내용이나 관련 이론을 설명한 책이나 논문을 읽고 꾸준히 지식을 쌓아야 좋은 가설을 만들 수 있다.

넷째, 가설은 부정문으로 서술하면 증명할 때 혼란스러울 수 있으니 긍정문으로 작성합니다. 명제가 참이어도 역이 참이 되지 않는 경우가 있다는 점에서 가설은 긍정문으로 진술하여 그 자체를 증명해야 합니다. 즉, "아침밥을 먹지 않은 고등학생이 그렇지 않은 고등학생에 비해 덜 행복할 것이다"를 가설로 정하는 경우에는 "고등학생의 행복감에 어떤 것이 영향을 줄까?"라는 문제의 답이 되지 못합니다. "아침밥을 먹는 고등학생이 그렇지 않은 고등학생에 비해 더 행복할 것이다"와 같이 긍정문으로 진술해야 하죠.

○ 연구변수를 위한 조작적 정의

"A가 높을수록 B가 높을 것이다"와 같은 가설에서 원인이 되는 A를 독립변수, 영향을 받는 B를 종속변수라고 하고, 이 둘을 합하여 연구변수라고 합니다. 변수는 말 그대로 변하는 값으로, 사회현상에서 1년에 아침밥을 먹는 횟수는 '0~356' 사이에서 다양하게 변합니다. 행복감도 측정하는 방법에 따라 그 값이 다양하게 변합니다. 그래서 변수라고 합니다.

결국 독립변수, 종속변수라는 변화하는 값을 만들어내기 위해 연구자는 그것을 나름대로 정의해야 합니다. 이렇게 연구자가 연구를 위해 자기 나름대로 만들어낸 정의를 '조작적 정의'라고 합니다. 여기서 말하는 '조작'이라는 말은 가짜로 무엇을 만든다는 의미가 아니라, 연구자가 연구를 위해 해당 개념에 대해 경험적 자료를 얻을 수 있는 형태로 바꾼다는 의미입니다.

조작적 정의를 위해 연구자는 연구변수의 개념에 관한 이론이나 논문 등을 참고하여 읽고 이해한 것을 바탕으로 해당 개념을 수치로 측정할 수 있는 상태가 되도록 의미를 바꾸어 진술해야 합니다. 그래서 동일한 연구변수라도 연구자에 따라 조작적 정의는 달라집니다.

그렇다면 '행복감'이라는 종속변수에 대해 조작적 정의를 내려봅시다. 일단 '행복감'의 사전적 정의는 '생활에서 만족과 기쁨을 느끼는 마음'입니다. 그런데 연구자는 이를 수치로 측정하기 위해 나름대로 조작적 정의를 합니다. 이를 위해 '행복감'에 관한 연구를 읽으면서, 누군가가 일상에서 만족과 기쁨을 느끼는 것을 어떻게 관찰해야 하는지 생각해 봅니다.

즐겁게 웃거나 기쁨을 느끼거나 마음 따듯하다고 느끼는 양상들을 고려할 수 있는데, 이 중에서 어떤 행동을 선택하여 행복감이라고 조작적 정의를 내릴지는 연구자마다 다릅니다. 예를 들어 '행복감'이라는 종속변수를 사용하는 갑과 을이 있다고 가정해 봅시다. 행복감에 대해 갑은 '평소 가까운 사람들과 느끼는 만족감'으로, 을은 '학교에서의 인간관계에 대한 만족감'으로 조작적 정의를 달리할 수 있습니다.

'평소 가까운 사람들과 느끼는 만족감'이라고 정의한 갑은 행복감을 계량화하기 위해 가족과 느끼는 만족감을 4점 만점 중 몇 점, 친한 친구와 느끼는 만족감을 4점 만점 중 몇 점인지 물어서 두 점수를 합해 제시합니다. 이에 따라 A가 얻는 행복감에 대한 계량화된 자료는 0~8점 사이입니다.

반면 '학교에서의 인간관계에 대한 만족감'이라고 정의한 을은 행복감을 계량화하기 위해 담임선생님과의 관계에서 느끼는 만족감, 교과 선생님들과의 관계에서 느끼는 만족감, 학급 친구들과의 관계에서 느끼는 만족감이 각각 4점 만점 중에서 몇 점인지 물어서 세 점수의 합이 아닌 평균값으로 제시할 수 있습니다. 이에 따라 B가 얻는 행복감의 계량화된 자료는 0~4점 사이입니다.

조작적 정의는 양적연구에서 연구변수의 값을 구하고 가설을 증명하는 통계를 구하는 데 매우 중요한 역할을 합니다. 그래서 가설을 잘 정하는 것도 중요하지만, 가설에서 사용하는 개념에 대해 조작적 정의를 잘하는 것도 중요합니다.

○ 모집단과 대표성을 갖춘 표본 구하기

사회현상에 대한 가설 검증을 위해서는 대량의 연구대상자를 정해야 합니다. 예를 들어 고등학생의 행복감에 관한 연구에서 연구대상자는 우리나라의 모든 고등학생입니다. 이처럼 연구하고자 하는 연구대상자 전체에 해당하는 집단을 모집단이라고 부릅니다.

그런데 모집단을 다 조사하는 것은 비용이나 시간 등의 문제로 어려움이 있습니다. 이에 일부만 선택하여 조사하는데, 이때 선택된 집단을 표본이라고 하며 이들이 실제 대상자가 됩니다.

문제는 표본이 모집단의 특징을 잘 반영해야 한다는 것입니다. 양적연구방법에서 연구자가 수집한 자료를 검증한 경우, 모집단인 연구대상자 전체에 결과를 적용해야 하기 때문입니다. 그런데 전국의 고등학생을 모집단으로 하면서 서울에 있는 고등학교 세 곳만 선정하여 그 학교 학생만 조사한다면, 표본이 전체 고등학생의 특징인 성별, 부모의 경제적 소득, 학업 성적 등을 잘 반영했다고 보기 어렵습니다.

그래서 표본은 모집단의 특성을 잘 대표하도록 선정해야 하는데, 이를 '표본이 모집단에 대하여 대표성을 갖추었다'라거나 '대표성을 갖춘 표본'이라고 표현합니다.

이때 모집단에서 표본을 선택하는 것을 표집이라고 하는데, 대표성

갤럽은 어떻게 여론조사의 대표 회사가 되었을까?

선거를 앞둔 시기에 자주 들리는 회사 이름 중 '갤럽'이 있다. 여론조사 회사로 유명한 이 회사의 이름은 미국의 여론조사 통계가인 조지 갤럽의 이름에서 따왔다고 한다. 선거를 앞둔 후보나 정책에 대한 여론을 조사하는 이 회사가 명성을 떨치게 된 계기는 무엇이었을까? 이는 1936년 미국 대통령 선거 때로 거슬러 올라간다.

당시 미국에는 이전 대통령 선거에서 여론조사를 통해 후보자를 정확하게 예측한 《리터러리 다이제스트》라는 잡지사가 있었다. 1936년 대선 때도 《리터러리 다이제스트》는 사전 여론조사를 통해 공화당 후보 앨프리드 모스먼 랜던(Alfred Mossman Landon)이 당선될 것으로 예측했다. 그러나 선거 결과 민주당 후보인 프랭클린 루스벨트가 대통령이 됐다. 이때 루스벨트의 당선을 예측한 회사가 갤럽이었다. 이를 계기로 《리터러리 다이제스트》는 망했고, 갤럽의 여론조사에 대한 신뢰도는 높아졌다. 세계적으로 유명한 서베이 회사는 이렇게 탄생했다.

표본 수만 놓고 본다면 1,000만 명을 조사한 《리터러리 다이제스트》가 5만 명을 조사한 갤럽보다 정확하게 예측했어야 한다. 그런데 결과는 달랐다. 그 이유는 무엇이었을까? 바로 대표성을 갖춘 표본 덕분이었다.

《리터러리 다이제스트》는 주로 유선전화 가입자나 자동차 소유주 등 부유한 사람을 대상으로 조사했다. 대공황으로 경제적 어려움을 겪던 시기에 부자를 주 표본으로 삼았기에 정확한 예측이 어려웠던 것이다. 반면 갤럽은 상대적으로 적은 수의 사람을 조사했지만 연령이나 지역, 계층 등 다양한 기준으로 표본을 선정하여 표본의 대표성을 높였다. 갤럽이 당시 표본을 선정했던 방법은 지금도 여론조사에서 중요한 표집 방법으로 활용되고 있다.

을 갖춘 표집을 위해서는 모집단의 구성원 목록을 바탕으로 그들의 특징을 충분히 반영해야 합니다. 가장 일반적인 방법은 무선(무작위) 표집인데, 이는 모집단의 구성원 중 표본으로 선정될 확률이 모두 동등하도록 표집하는 것을 말합니다.

예를 들어 2학년은 20명씩 10개 학급으로 모집단이 200명인데, 이 중 40명을 무선 표집하는 방법을 봅시다. 가장 쉬운 방법은 학생들에게 1번부터 200번까지 번호를 부여하고 그중 40개를 뽑는 것입니다.

남녀 비율이 1 대 1이라면 남학생 번호 20개, 여학생 번호 20개를 뽑을 수도 있습니다. 이처럼 어떤 집단의 특징을 반영하여 세분화해서 비율을 나누고, 다시 해당 집단의 비율을 고려하면서 표집하기도 합니다. 이를 층화 표집이라고 합니다.

종종 연구자가 가까운 사람들에게 부탁하여 표본을 선정하는 경우가 있는데, 이는 편의 표집이라고 합니다. 이 경우에는 표본의 대표성이 약하다는 문제가 생깁니다.

결국 양적연구는 가설을 잘 설정하는 것과 연구변수의 관계를 인과적으로 잘 구성하는 것도 중요하지만, 연구대상자를 대표성 있게 표집하는 것이 매우 중요함을 알 수 있습니다.

● 양적연구방법의 자료 분석은 어떻게 할까?

양적연구방법에서 수집한 자료는 모두 숫자로 전환하여 통계를 내서 연구결과를 제시하고, 통계 결과를 바탕으로 가설을 채택하거나 기각합니다. 이때 가장 중요한 것이 통계분석입니다. 사실 통계분석 방법은 매우 전문적이고 복잡합니다. 그래서 청소년이 전문 연구자처럼 통계자료를 분석하기는 어렵습니다.

다만 통계를 어떻게 정리하여 표현해야 하는지, 다른 연구자가 제시한 통계자료는 어떻게 이해해야 하는지는 알 필요가 있으므로 뒤에서 자세히 알아보겠습니다. 그리고 통계청을 통해 통계분석 관련 교육을 듣는 방법 등도 뒤에서 안내하겠습니다.

4
심층적 의미를 파고드는 질적연구

● 공이 아닌 우유 팩을 차고 노는 사람들

2000년 이전의 서울대학교에서는 점심시간에 특이한 장면을 볼 수 있었습니다. 점심을 먹은 학생들이 둥그렇게 서서 우유팩을 발로 차서 주고받는 모습입니다. 우유팩은 누군가가 먹고 난 것을 직육면체로 접어서 사용했습니다. 이 활동을 '팩차기'라고 불렀습니다.[8]

외부 사람이 보면 낯설어할 만한 장면입니다. 왜 공이나 제기가 아니라 우유팩을 차는 것일까요? 여러분이 처음 팩차기를 하게 된 신입생이라면 어떨 것 같나요? 손으로 팩을 걷어 올리는 것을 허용하지 않는다는 '앞발 금지' 같은 표현을 들었을 때 어리둥절해지지 않을까요?

당시 서울대학교 대학원생들은 팀 과제로 이를 연구했습니다. 사소해 보이는 팩차기가 서울대학교 학생에게 갖는 의미와 놀이가 가진 역

48

사성에 관심을 갖고 대학교의 놀이 공간과 대학생의 삶을 탐구했죠.

연구팀은 서울대학교 교내에서 팩차기를 많이 하던 중앙도서관 앞 등의 장소에서 팩차기하는 학생들의 모습을 여러 차례 관찰했습니다. 그 후 매번 팩차기에 참여하던 재학생에게 허락을 구하고 해당 놀이에 대해 면담했습니다. 이를 바탕으로 연구팀에서는 '팩차기'가 계속 혼자 앉아서 공부하는 대학생이 '대학 내 작은 공간에서 팀을 이루어 점심 식사 후에 할 수 있는데 땀은 나지 않아서 바로 수업에 들어가도 다른 사람에게 폐를 끼치지 않는 운동'으로 의미를 부여했습니다.

이런 방식의 연구는 무엇이라고 하고, 그 특성은 무엇일까요?

● 사회현상의 의미에 주목하다

18세기 말 영국에서 시작된 산업혁명의 후발주자였던 독일은 19세기 말에는 유럽의 경제 강국이 됩니다. 당시 독일 재상이었던 비스마르크는 경제 발전과 더불어 나타난 불평등 문제를 해결하기 위한 사회복지 제도를 고민했죠.

그런데 당시 독일은 정치적으로 매우 복잡한 상황이었습니다. 독일 왕이었던 빌헬름 2세는 내부적으로는 전제주의 군주였습니다. 그는 독일이 강대국임을 보여주기 위한 외교 정책을 취했는데, 이 때문에 주변 유럽 국가와는 사이가 좋지 않았습니다. 결국 20세기 초반에 제1차 세계대전까지 발발합니다.

이런 배경하에, 독일 학계에서는 사회과학과 자연과학의 연구방법이 같아야 하는지 달라야 하는지에 대한 철학적 논의가 이어졌습니다.

당시 독일은 콩트가 연구 활동했던 프랑스처럼 소품종 대량생산을 추구하는 산업혁명이 활발히 일어나고 있던 터라, 상품의 크기 등에서 계량화와 표준화를 강조했습니다. 그래서 콩트의 주장처럼 사회현상 또한 계량화하는 것이 과학적이라는 인식이 강했죠. 당시 자연과학이 독일의 사회발전에 미친 영향력이 매우 컸기에 사회과학도 자연과학과 같아야 한다고 주장하는 사람이 많았습니다.

그러나 사회학자 막스 베버(Max Weber)는 사회과학은 자연과학과 다르다고 보았습니다. 자연현상은 속도나 힘 등 숫자나 단위를 표준적으로 측정하는 것이 가능하지만, 인간의 의지가 담긴 사회현상은 표준화하기 어렵다고 본 것입니다. 그는 사람의 행위는 표준적이기보다는 각자의 가치나 선호에 따라 이루어지기에 다양하게 나타난다고 생각했죠.

서울대 팩차기 현상을 봅시다. 서울대학교 학생이 1년 동안에 평균 몇 시간 팩차기를 하는지, 평균 시간에 영향을 주는 요인으로 학년이나 학점과 같은 계량화된 자료를 살펴보는 것이 의미가 있을까요? 이런 자료로는 신입생이 팩차기를 하는 의도와 대학원생이 팩차기를 하는 의도를 구분하기 어렵고, 팩차기의 세부 규칙과 관련 용어에 대한 심층적인 이해도 하기 어려울 것입니다.

베버가 주장한 것처럼, 자연현상과 달리 사회현상 고유의 연구방법이 필요하다고 보는 것을 방법론적 이원론이라고 합니다. 특히 사회현상은 그 현상을 만들어내는 사람의 의도와 의미가 중요하기에 행위자의 의도 및 의미 해석을 중시합니다. 이런 연구를 질적연구방법이라고 합니다. 팩차기 연구는 질적연구방법이 더 적합하겠죠.

질적연구방법을 사용한 연구를 먼저 보고, 질적연구방법에서 고려할 사항을 살펴볼까요?

📠 알아봅시다

'범생이'와 '노는 애들'을 관찰한 연구자

1990년대 후반, 청소년의 삶에 관심을 가졌던 한 연구자는 청소년 사이에 '범생이'와 '노는 애들'이 구분된다는 이야기를 들었다. 당시 '범생이'는 학교에서 규칙을 잘 지키고 공부 잘하는 모범생을 가리키는 표현이었다. 반면 '노는 애들'은 술, 담배를 하거나 가출하는 등 주로 학교 밖 생활을 즐기는 학생을 가리켰다.

이 아이들을 관찰하기 위해 연구자는 서울에서 노는 아이들이 많이 모이는 곳으로 소문난 한 롤러스케이트장 근처로 갔다. 그곳에서 만난 노는 아이들과 눈 맞춤도 하면서 얼굴을 익혔고 일상을 관찰했다. 관찰한 행동은 마치 일기를 쓰듯 기록했다. 어느 정도 시간이 지난 뒤 연구자는 노는 아이들 중 한 팀에게 다가가서 자신이 연구자임을 밝히고 대화를 청했다. 이런 일련의 과정을 거쳐서, 연구자는 노는 아이들의 일상 문화를 마치 다큐멘터리처럼 정리해서 보여줄 수 있었다.[9]

● 질적연구방법을 이해하기 위해

○ 유동적으로 바뀔 수 있는 문제의식과 연구주제

양적연구에서는 연구 진행 중에 가설을 수정하기가 어렵습니다. 반면 질적연구는 현장을 관찰하면서 연구자가 기존에 가졌던 연구 질문이나 목적을 수정할 수 있습니다.

예를 들어 선행연구를 읽고 노는 아이들이 학교에서 공부하는 것에 대한 고통이나 분노로 인해 학교에 가지 않고 노는 집단을 구성했을 것이라고 생각하여 참여관찰을 시작한 연구자를 상상해 봅시다. 그런데 참여관찰을 하면서 그들과 이야기해 보니, 노는 아이들이 실제로는 부모와의 관계에 문제가 있다는 것을 발견하게 되면 연구자의 문제의식은 달라져야 합니다. 연구의 세부 내용도 바꾸어야 하죠.

이처럼 질적연구방법을 사용하는 경우, 연구자는 자신이 탐구하고자 하는 현상과 관련하여 선행연구 등을 고찰하지만, 그것에 전적으로 의존하지는 않아야 합니다. 그래서 질적연구에서는 연구를 진행하면서 연구문제가 달라지고 변화할 수 있습니다.

○ 연구대상자라기보다 연구참여자

양적연구방법에서는 '연구대상자'라고 하지만, 질적연구방법에서는 주로 '연구참여자'라고 합니다. 왜 이런 차이가 있을까요? 양적연구 방법에서 사용하는 '연구대상자'에서 '대상'이라는 표현은 그 집단에 일정한 거리를 두고 구분하는 느낌이 강합니다. 자료의 객관성을 강조하는 양적연구에서는 연구자와 대상자를 명확하게 구분할 필요가 있기 때문이죠. 반면 질적연구방법에서는 연구자가 연구대상자와 대면하면서 직접적으로 상호작용하고 그 과정에서 공감하는 것을 중요하게 생각하기에 연구참여자라고 합니다.

또한 연구참여자를 구하는 방식도 다릅니다. 양적연구와 달리 질적연구에서는 연구자가 원하는 정보를 가장 잘 제공할 수 있는 사람을 선택합니다. 연구참여자를 선택하기 위해 연구자는 현장을 관찰하기도 하고, 관련 현상을 잘 알고 있는 사람들에게서 소개받기도 하죠.

○ 객관성을 지키기 위한 연구의 진실성 추구

질적연구에서는 연구자가 현상을 관찰한 기록, 연구자와 연구참여자가 대화한 내용, 연구참여자의 일기나 편지 같은 자료를 주로 분석합니다. 이런 자료를 분석할 때 연구자는 객관적으로 분석하지만, 그 과정에서 인간으로서 연구자의 경험이나 감정도 들어가게 되죠.

예를 들어 노는 아이들 집단을 관찰하면서, 모두 어떤 아이의 눈치를 보고 그 아이의 말에 구성원들이 집중한다면 그 아이가 노는 아이들의 리더라고 분석할 수 있습니다. 이는 연구자가 사회집단에서 생활하면서 집단 내에는 리더가 존재하고 리더에게 다른 사람이 어떻게 반응하는지 경험했기에 가능한 분석입니다.

그렇다고 관찰한 모든 내용을 오로지 연구자의 경험을 바탕으로 이해하는 것은 아닙니다. 이 경우에 주관적이라는 비판을 받을 수 있습니다. '집단 내 리더의 존재와 그에 대한 반응'은 다수가 인식할 수 있는 것입니다. 그러므로 연구참여자에게서 얻은 독특한 자료에 대해서는 오로지 연구자만의 경험이나 생각이 아니라, 사회 구성원 다수의 경험이나 생각을 고려해야 합니다. 더 나아가 현상이 발생한 나름의 맥락이나 연구참여자의 상황 등을 고려하여 해석합니다.

이러한 노력에도 불구하고 질적연구는 주관적이라는 비판을 받을 수 있습니다. 그래서 연구자는 연구 내용을 주관적으로 해석하지는 않았는지 살펴보면서 연구결과의 신뢰성을 높이기 위해 노력합니다. 질적연구에서는 이러한 과정을 '연구의 진실성 확보'라고 표현합니다.

연구의 진실성을 확보하기 위한 노력은 다음과 같이 다양하게 이루어집니다. 첫째, 연구자는 연구하고자 하는 현상이 일어나는 현장에 직접 가서 오랜 시간을 들여 깊이 있게 관찰하고 연구참여자와 대화하면서 그 상황이나 맥락, 분위기 등을 그대로 파악하려고 합니다. 앞에서 팩차기 현상이나 노는 아이들의 문화를 살펴본 연구자는 그 현장을 얼핏 본 것이 아니라 아주 오래 그 현장에 머물렀습니다. 1년 이상 현장을 관찰하는 경우도 많습니다.

둘째, 수집한 자료를 해석하면서 한 번만 해석하는 것이 아니라 여러 번 합니다. 여러 번에 걸쳐서 해석할 경우에도 이전의 해석 기억에 의존하지 않도록 시간 간격을 많이 두기를 권장합니다.

셋째, 수집한 자료에서 연구참여자의 의도나 의미를 해석한 결과를 연구참여자에게 보여주고, 혹시 오해했거나 잘못 분석한 점이 없는지 봐 달라고 합니다. 연구 내용을 가장 정확하게 아는 사람은 연구참여자이기 때문입니다. 또한 연구자는 해당 연구주제를 연구하는 다른 전문가에게 연구결과를 보여주면서 점검하는 과정을 거칠 수도 있습니다.

○ 연구 자료의 수집 내용과 해석 과정

질적연구의 연구자는 현상을 관찰하거나 면담하면서 수많은 자료를 발견하고, 그중에서 중요한 사항을 연구결과로 제시합니다. 예를 들어 다음과 같은 자료가 연구자가 얻은 자료의 일부분이면서 연구결과를 보고할 때 사용하는 자료입니다.[10]

서울대학교 학생의 팩차기 현상과 관련한 연구 자료

[자료 1-1]

"고등학교와 달리 하루 내내 강의실에서 수업이 있어 오래 앉아 있다 보면 소화가 안 돼요. 산책하는 것보다는 팩차기를 하면 조금 더 역동적이랄까, 운동하는 느낌도 있어요."(연구참여자 A, 사범대학 3학년, 남)

[자료 1-2]

"점심시간이 한 시간인데 학생 식당에 오면서 공을 들고 오는 아이들도 없고, 밥 먹고 나서 우유팩만 구하면 되니 팩차기야말로 아무런 준비 없이 짧은 시간에 할 수 있는 운동이죠."(연구참여자 D, 사회과학대학, 대학원 석사과정)

[자료 1-3]

12시 20분에 학생 식당 쪽에서 여덟 명의 남녀 무리가 모이더니 원을 그리고 그 안에 들어가서 각자 적당한 간격을 만들어 선다. 누군가가 초코우유팩을 잘 만지더니 발로 먼저 찼고, 해당 팩을 받은 경우 다시 발로 찼다. 그러다가 중간에 누군가가 팩을 못 차서 땅에 떨어지자, '초구'라고 한다. 팩을 놓친 학생이 팩

을 주워서 다시 차기 시작한다.(연구자의 관찰일지, 1997년 6월 7일 점심시간, 노천 강당 앞)

[자료 1-4]

"팩차기에서 팩을 놓친 사람에게 벌점이 주어지는데요, 다만 초구는 봐줘요. 팩차기 경기 시작하고 최초로 팩을 차지 못하고 놓친 경우인데, 이 경우에는 익숙하지 않아서 생긴 것이라고 봐서 감점하지 않아요."(연구참여자 B, 공과대학, 2학년)

롤러스케이트장에서 노는 아이들을 관찰하면서 면담한 자료

[자료 2-1]

"아침에 늦게 일어나요. 11시쯤 여기에 와서 놀다가 점심 먹으러 가는데, 여긴 어른들이 오지 않는 곳이어서 우리끼리 시간 보내기가 좋아요."(연구참여자 A, 17세, 여)

[자료 2-2]

"학교는 안 가지만 시간 보낼 곳은 필요해요. 여긴 우리 모두 모이기가 편해요. 다른 곳에서는 우리가 지나가면 쳐다보는 사람들이 있는데, 이곳에서 롤러를 타면 다른 곳과 달리 사람들의 시선에서 자유롭죠."(연구참여자 C, 16세, 여)

질적연구에서 얻는 자료는 연구자가 관찰한 기록이나 연구참여자에게서 듣거나 그들과 면담한 내용입니다. 그래서 연구자는 오랜 시간 연구 현장을 관찰하면서 상세하게 내용을 기록해야 하고, 연구참여자와 대화한 내용도 모두 기록합니다. 하루만 기록해도 그날의 대화 내용이나 관찰 내용은 분량이 엄청나죠. 앞의 내용은 그중 일부입니다. 대개는 대화 등의 과정을 녹음하고, 녹음된 자료를 전사합니다.

연구자는 전사한 자료를 유사한 것끼리 묶어냅니다. 예를 들어 [자료 1-1]과 [자료 1-2]의 세부 내용은 다르지만, '꽉 짜인 시간 속에 잠깐 하는 운동'이라는, 팩차기의 의미를 추출할 수 있습니다. [자료 1-3]과 [자료 1-4]를 묶어서 '초구'를 이해하면, 팩차기가 경쟁보다는 존중이 강조되는 운동임을 알 수 있고요. [자료 2-1]과 [자료 2-2]를 연결하면 어떤 해석이 나올까요? 여러분이 직접 해보세요.

이런 과정을 자세히 보면 질적연구의 과정에서는 자료를 잘 얻는 것도 중요하지만, 연구자가 수많은 자료의 의미를 해석해 나가는 과정이 매우 중요하다는 것을 알 수 있습니다. 실제로 해석 과정은 질적연구 방법에서 가장 중요한 단계입니다. 질적연구에서는 면접법이나 참여관찰법을 자료 수집 방법으로 많이 사용하는데, 4장에서 그 내용을 다루면서 조금 더 자세히 살펴보겠습니다.

5
연구자의 가치에서
자유로운 연구는 가능할까?

● 보는 시각에 따라 달라지는 사회현상

누군가 선물을 주고받는 장면을 보면 어떤 생각이 드나요? '저 선물은 감사함을 표시하는 거야. 받는 사람도 그 의미를 당연히 알고 있겠지'(의견 ①)라고 생각하나요?

이런 생각도 가능할 것입니다. '모임에서 사람들이 주고받는 선물은 모임 분위기를 즐겁게 하고 사람들을 기분 좋게 해. 그래서 학교 졸업식이나 가족 간의 공식적인 모임에서 선물은 중요한 역할을 하지.'(의견 ②)

아니면, '저 선물은 뇌물일 거야. 선물을 주는 사람이 사회적으로 약자의 위치에 있다 보니 선물을 주는 거지. 결국은 선물을 받는 사람이 높은 위치에 있거나 권력을 가진 사람이어서 무엇인가를 부탁하기 위해 어쩔 수 없어서 저러는 거야. 저런 불평등한 관계를 만들어낸 사회가 문제야'(의견 ③)라고 생각할 수도 있을 것입니다.

동일하게 선물을 주고받는 현상을 보고, 이렇게 달리 생각하는 이유는 무엇일까요? 사람마다 보는 시각이 다르기 때문입니다. 사회현상을 연구할 때에도 같은 것을 보고 다르게 분석할 수 있지 않을까요?

예를 들어 이런 경우를 상상해 봅시다. 한 연구자가 자신이 고등학교를 다닐 때 학교폭력을 당한 경험이 있다면, 그 피해 경험은 어른이 되어서도 기억에 남습니다. 20여 년이 지나서 연구자가 되었어도 고등학교 때 같은 학급의 친구로부터 부당한 폭력을 당했던 경험을 잊기는 쉽지 않겠죠.

당시 학교 친구가 아무 잘못도 하지 않은 자신에게 왜 그렇게 폭력적이었는지 여전히 감정적으로 이해되지 않았던 연구자는 학교폭력 가해자가 왜 학교폭력을 저지르는지 연구를 시작합니다. 사실 이런 결정은 쉽지 않습니다. 그럼에도 어떤 경우에 학교폭력 가해자가 되는지를 밝혀내는 것이 학교폭력 피해를 줄이는 데 도움이 될 것이라 여기기에 연구를 하기로 마음먹죠.

그런데 연구과정에서 학교폭력 가해자와 얘기하던 중 갑자기 연구 참여자의 얼굴이 과거 자신에게 폭력을 가했던 사람의 얼굴과 겹쳐 보입니다. 학교폭력 가해자가 한 말 중에서 가장 나쁜 표현만 두드러지게 생각하게 되죠. 결국 연구자는 자료 분석 과정에서 이를 중심으로 분석하고 연구결과를 발표합니다.

연구자는 자신이 살아가는 사회를 연구하기에 그가 가진 생각은 연구에 다양한 영향을 미칩니다. 이런 현상을 완전히 배제하기는 어렵습니다. 연구 과정에서 생기는 이런 양상을 어떻게 봐야 할까요?

● 사회현상을 바라보는 세 가지 관점

미국의 심리학자 조셉 자스트로가 처음 사용한 토끼-오리 그림

이 그림에서 가장 먼저 눈에 들어온 것은 무엇인가요? 나는 오리를 보았는데 다른 사람은 토끼를 보았다면, 나와 그 사람의 차이는 무엇일까요? 같은 현상을 보더라도 어떤 부분에 초점을 두는지에 따라 결과는 달라집니다. 이처럼 사회현상을 바라볼 때 어딘가에 초점을 두고 그 현상을 바라보는 것을 '관점'이라고 합니다.

동일한 사회현상을 보더라도 어떤 것에 초점을 두는가, 즉 관점에 따라 그 현상을 다르게 이해할 것입니다. 사회현상을 바라보는 관점은 크게 기능론, 갈등론, 상징적 상호작용론으로 구분할 수 있습니다. 이를 이해하기 위해서는 사회학적 상상력을 설명하는 과정에 다루었던 '사회 구성원으로서의 행위자' '사회구조와 제도' 등을 떠올려보세요.

○ 기능론

기능론은 사회가 생명체와 같아서, 뼈나 혈관 등이 각각 나름의 기능을 맡고 있듯이, 사회를 이루는 부분도 나름의 기능을 하면서 상호의존적인 관계를 맺는다고 보는 관점입니다. 그래서 사회는 안정된 체계와 구조를 이루며, 이를 이루는 각 부분은 맡은 역할이 있고 그 역할을 잘할 때 사회가 안정적으로 유지된다고 봅니다.

앞에서 살펴본 선물의 경우, 기능론 관점(의견 ②)은 특정 기념일이나 특정 집단에서는 나름의 규칙에 따라 선물을 주고받는 날이 정해지고 적절한 선물을 하는 것이 사회 유지에 긍정적인 역할을 한다고 봅니다.

기능론에 따르면, 개인 간 선물은 그 사회에서 정해진 사회규범에 따른 행동입니다. 결혼한 친구 집들이에 선물을 가져오지 않는 사람을 보고 이상하게 여기는 이유는 그가 사회에서 기대하는 행동을 하지 않았다고 여기기 때문이죠.

기능론에서는 사회 유지에 필요한 규범과 법이 사회 구성원의 합의에 의한 것이며, 이것이 제도나 구조로서 중요한 역할을 한다고 봅니다. 그리고 교육을 통해 다음 세대에게도 자연스럽게 전승되면서 사회가 유지된다고 여기죠.

그렇기에 사회에 문제가 생겼다는 것은 누군가가 사회적 합의인 규범이나 법을 따르지 않았거나 각 부분이 맡은 사회적 기능을 제대로 수행하지 못한 결과가 됩니다. 그래서 기능론 관점을 가진 사람들은 범죄자를 볼 때 그 사람을 문제가 있는 사람이라고 보고, 사회문제가 생기는 경우도 법이나 규범이 제대로 작동하지 못하는 상황이 문제라고 봅니다. 범죄자를 교화하고, 범죄자를 강하게 처벌하는 등 법과 제도를 만들어서 문제를 해결하려고 합니다.

기능론 관점의 연구자는 대부분 협력과 조화를 이루고 있는 사회현상을 가능하게 하는 사회체제를 중요한 연구대상으로 삼습니다. 이들은 사회현상에서 문제가 생겼다면 무엇이 제대로 작동하지 않아서인지 밝혀내고 그것을 개선함으로써 그 문제를 없애려 하죠.

○ 갈등론

갈등론은 부, 권력, 지위와 같이 사회적으로 가치 있는 것이 한정되어 있으며, 이를 많이 가진 집단과 그렇지 않은 집단 간에 불평등으로 인해 지배와 피지배 관계가 형성된다고 봅니다. 그리고 사회적으로 가치 있는 것을 지배 집단이 더 많이 가지고 피지배 집단이 적게 가지는 것은 개인의 노력에 따른 결과가 아니라 지배 집단이 만든 제도나 규범에 의한 결과라고 여기죠.

그래서 선물을 주고받는 상황을 봤을 때도 그 의도를 사회적으로 권력을 가진 사람들에게 잘 보이기 위한 것이라고 해석합니다(의견 ③). 결국 이 관점에서는 선물을 주는 사람은 선물하면서도 불만을 품게 됩니다.

갈등론에서는 사회적 규범이나 제도가 사회적 합의의 결과가 아니라, 권력 등을 가진 기득권 집단인 지배 집단에 의해 만들어졌다고 봅니다. 이에 따라 제도나 규범 등은 피지배 집단에 속한 사람들을 억압하거나 착취하는 수단이라고 보죠. 결국 불평등을 해소하기 위해 사회변화를 요구하고, 지배 집단과 피지배 집단을 대립이나 갈등 관계에 놓고 볼 수밖에 없습니다.

그래서 갈등론자는 사회적 갈등이나 사회에서의 지배·피지배 관계와 관련한 제도나 사회구조를 연구합니다. 더불어 사회에서 나타나는 불평등 양상은 무엇이고, 이것이 어떻게 개선되어야 하는지가 이들의 주된 연구 방향이 되죠.

○ 상징적 상호작용론

사회현상과 관련하여 사회 구성원이 부여하는 주관적인 동기와 의미 해석에 초점을 두는 관점을 상징적 상호작용론이라고 합니다. 선물을 주고받는 것을 '감사함의 표시'라는 의미라고 보거나, 선물 자체가 갖는 상징적 의미를 해석하여 현상을 이해하는 것(의견 ①)이 상징적 상호작용론의 관점이죠.

선물을 주고받는 사회현상을 세부적으로 살펴볼까요? 수능 시험을 앞둔 선배에게 선물로 포크를 준다면, 선물을 준비하는 사람이나 받는 사람 모두 포크 자체가 아니라 '잘 찍어라'라는 의미로 받아들일 것입니다. 또한 집들이 선물로 세탁 세제나 설거지 세제를 준다면 '좋은 일이 거품처럼 풍성해져라'라는 의미가 담겨 있다는 것을 알고 있습니다.

이처럼 상징적 상호작용론에서는 사회 구성원, 즉 행위자가 부여하는 상징과 그에 따른 의미 해석을 바탕으로 상호작용한다고 봅니다. 이때 구성원이 상황에 의미를 부여하고 해석하는 것을 '상황정의'라고 합니다. 결국 사회현상은 구성원인 행위자가 상징을 부여하거나 해석하고 그에 따라 어떤 일을 한 결과로 나타납니다. 즉, 사회적 행위는 다른 사람의 행동에 숨어 있는 의도를 파악하고 그에 반응하여 이루어진 것입니다. 만약 그 의미를 해석하지 못하면 그 상황에서 혼란을 경험하게 되죠.

소방차가 지나가면 어디선가 불이 났다고 생각하는 것과 같이, 상징적 상호작용론에서는 사회적 구성원인 행위자 간에 공유하는 상징과 그 의미의 해석이 중요합니다. 아는 사람이 나에게 손을 흔들면서 다가오면 기쁘지만, 모르는 사람이 나에게 손을 흔들면 이상하다고 생각하는 것도 손을 흔드는 몸짓에 의미를 달리 부여하기 때문입니다. 이때 상징은 언어나 몸짓이나 손짓, 표시 등 다양한 것이 될 수 있습니다.

상징적 상호작용론에 따르면, 사회는 행위자 간의 상호작용이라는 미시적인 측면을 관찰할 때 이해할 수 있습니다. 상징적 상호작용론자는 사회현상을 연구할 때 미시적 측면에서 일상적인 상호작용이 일어나는 양상과 그 과정에서 개인이 왜 그렇게 타자에게 반응하고 행동하는지 살펴보려고 하겠죠.

이처럼 사회현상 연구자는 사회를 어떤 관점에서 보느냐에 따라 연구대상이나 연구문제를 다르게 설정할 것입니다. 더불어 그가 연구방법론 중에 어떤 방법을 선호하는가 등도 연구주제 선정이나 연구문제에 영향을 주겠죠. 연구자 개인이 가진 개인적인 관점, 가치, 신념 등은 연구 과정에 영향을 미칠 수밖에 없습니다. 그런데 연구에서는 가치중립도 중요한 문제입니다. 도대체 가치중립이란 무엇일까요?

● 베버가 말한 가치중립이란?

인간은 나름의 의견과 가치, 판단, 신념을 가지고 살아갑니다. 다수가 꽃이 예쁘다고 해도, 꽃이 예쁘지 않다고 생각하는 사람도 있습니다. 예쁘다고 생각하는 꽃도 각기 다른데, 이는 개인의 선호나 가치가 다르기 때문입니다.

개인이 가진 선호나 가치는 사회현상을 바라보는 관점에도 영향을 미치지만, 사회현상을 연구하는 과정이나 방법을 결정하는 데도 영향을 미칩니다. 이를 본격적으로 생각한 학자가 독일의 사회학자이면서 방법론적 이원론을 강조한 막스 베버입니다. 베버는 연구자가 어떤 사회현상에 관심을 갖는 것 자체가 이미 가치를 드러내는 일이라고 보았습니다.

그는 연구자로서 행복감에 관심이 있는지, 인권에 관심이 있는지, 불평등에 관심이 있는지, 스포츠 현상에 관심이 있는지, 진로와 직업 선택 현상에 관심이 있는지는 모두 연구자의 가치와 관련한 것이라고 보았습니다. 이를 베버는 연구자의 '가치 관련(가치 연관)'이라고 했으며, 이를 '연구자의 가치개입'이라고도 합니다.

베버는 인간인 연구자가 자신의 가치와 관련하여 완전한 중립을 취하면서 사회현상을 연구하는 것은 어렵다고 보았습니다. 또 어떤 경우에는 연구자가 자신의 가치를 고려할 때 사회현상을 잘 연구할 수 있다고 보았습니다.

이를 고려하면, '가치 관련' 또는 '가치개입'은 연구 전체가 아니라 연구문제와 가설 설정, 연구대상자 정하기, 결론 등과 같은 부분으로만 한정해야 할 것입니다. 연구자가 연구 전반에 가치 관련 또는 가치개입을 하면, 연구결과가 연구자의 가치에 의해 달라질 수 있기 때문입니다. 그래서 베버는 실제로 연구를 진행하는 과정에서 '가치중립'이 필요하다고 이야기합니다.

주장할 때 사실과 가치 진술을 구별하는 것처럼, 연구 과정에서도 이를 구분할 수 있어야 합니다. 연구자가 자신의 가치에서 벗어나서 연구를 진행하는 것을 '가치중립'이라고 합니다. 이것은 연구자 개인의 주관적인 가치 배제를 의미합니다.

그러나 앞에서 말했듯, 연구 과정에서 연구자의 가치개입은 불가피합니다. 다만 자료 수집 및 분석 과정에서는 가치개입을 최소화해야 합니다. 주장에 유리한 자료만 모아 분석하면 안 됩니다.

📰 알아봅시다

가치란 무엇일까?

어떤 현상이 가치를 가지고 있다는 말의 의미가 어렵게 느껴질 수 있다. 이것을 좀더 쉽게 이해하기 위해 사실판단과 가치판단을 구분해 보자.

A: "나는 평균적으로 하루 일곱 시간 동안 잠을 잔다."

B: "나는 잠을 적게 잔다."

두 문장을 비교해 보자. A는 측정 가능하며 그에 따라 참인지 거짓인지 판단하는 것이 가능하다. 이것은 '사실판단'이 가능한 진술이다. 구체적인 자료나 경험적 관찰 등에 따라 진위 구별이 가능한 진술은 사실판단과 관련된다. 사실은 증명 가능한 것이면서 객관적이라는 특징을 갖는다.

반면 B는 측정 불가능하여 증명하는 것이 어렵다. 그가 잠을 적게 자는지 아닌지는 사람마다 다르게 판단할 것이기 때문이다. 이처럼 사람에 따라 맞다고 볼 수도 있고 아니라고 볼 수도 있는 진술이 '가치판단'이다.

연구 과정에서 가치중립은 연구자가 사실판단을 바탕으로 하여 객관적으로 맞는 내용을 진술해야 한다는 의미다. 연구자 자신의 가치나 선호와 같은 가치판단에 따라 진술하면 문제가 생길 것이기 때문이다. 결국 연구결과를 보고할 때, 연구자는 객관적인 증거에 의해 판단할 수 있는 사실판단에 비추어 객관적인 주장에 맞게 진술했는지 스스로 명확하게 판단할 필요가 있다.

그래서 자료의 수집과 분석 단계에서는 철저한 가치중립이 필요합니다. 따라서 베버는 가치중립을 주장하면서, 사회과학을 하는 연구자는 사회현상을 연구할 때 객관성을 갖도록 모든 가치, 특히 연구자 개인이 가진 가치를 포함한 모든 가치에서 자유로워야 한다고 보았습니다. 그래서 가치중립은 가치자유라고도 불립니다.

6
사회에 필요한 연구,
윤리를 어겨도 될까?

● **실험을 위해 사람에게 전기 충격을 가해도 될까?**

1961년 미국 예일대학교 심리학과 교수인 스탠리 밀그램(Stanley Milgram)이 사람들에게 '전기 자극에 의한 학습 효과'를 실험한다고 알리고 참여자를 모집합니다. 그의 실험 장면을 볼까요?

실험실은 두 개의 방으로 나뉘어 있는데, 두 개의 방 사이에 안쪽은 거울이라 밖을 보지 못하지만, 밖은 창이어서 안이 보이도록 칸막이가 설치되어 있습니다. 방 안 의자에 앉은 실험참여자는 몸에 전기 자극을 주는 장치를 부착하고 있으며, 방 밖의 밀그램 교수와 실험참여자는 전기 자극을 주는 스위치 앞에 앉아 있습니다.

밀그램은 실험대상자에게 이렇게 이야기합니다. "당신은 안에 있는 사람이 학습하다가 틀린 답을 하면 제가 지시하는 대로 전기 자극을 주면 됩니다. 일정 정도 이상의 자극을 주면 안에 있는 사람이 고통스러워하거나 목숨이 위험할 수도 있지만, 그래도 제가 지시하는 대로 해야 합니다. 이 연구는 예일대학교로부터 허락받은 것이며, 실험과 관련하여 문제가 생기면 그 책임은 전적으로 제가 집니다."

실험이 시작되어 안쪽의 학생이 틀린 답을 하자, 밀그램은 전기 자극 스위치를 누르라고 명령합니다. 처음엔 낮은 수준에서 점점 높은 수준의 전기 자극을 주도록 합니다. 높은 수준의 전기 자극 스위치를 누르자, 학습하던 사람은 매우 고통스러워합니다. 밀그램은 생명에 위험을 느낄 수준의 전기 자극까지 요구합니다. 만약 여러분이 이 연구에 참여하기로 했다면 밀그램의 명령을 거부하겠습니까, 따르겠습니까? 실제 실험에 참여한 사람들은 어떻게 행동했을까요?

● 아이히만의 재판을 보고 설계한 실험

1961년 4월 11일, 이스라엘 법원에서 열린 재판이 전 세계에 생중계되었습니다. 피고인은 60대의 남자 노인으로, 이름은 아돌프 아이히만이었습니다. 독일 나치 시절 장교였던 그는 홀로코스트로 알려진 유대인 학살을 위해 전국의 유대인을 이송하는 총괄책임자였습니다.

나치 정권이 붕괴하고 제2차 세계대전이 끝나자 그는 도망쳤고, 유대인이 새롭게 만든 나라인 이스라엘에서는 그를 찾기 위해 모든 첩보 수단을 동원했습니다. 1960년, 아르헨티나에 숨어 있던 아이히만을 마침내 붙잡은 이스라엘은 그를 재판정에 세웠습니다. 1961년에 열린 이 재판은 유대인 학살의 진실을 알리기 위해 세계 전역으로 방송됐죠.

재판 과정에서 아이히만은 자신은 단지 군인으로서 상관의 명령에 복종했을 뿐이라고 하여 사람들을 분노하게 만들었습니다. 밀그램 교수도 방송으로 이 재판을 지켜보고 있었죠.

그는 재판을 같이 보고 있던 예일대학교 심리학과 교수들과 아이히만의 주장에 관해 대화를 나눕니다. 다른 교수들이 인간으로서 어떻게 그럴 수 있는지 분개하자, 밀그램 교수는 '어쩌면 우리 모두 그런 상황이 되면 비슷하게 행동하지 않을까?' 생각하며 이를 증명하려고 했죠.

그래서 이런 실험이 이뤄진 것입니다. 이 실험 결과에 따르면, 65퍼센트 정도의 참여자가 밀그램 교수의 명령에 따라 생명에 위험을 줄 정도의 전기 자극 스위치를 눌렀다고 합니다.

사실 전기 자극기를 붙이고 학생 역할을 했던 사람은 밀그램 교수가 미리 부탁한 배우였고, 전기 자극은 가짜였습니다. 밀그램 교수의 진짜 연구 목적은 "권위 있는 조직에서 상관이 책임진다고 할 때, 인간의 목숨을 위협하는 일을 명령받은 구성원들은 그 명령에 따를까?"라는 질문의 답을 찾는 것이었고요. 즉, '권위에 대한 복종 실험'이었습니다.

밀그램 교수는 이 연구를 바탕으로, 지위가 높은 상관, 권위를 가진 사람, 종교 성직자 등이 명령을 내리면, 사람들은 도덕적인 판단을 내리지 않고 따르는 경향이 있다고 결론 내렸습니다.

이 실험 결과는 어떤 행동을 할 때 누군가의 명령에 그대로 따르기보다는 스스로 도덕적 판단을 할 필요가 있음을 알려줍니다. 더불어 사회에서 권력을 가진 사람들이나 종교 성직자, 상관은 부도덕한 일에 대해 더 많은 책임감을 가져야 한다는 것도 알려줍니다.

● 실험참여자의 인권을 침해한 실험들

밀그램의 복종 실험과 비슷한 시기의 실험으로 솔로몬 애시(Solomon Asch)의 동조 실험이나 필립 짐바르도(Philip Zimbardo)의 교도소 실험 등이 있습니다. 실험 당시였던 1960년대에 이러한 연구들은 인간의 사회적 행동에 대한 이해를 높여주는 좋은 연구라는 평을 받았습니다.

그런데 이 연구에 참여했던 사람의 입장에서 이 연구를 다시 살펴봅시다. 여러분이 밀그램 실험의 참여자이고 밀그램 교수와 예일대학교의 권위를 믿고 안에 있는 사람에게 매우 위험한 전기 자극을 가했다면, 실험 후에 어떤 생각이 들까요?

실제로 이 실험의 참여자 중에 자신이 사람을 죽일 수 있는 선택을 했다는 것에 죄책감을 느낀 사람이 많았습니다. 전쟁 등에 참여한 사람이 겪는 끔찍한 고통인 '외상 후 스트레스 증후군(PTSD)'을 앓는 이도 있었습니다.[11] 평범한 자신이 사람을 죽일 수 있는 행동을 했다는 사실을 견디기 힘들었던 것입니다. 그래서 이 연구는 실험에 참여한 사람의 인권을 침해했다는 지적을 받습니다.

이런 질문을 던져봅니다. 정말로 사회에 유익한 연구라면 연구대상자의 인권을 침해해도 될까요? 여러분의 생각은 어떤가요? 실제로 학계에서는 어떤 입장일까요?

● 연구윤리 지침, 뉘른베르크 강령

1989년, 미국에서는 '인체에 악영향을 주는 가스로 인한 전쟁 발생 가능성이 있다'라는 첩보를 확인합니다. 첩보기관에서는 실제로 가스가 인간의 신체와 사망에 어떤 영향을 미치는지 파악할 필요를 느꼈습니다. 그러나 당시에는 연구윤리 때문에 인간을 대상으로 위험한 실험을 할 수 없었기에, 과거의 자료를 찾았습니다.

그래서 찾아낸 것이 제2차 세계대전 당시 유대인을 대상으로 가스를 살포하여 어느 수준일 때 인간이 죽는지 등을 실험한 결과 보고서였습니다. 미국 첩보기관에서는 그 자료를 바탕으로 가스를 전쟁에 사용하는 경우 인간에게 미치는 영향을 파악했습니다. 그런데 인권을 침해하여 얻은 연구결과를 다시 활용한 데 대한 비판이 이어졌습니다.

제2차 세계대전 당시 일본이나 독일은 인간을 대상으로 인체실험을 했습니다. 이후 종전 재판에서, 인류에게 이런 끔찍한 실험을 더 이상 하지 못하도록 만든 것이 1947년의 뉘른베르크 강령이죠.[12]

뉘른베르크는 독일의 소도시로, 나치에게 제2차 세계대전의 책임을 묻는 전범재판이 열린 곳입니다. 재판부는 나치의 인체실험과 같은 일이 다시는 일어나서는 안 됨을 분명히 밝히기 위해 허용되는 의료 실험의 요건을 담은 '뉘른베르크 강령'을 제시합니다. 이후 연구윤리 지침의 기본이 되는 이 강령의 핵심을 정리하면 다음과 같습니다.

뉘른베르크 강령

1. 실험 대상이 되는 사람의 자발적인 동의는 절대 필수적이다.
2. 실험은 다른 연구방법·수단에 의해서는 얻을 수 없는, 사회적 이익을 위해 유익한 결과를 낳을 수 있는 것이어야 하며, 성질상 무작위로 행해지거나 불필요한 것이어서는 아니 된다.
3. 실험은 그로 인해 기대되는 결과가 당해 실험의 수행을 정당화할 수 있도록 동물 실험의 결과와 연구 대상이 되는 질병의 자연발생사 및 기타 문제에 관한 지식에 근거하여 계획해야 한다.
4. 실험을 할 때는 모든 불필요한 신체적·정신적 고통과 침해를 피해야 한다.
5. 사망 또는 불구의 장해가 발생할 수 있으리라고 추측할 만한 이유가 있는 경우에는 실험을 행할 수 없다. 단, 실험을 하는 의료진도 그 대상이 되는 실험의 경우는 예외로 한다.
6. 실험으로 인해 감수해야 하는 위험의 정도나 그로 인해 해결되는 문제의 인도주의적 중요성 정도를 초과해서는 아니 된다.

7. 상해, 불구, 사망의 어떠한 일말의 가능성으로부터도 실험대상자를 보호하기 위해 적절한 준비와 적당한 시설을 갖추어야 한다.

8. 실험은 과학적으로 자격을 갖춘 사람에 의해서만 행해져야 한다. 실험을 시행하고 이에 참여하는 사람에게는 실험의 모든 단계를 통해 최고도의 기술과 주의가 요구된다.

9. 실험이 진행되는 동안 실험대상자는 실험을 계속하는 것이 불가능하다고 보이는 신체적·정신적 상태에 이르게 된 경우 실험을 자유로이 종료시킬 수 있어야 한다.

10. 실험이 진행되는 동안 해당 과학자는 그에게 요구되는 선의, 고도의 기술 및 주의력으로 판단해 볼 때, 실험의 계속이 실험대상자에게 상해, 장애 또는 죽음을 야기하리라고 믿을 만한 상당한 이유가 있는 경우에는 어느 단계에서든 실험을 중지할 준비가 되어 있어야 한다.

뉘른베르크 강령은 주로 인간 대상 실험 연구에 초점을 두어 연구윤리를 정했습니다. 그 이후로는 대부분의 나라에서 더 다양한 연구방법을 고려하고 연구 대상자 보호에 관한 포괄적인 내용을 담은 연구윤리 지침을 만들어 적용하고 있죠. 특히 인간과 인간의 삶인 사회현상을 연구할 때 연구윤리는 더욱 강조됩니다.

● 왜 연구윤리를 강조할까?

의학 등과 같은 자연현상 실험과 달리 사회현상 연구에서는 인간의 신체에 직접 해를 가하는 경우가 적습니다. 그런데 왜 연구윤리를 적용할까요? 이러한 의문은 연구윤리를 아주 좁게만 바라보기 때문에 생깁니다.

사회현상 연구에 연구윤리가 필요한 이유는 매우 다양합니다. 첫째, 기본적으로 연구 전반이 신뢰할 만해야 하기 때문입니다. 사회현상의 연구결과는 사회 구성원에게 영향을 미칩니다. 그래서 연구 목적부터 연구 과정, 연구결과까지 윤리적으로 문제가 없는지 고려하여 신뢰할 만하다고 판단해야 그 연구결과를 적용할 수 있습니다. 그렇기에 사회적으로 지켜야 할 윤리를 제대로 갖추지 못한 경우는 제대로 된 연구로 인정받지 못하죠.

둘째, 사회현상 연구자 또한 사회적 책임을 져야 하기 때문입니다. 일상에서 잘못된 행동을 하면 사회적으로 비난받고 구성원으로서 책임감을 요구받습니다. 연구 또한 사회적 관계에서 이루어지는 인간으로서의 행동이기에 사회적 책임이 따르죠. 연구 과정에서 사회적 책임을 갖는 것이 바로 연구윤리를 지키는 일입니다.

셋째, 사회현상을 연구하면서 연구결과가 인간 사회에 미칠 영향도 고려해야 하기 때문입니다. 사회현상을 연구한 결과는 정부의 정책이나 교육 행위 등으로 인간의 삶에 영향을 미칩니다. 따라서 연구윤리를 지켜야 연구결과가 정책 등에 적용될 때 삶에 끼치는 부작용을 줄일 수 있을 것입니다.

그래서 학생으로서 사회현상을 탐구하는 경우에도 연구윤리는 중요합니다. 이제 구체적으로 사회현상 탐구에서 필요한 연구윤리 사항을 같이 살펴볼까요?

● 연구대상인 인간과 관련한 연구윤리

○ 인권을 침해하지 않는 선에서

'어린 앨버트 실험'이나 '파블로프의 개 실험'에 대해 들어본 적이 있나요? 파블로프의 개 실험은 개에게 먹이를 줄 때마다 종 울리는 것을 반복하면, 시간이 지나서 개가 종소리만 들어도 먹이를 먹을 생각에 침을 흘린다는 것을 증명한 실험입니다. '조건 반응에 관한 동물실험'으로 불리는데, 이러한 실험은 행동주의 심리학에서 중요합니다.

1920년에 미국 존스홉킨스대학교의 존 왓슨(John Watson) 교수는 개에게 나타난 조건 반응이 인간에게도 나타나는지 알아보기 위해 실험을 합니다.[13] 바로 자신이 다니던 대학교 근처의 탁아소에서 일하던 보모의 9개월 된 아기인 앨버트를 대상으로요. 심리학적으로 볼 때 9개월은 동물에 대한 공포를 아직 학습하지 않은 시기이기에 어린 앨버트를 선택한 것입니다.

그는 앨버트를 동물과 놀게 하고, 아이가 동물에 대해 아무런 공포를 느끼지 않음을 확인합니다. 그 후 아이에게 토끼 등 흰털을 가진 동물과 놀게 하고, 아이가 동물의 털을 만질 때마다 망치로 쇠를 두드리는 소리를 내어 공포를 조성합니다. 그러자 앨버트는 울면서 공포를 학습하죠.

이후 앨버트를 관찰해 보니, 하얀색 물건이나 동물만 봐도 공포감에 우는 반응을 보입니다. 당시 아이를 살피던 아이 엄마는 아이의 반응에 놀라서 아이를 데리고 다른 지역으로 이사했고, 더 이상 실험은 진행되지 않았죠. 이것이 어린 앨버트 실험입니다. 요즘에 아이를 대상으로 이런 실험을 하면, 당장 아동학대로 처벌받을 것입니다.

연구를 시작할 때는 아동학대 등의 인권침해 문제가 있는 연구인지 고려해 보아야 합니다. 특히 어린 앨버트 실험처럼 인간에게 위험이나 위해가 되는 연구는 절대 해서는 안 됩니다.

○ 연구대상자에게 동의 구하기

연구를 위해 대상자나 참여자를 구할 때 연구대상자에게 연구의 목적과 진행 과정, 그 과정에서 연구자에게 미칠 위협 등을 충분히 설명해야 합니다. 그리고 연구대상자에게 참여 여부에 대해 직접 동의를 구해야 합니다.

기본적으로 연구 참여 전에 동의를 구하지만, 밀그램 실험처럼 사전에 연구의 목적이나 절차를 설명하면 연구결과를 제대로 얻기가 어려운 경우가 있습니다. 이 경우에는 연구대상자에게 자료를 얻은 후 사후에 동의를 구하기도 합니다. 다만 연구대상자가 찬성하지 않으면 그 자료는 사용할 수 없습니다.

사전 동의를 받을 때는 원하면 언제나 그만둘 수 있음을 안내해야 합니다. 아울러, 연구대상자 본인에게 직접 동의를 구해야 합니다. 간혹 연구대상자가 속한 집단의 대표에게만 사전 동의를 구하면 된다고 생각하는 경우가 있는데, 이는 오해입니다. 아동을 대상으로 한 실험이라면 보호자에게도 동의를 구해야 하고요.

그리고 연구대상자가 경험할 수 있는 위협이나 안전의 문제도 설명해야 합니다. 밀그램 실험처럼 연구에 참여한 후 심리적 위험을 느껴서는 안 되기 때문입니다. 또한 연구자는 자신의 신분, 소속이나 지위를 밝혀야 하며, 해당 연구에 대한 연구비를 지원받는 경우에는 그 역시 밝혀야 합니다.

○ 개인 정보와 사생활 비밀 보호하기

사회현상을 연구하다 보면 연구대상자의 개인 정보와 사생활 자료를 수집하는 경우가 있습니다. 예를 들어 고등학생을 대상으로 문제행동을 조사하면서 학생의 음주 및 흡연 여부를 알아봤는데 학교에서 그 명단을 넘겨달라고 하는 경우를 생각해 봅시다. 이때 여기에 응하면 연구대상자는 사생활 비밀을 보호받지 못하는 문제가 발생합니다.

그러므로 연구윤리로서 연구대상자의 사생활 비밀 보호는 매우 중요합니다. 연구대상자에게서 수집한 자료는 연구 이외의 다른 목적으로 사용해서는 안 되며, 실명으로 자료를 공개해서도 안 됩니다. 연구대상자의 자료가 외부로 유출되지 않도록 자료를 잘 관리하는 일도 중요하고요.

● 연구 진행과 관련하여 지켜야 하는 연구윤리

○ 연구가 사회에 미칠 영향 생각하기

1880년대 영국의 프랜시스 골턴(Francis Galton)이라는 학자는 열악한 유전자를 가진 인류를 제거해야 한다는 생각으로 우생학이라는 학문을 만듭니다. 우월한 인간과 열등한 인간을 구별하는 말도 안 되는 기준을 마련하고, 이를 바탕으로 인간 서열을 정하는 등 비과학적인 연구를 하죠.

전형적인 차별주의자가 마치 과학적 연구처럼 포장한 연구결과를 발표한 것입니다. 이처럼 연구 목적이 반사회적인 경우 해당 연구는 그 자체로 연구윤리를 심각하게 어긴 것으로 볼 수 있습니다.

연구윤리를 어기지 않기 위해서는 연구자가 자신의 연구주제를 성찰하고, 다른 사람이나 연구 동료와 함께 해당 연구주제가 인간과 사회에 미칠 부정적인 영향은 없는지 충분히 검토해야 합니다.

○ 표절이나 자료 위·변조하지 않기

일상에서 다른 사람의 물건을 훔치는 것은 범죄입니다. 연구에서도 마찬가지입니다. 연구자는 연구주제나 연구 내용 중 일부분을 제시할 때 다른 연구자의 것을 그냥 사용하면 안 됩니다.

연구결과를 보고하면서 다른 사람의 글이나 주장을 인용했다는 표시를 하지 않고 쓰면 물건을 훔치는 것과 같습니다. 이를 표절이라고 합니다. 이렇게 되면 다른 사람의 연구 내용이 내 연구결과에 들어갑니다. 표절을 막기 위해서는 원래 그 내용을 기록한 사람의 것을 인용했다고 정확하게 표기해야 합니다.

또한 연구자가 의도적으로 연구결과에 유리한 자료만 수집하거나 수집한 연구 자료를 분석하면서 의도적으로 불리한 자료를 삭제하는 등의 위조도 연구윤리 위반입니다. 특히 연구자가 의도적으로 자료를 위조하거나 변조하는 등 문제가 발생하지 않도록 해야 합니다. 그래서 이와 관련하여 연구 전반의 진행 과정과 자신이 수집한 자료 등을 잘 정리한 연구노트를 작성하면 좋습니다.

○ 연구결과가 사회에 미치는 영향을 생각하기

로버트 오펜하이머(Robert Oppenheimer)는 핵물리학을 연구한 미국의 물리학자입니다. 그는 제2차 세계대전 당시 미국의 핵무기를 개발하는 책임자였으나 실제로 핵무기가 인간에게 위험하다고 판단하여 관련 연구를 그만두고 핵무기 개발 반대 운동을 하게 되죠.

그러자 미국은 그에게 적대국인 소련의 스파이라는 누명을 씌웠고, 1954년부터 핵 관련 연구에서 아예 배제합니다. 자신이 관심을 가진 연구주제에서 배제당하는 것은 연구자에게는 사형선고나 다름없죠.

그는 1967년에 62세로 세상을 떠났습니다. 그리고 핵 관련 연구에서 배제당한 지 68년이 지난 2022년에야 복권되었죠. 자신의 전공인 연구학계에서 배척당할 것을 알면서도 핵무기 개발이 인류에게 미치는 악영향을 고려하여 문제를 제기했던 오펜하이머. 어쩌면 그의 선택으로 인해 인류의 삶이 조금은 나아지지는 않았을까요?

연구자는 사회현상을 연구하여 결과를 보고하는 과정에서 자신의 연구결과가 사회에 미칠 악영향은 없는지 살펴보아야 합니다. 악영향을 준다고 판단한 경우에 연구결과를 포기하고 공개하지 않는 것도 연구윤리에서 중요합니다.

사회현상 탐구에서 사회 구성원으로서 지켜야 할 도덕과 사회적 규범 등을 연구 과정 전체에 적용하여 지키는 것이 연구윤리라고 볼 수 있습니다. 사회적 상식 수준에서 연구윤리를 고려하면, 할 수 있는 것과 해서는 안 되는 것을 판단하기가 어렵지 않을 것입니다.

사회문제 이해부터 연구윤리까지

1. 사회현상 중에서 관심이 가는 것이 있으면 적어보고, 왜 그런 현상에 관심을 두는지 이야기해 봅시다.

2. 사회학적 상상력을 발휘하여 해당 현상을 탐구하기 위한 질문을 만들어봅시다.

3. 앞 질문의 답을 탐구하는 경우에 기능론, 갈등론, 상징적 상호작용론 중 어떤 점을 연결하는 것이 좋을지 생각해 봅시다.

4. 앞의 질문 중에서 구체적으로 내가 관심을 가지고 탐구하고 싶은 질문 하나를 정하고 왜 그렇게 생각했는지 이야기해 봅시다.

5. 앞의 질문을 구체적으로 탐구하는 경우, 사실판단을 해야 하는 질문과 가치판단을 해야 하는 질문을 만들어봅시다.

사실 판단	
가치 판단	

6. 탐구할 때 유의할 연구윤리에 대하여 생각해 보고, 중요한 사항을 정리해 봅시다.

2장

사회문제 탐구, 어떤 주제로 할까?

1
저출산·고령화, 막을 수 없는 흐름일까?

● 저출산이 왜 문제일까?

2023년에 어느 방송에서 한 외국인 학자가 매우 놀라는 장면이 나왔습니다. 무엇 때문이었을까요? 그가 놀란 대목은 "2023년 현재 한국의 합계출산율이 0.7명이다"라는 말이었습니다. 이것이 왜 그렇게 놀랄 일일까요?

저출산 및 고령화 현상은 한 사회에서 출생인구는 급격하게 감소하는 반면 노인인구는 증가하는 현상을 말합니다. 이와 관련하여 중요하게 고려할 개념과 탐구문제를 같이 생각해 봅시다.

● 먼저 연령별 인구를 구분해 보면?

일반적으로 저출산 및 고령화 현상을 정확하게 파악하려면 한 국가의 연령별 인구 구성을 살펴보아야 합니다. 인구는 연령에 따라 유소년인구, 부양인구, 노인인구의 세 집단으로 구분합니다.

유소년인구는 0~14세, 부양인구는 15~64세입니다. 부양인구는 생산가능인구, 장년층인구로도 불립니다. 노인인구는 65세 이상으로, 노년인구, 고령인구, 고령층인구라고도 합니다. 연령별 인구 구분은 세계적으로 같이 사용하는 기준입니다.

연령별 인구 구성은 선진국과 저개발국 간에 차이를 보입니다. 저개발국일수록 전체 인구 중에서 유소년인구 비율은 높고 노인인구 비율은 낮습니다. 반면 선진국의 경우에는 의료 수준이나 사회복지 혜택의 발달로 인해 기대수명이 늘어나고 삶의 질이 좋아지면서 노인인구가 전반적으로 증가합니다.

오늘날 저출산 및 고령화 현상을 논의할 때는 전체 인구 중에서 노인인구가 차지하는 비율과 그 비율의 변화 기간을 중요하게 봅니다. 전체 인구 중 노인인구의 비율이 7퍼센트 이상인 경우를 고령화 사회, 14퍼센트 이상인 경우를 고령 사회, 20퍼센트 이상인 경우를 초고령 사회라고 하죠.

현재 우리나라를 비롯한 많은 선진국은 고령 사회를 지나 초고령 사회의 양상을 보입니다. 최근에는 국가별로 고령 사회에서 초고령 사회로 전환되는 기간이 얼마나 되는지를 중요하게 봅니다. 고령 사회에서 초고령 사회로 전환되는 기간이 길어야 그동안 관련 사회 정책이나 복지 대책을 세울 수 있기 때문입니다.

통계청의 사회통계에 따르면, 우리나라는 2017년에 고령 사회가 되었고 2025년경에는 초고령 사회로 진입한다고 합니다. 10여 년도 안되는 매우 짧은 기간에 고령 사회에서 초고령 사회로 진입하는 것입니다. 이에 따라 여러 사회문제가 나타날 가능성, 특히 증가하는 노인인구를 대상으로 하는 복지 지원 등의 문제가 나타날 가능성이 큽니다.

위에서 제시한 사항과 관련하여 고려할 수 있는 탐구문제는 다음과 같습니다.

- 다른 선진국과 비교할 때, 한국이 고령 사회에서 초고령 사회로 전환되는 기간의 특성과 문제점은 무엇일까?
- 한국 사회가 초고령 사회로 변화할 때 나타날 사회현상은 어떤 것이 있을까?(예: 유치원이 요양병원으로 변화)
- 한국은 초고령 사회로 진입하고 있고 노인인구는 촌락에 집중되어 있는데 왜 인구소멸 지역은 도시가 아닌 촌락일까?

● 부양비, 연령별 인구로 계산하다

연령별 인구를 세 집단으로 구분하는 이유는 노동력과도 관련이 있습니다. 우리나라는 15세 이상 인구, 즉 부양인구부터 노동이 가능합니다. 노인인구도 노동할 수는 있지만, 대부분 노동 현장에서는 일할 수 있는 한계 연령인 정년을 정하여 일정 연령 이상이면 은퇴하도록 합니다.

그러다 보니 노인인구는 상당수가 일을 통해 얻는 소득이 부족해서 빈곤해지고, 이에 따라 노인인구의 빈곤은 사회문제가 됩니다. 이와 관련하여 살펴보는 중요한 통계가 노년 부양비입니다.

부양비가 무엇일까요? '비'가 붙으니 복지 비용을 의미한다고 생각하겠지만, 이는 연령별 인구 간의 비(ratio)를 구하는 개념으로 단위는 '명'을 사용합니다. 사회적으로 일해서 소득이 있는 집단인 부양인구에 비해 소득이 없거나 적은 집단인 유소년인구나 노인인구의 비율을 구하기 때문입니다.

부양인구 대비 노인인구의 비를 노년 부양비라고 하고, 부양인구 대비 유소년인구의 비를 유소년 부양비라고 합니다. 그리고 이를 합한 값이 총부양비입니다. 총부양비는 오늘날 저출산 및 고령화 사회를 설명하는 중요한 통계로 떠오르고 있습니다. 단위가 '명'이기는 하지만 소득이 있는 사람 대비 소득이 없는 사람의 비를 상징적으로 보여주기 때문입니다. 일반적으로 한 사회의 부양비는 이 총부양비를 일컫습니다.

오늘날 대부분의 나라는 복지국가를 지향합니다. 이때 사용하는 복지 비용은 사회 구성원의 노동과 생산 활동을 바탕으로 걷는 세금을 바탕으로 형성됩니다. 2020년에 G20 국가 중에서 EU 의장국을 제외한 선진국 및 신흥국가 19개국●을 대상으로 총부양비를 조사한 자료에서, 우리나라는 19위로 매우 양호한 양상을 보입니다.[14]

이 통계치만 보고 우리나라의 상황이 나쁘지 않다고 좋아할 건 아닙니다. 이는 우리나라와 달리 선진국 대부분의 베이비붐 세대가 우리보다 10여 년 빠르기에 나타난 결과입니다.

베이비붐 세대는 급격한 인구 증가 시기

선진국 및 신흥국가 19개국
미국, 중국, 일본, 독일, 영국, 프랑스, 캐나다, 이탈리아, 한국, 아르헨티나, 오스트레일리아, 브라질, 중국, 인도, 러시아, 사우디아라비아, 튀르키예, 남아프리카공화국, 멕시코를 말한다. 여기에 EU 의장국을 더하면 G20이 된다.

에 태어난 세대를 말합니다. 대부분 유럽 등의 선진국은 제2차 세계대전 이후에 베이비붐 세대가 형성됐습니다. 1940년대 후반에서 1950년대 초반에 태어난 이들은 이제 65세가 넘어 노인인구가 되기 시작했고, 대부분 은퇴했죠.

반면 우리나라는 한국전쟁으로 인해 1950년대 후반에서 1960년대 초반에 베이비붐 세대가 형성됐습니다. 2023년 현재 이들은 65세 이상의 노인인구가 되었고, 이 전환은 다른 나라보다 10년 정도 늦은 것입니다. 그래서 선진국에서는 이미 노인인구 연령의 사람들이 우리나라에서는 여전히 부양인구인 경우가 많습니다.

문제는 우리나라의 베이비붐 세대도 조만간 노인인구가 된다는 점입니다. 1963년에 태어난 세대가 65세가 되는 2028년경 이후에 우리나라의 총부양비는 급격하게 증가할 것입니다. 더구나 최근 출생률이 급격하게 감소하면서 베이비붐 세대가 노인인구가 되는 시기에 부양인구가 급격하게 감소한다는 점도 고려해야 합니다. 이에 따라 현재의 연령별 인구 양상이 유지된다면 2050년쯤에 우리나라는 선진국 및 신흥국가 19개국 중에서 총부양비가 가장 높은 나라가 된다는 예측이 나왔습니다.

이와 관련하여 고려할 수 있는 탐구문제는 다음과 같습니다.

- 한국의 부양비 변화는 어떻게 예측되며, 이로 인한 문제는 무엇일까?
- 총부양비가 증가하는 한국 사회는 이주민 유입 정책을 어떻게 해야 할까?
- 총부양비가 증가하는 한국 사회에서 가족 내 자녀의 교육비 지출에 대한 인식 변화가 가능할까?

● 노인인구의 연령을 높이면 문제가 해결될까?

노인인구가 급격히 증가하면 노인 대상 사회복지 정책 비용 부담이 증가합니다. 이를 해결하는 방법 중 하나는 노인인구를 줄이는 것입니다. 현실적으로 증가하는 노인인구를 줄이는 방법은 무엇일까요? 바로 노인인구의 기준 연령을 올리는 것입니다. 그러면 부양인구는 늘어나고 노인인구는 줄어들어 총부양비가 줄어듭니다.

노인인구를 65세 이상으로 정하여 복지 정책을 실시한 최초의 나라로는 독일이 있습니다. 1860년대 비스마르크 재상● 당시에 복지국가를 지향하며 노인인구를 65세로 정했는데, 이 당시에는 기대수명이 65세보다 낮았습니다.

지금은 과학기술의 발달로 인해 기대수명이 65세보다 훨씬 높은 80세 이상인 나라들이 많죠. 2021년 현재 우리나라의 기대수명은 83.6세로, 기대수명은 매년 증가합니다.

그래서인지 우리 사회에서는 노인인구로 구분하는 연령 시작점을 더 높여야 하는 것은 아닌지 종종 논의가 대두되곤 합니다. 이것이 과연 괜찮은 방법일까요? 앞에서 본 것처럼, 우리나라는 다른 선진국에 비해 고령 사회에서 초고령 사회로 전환되는 기간이 매우 짧습니다. 이로 인해 노인인구 연령을 올리고 이들에 대한 복지 정책을 줄이면 노인인구의 빈곤 문제가 더 심각해질 것입니다.

결국 노인인구의 연령을 높일 필요는 있지만, 노인인구의 삶을 고려하면 쉽게 결정할 수

비스마르크 재상

본명은 오토 폰 비스마르크(Otto von Bismarck)다. 피와 철로써 다스리겠다는 포부를 밝혀 '철혈 재상'으로 불렸다. '재상'은 의원내각제의 '수상'이나 입헌군주제의 '총리'와 마찬가지로 국가의 2인자이나, 이들과 달리 정부 수반의 의미는 없는 직위다.

없는 일입니다. 더불어 연령별 인구 구분은 세계 공통의 기준이므로 노인인구 연령을 높인다고 해도 일부 복지 정책의 대상을 조정하는 것 이상의 의미는 없다는 점도 문제입니다.

게다가 사회복지를 위한 재정 부담을 젊은 세대가 져야 한다는 문제 제기도 만만치 않습니다. 최근에는 이와 관련하여 '세대 간 정의'라는 문제도 제기됩니다. 복지를 위한 사회적 비용을 일하는 세대가 져야 하는데, 노인 세대의 복지만 강조하다 보면 젊은 세대의 경제적 삶이 힘들어질 수 있으므로 이 점도 고려하여 정책을 운영하자는 것입니다. 즉, 모든 세대가 적정한 삶을 누리도록 복지 재원과 제도를 구성하는 방안을 마련해야 한다는 주장이 제기되고 있습니다.

이와 관련하여 고려할 수 있는 탐구문제는 다음과 같습니다.

- 한국의 노인인구 빈곤 문제는 세계 다른 선진국과 비교하여 어떤 양상으로 나타나는가?

- 노인인구를 대상으로 하는 복지 정책 중에서 '세대 간 정의'에 비추어 대상 연령을 먼저 높일 수 있는 것은 무엇일까?

- 노인인구의 연령을 변경한다면 몇 세로 정하는 것이 적정할까?

● 저출산 대신 저출생으로 변경하자고 하는 이유

주로 노인인구의 급격한 증가와 관련한 고령화 현상을 많이 다루지만, 최근에 저출산 현상과 관련해서도 사회적 논의가 새롭게 대두되고 있습니다. 대표적으로 저출산 대신 저출생이라는 표현을 사용하자는 주장이 있죠. 이런 논의는 왜 생겨났을까요?

일반적으로 저출산은 아이가 적게 태어나는 현상인데, 이와 관련된 통계는 합계출산율입니다. 부양비처럼 합계출산율도 단위가 '명'인데 이는 일반적으로 가임연령(15~49세) 여성이 평생 낳을 것으로 기대하는 평균 자녀수를 말합니다.

합계출산율은 현재 수준의 인구 규모를 유지하기 위해 적절한 출산율인 대체출산율과 함께 논의합니다. 선진국은 2.1명이 적정하다고 봅니다. 유아 사망률이 높은 저개발국은 3명이 적정 대체출산율이라고 봅니다.

우리나라의 합계출산율은 2022년에 0.78명으로 나타나 2.1명보다 매우 낮은 상태입니다. 대체출산율보다 낮을 뿐만 아니라, 초저출산 사회로 접어들었다고 판단하는 기준이 되는 합계출산율 1.3명의 절반

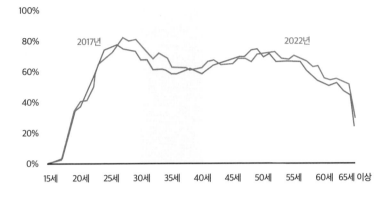

M자 형태를 나타내는 한국 여성의 연령별 경제활동참가율[15]

정도에 불과하기 때문입니다.

그런데 이와 관련해 제기된 또 다른 문제가 바로 합계출산율과 같이 '출산'에 초점을 두어야 하는지 여부입니다. 즉, 아이가 적게 태어나는 현상에서 '출산'이 아니라 '출생' 자체에 초점을 두어야 한다는 의견이 새로 대두된 것인데요. 우리 사회에서는 전통적으로 자녀 양육의 책임을 남성이 아닌 여성의 몫으로 여겼고, 이런 인식은 여전히 남아 있습니다. 더불어 직장에 다니는 여성이 출산과 양육을 하려는 경우에 많은 회사에서 퇴직하기를 바라는 문화도 남아 있습니다. 그래서 우리나라 여성의 경제활동 참가율은 M자형의 그래프로 나타납니다.

이런 문제 제기에 따라 저출산 대책으로 일과 가정이 양립될 수 있도록 하는 정책 지원을 강조하지만, 가정적으로나 사회적으로 임신 및 출산한 여성이 경력 단절 없이 경제활동을 유지하기는 여전히 어려운 현실입니다.

이런 상황에서 인구 감소 관련 통계에서 저출산이라는 용어를 쓰는 것이 문제라고 보는 의견이 나온 것입니다. 저출산 현상과 관련한 통계 계산에서 출산할 수 있는 여성이 분모가 되는데, 이것이 통계적으로 보면 저출산을 여성의 문제로 귀인시킨다는 지적이죠.

이에 저출산이라는 표현 대신 아이가 적게 태어난다는 점만을 중립적으로 표현하는 '저출생'이라는 표현을 사용하자는 논의가 이어졌고, 최근에는 저출산 대신 저출생이라는 표현이 많이 사용됩니다.

이와 관련하여 고려할 수 있는 탐구문제는 다음과 같습니다.

- 한국 사회 구성원은 저출생의 원인을 무엇이라고 인식하는가?
- 자녀를 출산하면 자녀 수당을 주는 정책은 저출생 해결에 도움이 되는가?
- 우리 사회의 결혼과 출산에 대한 가치는 어떻게 변화하고 있는가?
- 저출생에 관해 학교에서의 인구 교육은 어떻게 이루어져야 하는가?
- 저출생 대책으로서 아동 돌봄 정책은 어떻게 변화해야 하는가?

알아봅시다

인구통계 자료를 찾을 수 있는 곳

- **한국보건사회연구원(kihasa.re.kr):** 정부가 예산을 지원하는 국책연구기관으로 인구와 복지 등에 관련하여 다양한 연구를 한다. 관련 보고서나 통계자료 등을 검색할 수 있다.
- **통계청(kostat.go.kr):** 국가 수준의 통계를 수집하는 기관으로, 10년 단위로 하는 인구센서스 등의 자료를 통해 우리나라 인구의 변화 양상, 앞으로의 변화 등을 파악할 수 있다.

2
성불평등, 어떤 차별이 일어나고 있을까?

● 성불평등 현상을 객관적으로 확인하려면?

성불평등 현상은 사회적으로 성별에 따라 차별 대우하는 것을 말하는데, 대체로 여성을 불리하게 대우하는 경우가 많습니다. 그런데 한국 사회에는 성불평등이 거의 없다고 이야기하는 사람도 있고, 반면에 여전히 불평등하다고 이야기하는 사람도 있습니다. 실제로는 어떠할까요?

한국 사회의 성불평등 현상을 객관적으로 살펴보려면 국제적으로 비교하는 관련 지수를 살펴보는 것이 도움이 됩니다. 대표적인 국제 통계 지수는 성불평등지수와 성격차지수입니다.

먼저 성불평등지수(Gender Inequality Index)를 알아봅시다. 이것은 유엔개발계획(UNDP)에서 발표하는 것으로, 건강과 생존(모성 사망 비율, 청소년 출산율), 여성의 권한(여성 의원 비율, 고등교육 인구), 경제 참여(경제활동 참가율) 등을 바탕으로 계산합니다. 이 지수에 따르면 우리 나라는 대체로 10위 근처라 불평등이 적은 편입니다.

반면 성격차지수(Gender Gap Index)를 봅시다. 이것은 스위스 다보스에서 여는 세계경제포럼에서 산출한 것으로, 경제적 기회(성별 노동 참여 비율, 임금, 관리직 비교, 전문직 비교), 교육 수준(성별 문맹률, 초등교육 입학률, 중등교육 입학률, 취학률), 건강과 생존(출생 성비, 건강한 삶에 대한 성별 기대), 정치적 기회(국회의원 성별 비율, 정부 부처의 성별 비율, 여성 지도자 비율) 분야에서 남녀의 격차를 산출합니다. 이 지수에서 우리나라는 146개국 중 100위 근처로, 하위권에 있습니다.[16]

이런 국제 순위를 보면, 두 지수 모두 한 나라의 성불평등을 정확하게 드러내지는 못하는 한계가 있음을 짐작할 것입니다. 성불평등지수는 가사노동에서의 불평등, 성별 임금 격차 문제, 남녀 간 정규직과 비정규직 비율 등 현실적인 불평등을 제대로 반영하지 못합니다. 또한 성격차지수는 남녀 격차에 초점을 두다 보니 기본적인 조건이 전반적으로 좋지 않지만 남녀 간의 차이만 나지 않으면 높은 순위가 되기도 합니다.

이렇게 보면 우리나라의 성불평등에 대한 현상을 국제적인 지수보다는 한국이라는 사회문화적 체계 안에서 다시 살펴볼 필요가 있습니다. 이와 관련하여 중요하게 논의되는 몇 가지를 살펴볼까요?

● 가부장제와 성역할 고정관념

가부장제는 한 집안을 이끄는 사람에 의해 가족 구성원의 의사결정이 일방적으로 이루어지는 체제를 말합니다. 이를 '사적 가부장제'라고 부르며 좁은 의미의 가부장제입니다. 넓은 의미의 가부장제는 가족 내에서의 가부장제 양상을 뛰어넘어, 사회체계와 사회구조 전반에서 남성에 의해 여성이 지배받는 억압적 체계가 작동하는 것을 말합니다.

넓은 의미의 가부장제가 나타나면 어떻게 될까요? 사회의 모든 부분에서 남성이 수도직이고 지배적이며, 여성은 상대적으로 수동적이고 피지배적인 위치에 놓여서 성불평등이 나타납니다. 과거 우리나라에서도 가족제도나 상속제도, 아이의 성씨 결정, 직업 활동은 주로 남자나 부계를 따르는 경우가 일반적이어서 가부장적 사회였습니다.

이런 현상과 관련한 제도나 법률이 최근에는 상당 부분 개선되고 있으나, 여전히 가부장적 사고나 체제가 남아 있고 이로 인한 성불평등 양상은 현재도 존재합니다. 예를 들어 교육제도의 경우 남녀 구별 없이 교육 내용이나 입학 기회가 주어지기에 성불평등이 상당 부분 사라졌다고 볼 수 있습니다. 그러나 직업 활동은 임금이나 취업 기회, 승진 기회 면에서 여전히 남성이 여성에 비해 유리합니다.

저출생 현상을 다루면서 살펴보았던 여성의 경제활동 참가율 그래프가 M자형으로 나타나는 것도 직업 활동에서 성불평등이 존재하기 때문입니다. 이렇듯 취업이나 승진 등 경제활동과 관련하여 여전히 가부장 체제가 작동한다고 볼 수 있습니다.

특히 최근에는 성별 임금 차이에 대한 불평등 문제가 많이 제기되고 있습니다. 같은 시기에 비슷한 수준의 대학에 입학하여 학력이 유사하고 하는 일이 같아도 성별 때문에 임금에 차이가 난다는 것입니다. 여성과 남성의 임금 차이가 일의 내용이나 능력의 차이로 인한 것이 아니라 성별에 따른 것일 가능성이 있다는 뜻이죠.

또한 광고나 드라마 등에도 가부장적 사고나 체제가 반영되어 재현

되는 등 여전히 성별 불평등 현상이 남아 있다는 비판이 제기됩니다. 이는 미디어 관련 활동과 연계해서 살펴보면 좋을 것입니다.

이와 관련하여 고려할 수 있는 탐구문제는 다음과 같습니다.

- 한국의 법률과 제도에서 가부장적 성격을 보이는 것은 무엇인가?
- 남성과 여성의 임금 차이는 어느 정도이고, 그 원인은 무엇인가?
- 미디어에서 가부장제 양상은 어떻게 나타나는가?

● 남녀 직업에서 나타나는 유리천장과 유리벽 현상

특히 최근에 문제가 되는 것은 유리천장과 유리벽입니다. 유리천장은 직장생활을 하는 여성이 고위직으로 승진하는 것을 가로막는 조직 내 문화가 존재하지만 제도적으로 드러나지 않는 것을 가리킵니다.

최근에는 유리천장이라는 표현이 확장되어 쓰입니다. 즉, 소수민족 집단이나 이주민 등 다양한 소수집단을 대상으로 발생하는 현상까지 확장하고 포괄하는 말이 된 것이죠.

유리천장이 승진을 가로막는 현상이라면, 유리벽은 취업할 수 있는 직업군 자체가 가로막혀 있지만 제도적으로는 드러나지 않는 경우를 말합니다. 남성지배직종과 여성지배직종에 관한 것인데, 일반적으로 해당 직종에 종사하는 사람의 70퍼센트 이상이 남성이거나 여성인 경우에 성별 지배직종이라고 볼 수 있습니다.

성별 지배직종이 발생하는 이유는 다양하지만, 그중 하나는 직업 선택이 개인의 자유에 의한 것이 아니라 성역할에 대한 고정관념에 따라 이뤄지는 것입니다. 성별에 따라 달리 취업하도록 사회문화가 형성되었기 때문이죠. 주변을 잘 살펴보면 특정 직업군에 여성이 많은 경우와 남성이 많은 경우를 쉽게 찾을 수 있습니다.

최근에는 연예계나 스포츠 활동에서 남성에 비해 여성이 불리한 현상에 대해서도 문제 제기가 이루어집니다. 예를 들어 예능 프로그램 대다수가 남성 주도라는 점, 여성보다 남성의 영화 출연료가 높다는 점, 동일 종목의 스포츠라도 남성 선수에 비해 여성 선수의 상금이 더 낮다는 점 등입니다.

또한 전통적으로 남성의 직종이라 여겨졌던 경찰이나 소방 등에 여성이 취업하는 경우에 제 역할을 못 하고 주변 업무만 맡게 되는 문제가 드러나기도 합니다.

이와 관련하여 고려할 수 있는 탐구문제는 다음과 같습니다.

- 한국의 정치와 경제 분야에서 유리천장의 양상은 어떻게 나타나는가?
- 한국 사회에서 성별 지배직종은 어떤 것이 있고, 실제 성비는 어떠한가?
- 성별 지배직종 현상이 고등학생의 진로 선택에 미치는 영향은 무엇인가?
- 한국에서 성별 비율이 다른 학과나 대학은 어떤 특징을 보이는가?

● 언어에서 나타나는 성불평등

유모차라는 말을 유아차로 변경하자는 주장이 있습니다. '모'라는 한자로 인해 아이 양육이 여성의 몫으로 비추어진다는 것이죠. 집안일은 여성의 몫, 집 밖의 일은 남성의 몫으로 구분하던 시기의 성편향적

한자어가 들어간 표현을 바꾸자는 움직임입니다.

그런데 한자어 표현만 성편향적인 것은 아닙니다. 맘카페, 스포츠맨십과 같이 영어에서도 남성과 여성을 구분합니다.

성편향적 표현은 다른 양상으로도 나타납니다. 남학교와 여학교에서 교훈이나 교가에 사용하는 단어가 다른 것을 볼 수 있습니다. 여학생을 대상으로 하면 꽃송이, 순결, 사랑, 배려 등을, 남학생을 대상으로 하면 건아, 나라의 기둥, 도전 등을 주로 사용합니다.

부부가 상대편 가족을 부르는 호칭도 성차별적이라는 문제 제기가 있습니다. 예를 들어 여성은 남편 가족을 총칭할 때 '시댁'이라고 높이지만, 남성은 아내의 가족을 총칭할 때 '처가'라는 일반적인 표현을 사용합니다. 가족 관계 용어도 남성 집안의 인간관계는 높여서 부르지만, 여성 집안의 인간관계는 그렇지 않죠.

이처럼 언어에서 나타나는 불평등을 개선하는 데 초점을 맞추는 것은 두 가지 측면에서 사회적으로 의미가 있습니다. 하나는 '먼지차별'과 같이 사소해 보이는 차별을 없애자는 것입니다.

일반적으로 성차별이라고 하면 정치나 경제활동 등과 같은 제도적인 차별에 초점을 두는 경우가 많아서, 일상에서의 사소한 차별을 고려하지 않습니다. 그런데 언어 표현에서의 불평등 문제를 생각해 보는 것은 우리 사회 전반의 먼지차별을 살펴보는 계기가 됩니다. 사소해 보이는 먼지가 큰 환경문제를 불러올 수 있는 것처럼, 언어 표현과 같은 일상적 불평등을 해소하면 사회 전반의 불평등을 해결하는 실마리가 될 수 있습니다.

또 하나는 '정치적 올바름(political correctness)' 차원입니다. 정치적 올바름은 출신, 인종, 성별, 성적 지향, 종교, 장애, 직업, 연령 등과 관

련 있는 모든 편견이나 고정관념에서 벗어나 공정한 표현을 사용하자
는 것입니다.

정치적 올바름 운동은 유모차를 유아차로 바꾸자는 논의나 학교 급
훈이나 교훈에서 편견을 덜어내자는 논의를 모두 포함합니다. 이외에
도 정치적 올바름 운동과 관련하여 어떤 노력이 있는지 찾아보세요.
사소해 보여서 '그 정도는 그냥 넘어가도 되지 않을까?'라고 생각할 수
있지만, 사소한 것이 의식을 지배하지 않도록 하자는 운동의 의미를
생각해 보면 우리 주변에서 변화를 꾀할 사항이 제법 많다는 것을 알
게 됩니다.

이와 관련하여 고려할 수 있는 탐구문제는 다음과 같습니다.

- 청소년들이 인식하는 성불평등 용어는 어떤 것이 있을까?
- 교과서에 (성)불평등 표현이나 용어가 제시되어 있을까?
- 우리 학교의 교훈이나 급훈, 교가에 성불평등한 것이 있을까? 있다면 어떻게 개선하는 것이 좋을까?
- 정치적 올바름을 위해 용어를 개선하는 것에 대한 사람들의 인식은 어떨까?

● 성적 자기결정권과 성폭력 문제를 바라보는 관점

가부장제 사고에 따라, 이성 관계에서도 남성이 주도적이고 여성은 수동적이어야 한다는 사고방식이 오래 지속되었습니다. 이러한 생각은 무엇인가를 결정하는 과정에서 여성의 승낙을 얻기보다는 남성이 주도적으로 이끌어야 한다는 사회적 인식을 만들었고, 오랫동안 그러한 일이 당연한 듯이 이루어졌습니다.

문제는 이러한 생각이 아직도 남아 있다는 점입니다. 특히 이런 생각이 '열 번 찍어 안 넘어가는 나무 없다'라거나 '여자의 거절은 내숭'이라는 인식과 연결되면서 새로운 성불평등 문제가 발생합니다. 나아가 성평등을 강조하는 현대 사회에서 이런 인식에 따라 행동하는 경우에 성범죄 가해자가 될 수 있습니다. 이는 성적 자기결정권을 침해한 것으로, 우리나라 법률에 따르면 동의 없는 성폭력이나 스토킹은 범죄에 해당합니다.

또한 성적 자기결정권에서 피해자인 여성에게 피해자다움을 요구하는 것도 문제입니다. 대표적으로 피해 여성의 외모나 옷차림, 행동

등을 평가하면서, 그러한 이유로 성범죄 관련 피해 대상자가 된 것이
아니냐는 지적으로 2차 가해를 하는 경우입니다.

다른 범죄에서와 달리, 유독 성폭력 범죄에서는 가해자를 문제 삼지
않고 피해자인 여성이 조심했어야 했다는 인식을 드러내는 것입니다.
이런 인식은 가부장제에 기반하여 이성 관계를 바라보는 데서 생깁
니다.

또한 스토킹을 범죄가 아니라 사랑의 행동이라고 주장하여 피해자
의 고통을 외면하고, 가해자의 행위를 사랑으로 포장하는 인식도 문제
가 됩니다. 이러한 인식은 스토킹이나 성폭력을 사회적 측면의 폭력이
아니라 개인 간 의사소통이 제대로 되지 않은 문제로 오해한 탓에 발
생합니다. 이 또한 이성 관계에서 남녀의 지위를 동등하게 보지 않고
남성의 주도성을 강조하는 인식에 따른 것이어서 문제가 됩니다.

이와 관련하여 고려할 수 있는 탐구문제는 다음과 같습니다.

- 아동의 성적 자기결정권과 관련하여, 현재 대한민국 법에서는 연령 등을 어
  떻게 규정하고 있으며 연령 규정의 적정성에 대한 사회적 인식은 어떠한가?
- 스토킹 범죄에 대한 한국 사회의 인식은 어떠할까?
- 이성 관계에서 나타나는 가부장적 인식은 어떤 것이 있을까?

● 차별 해결 방안으로서 적극적 평등 조치 바라보기

성불평등 문제를 사회적으로 해소하기 위해 그동안 여러 대책이 제
시되었습니다. 가장 먼저 차별과 불평등을 막는 제도나 법률을 개선하

고 평등한 제도와 법률을 도입했습니다. 이는 사회구조를 개선하는 노력으로 매우 중요한 활동입니다. 그런데 사회 구성원인 행위자의 노력으로도 사회구조가 변화할 수 있습니다. 또한 사회구조가 변화하면 그에 따라 행위자의 의식에 변화가 일어나게 되죠.

성불평등 문제의 해결에 있어서도 마찬가지입니다. 법률과 제도의 개선 외에 구성원인 행위자의 의식 변화를 위한 노력도 필요합니다. 대표적으로 성평등 교육 등을 통해 특정 성에 대한 편견과 고정관념, 차별과 혐오 등을 문제라고 여기고 이를 개선하거나 방지하려는 노력이 있습니다.

그런데 성평등 측면에서 특정 집단이 지금까지 불리한 위치에 있었기에 이를 보정하여 성평등을 더 진전시켜야 하는 경우에는 '적극적 평등 조치'를 도입하기도 합니다. 적극적 평등 조치는 성평등뿐 아니라 사회적 소수자 집단의 불평등을 개선하기 위한 제도입니다. 불평등한 위치의 집단이 진학이나 취업, 승진 등에서 불리한 위치를 보정하여 불평등을 완화하기 위한 대표적 제도입니다.

그런데 이것이 역차별이라는 문제가 제기되어 사회적 갈등이 나타나기도 합니다. 우리나라의 경우 공무원 채용에서 여성을 일정 비율로 뽑도록 한 여성채용목표제를 1996년부터 운영했습니다. 그러자 남성들에게 역차별이라는 비판을 받았습니다.

공무원 여성채용목표제는 2003년에 양성평등채용목표제로 변경하여 여성이든 남성이든 상관없이 채용 시 특정 성이 일정 비율을 넘지 못하도록 하고 있습니다. 이에 따라 최근에는 공무원 중 어떤 직종에서는 여성이, 어떤 직종에서는 남성이 이 제도의 혜택을 받고 있습니다.

이와 관련하여 고려할 수 있는 탐구문제는 다음과 같습니다.

- 소수자를 위한 적극적 평등 조치는 사회통합에 도움을 줄까?
- 한국에서 2003년부터 시행하고 있는 공무원 채용에서 양성평등채용목표제의 실제 현황은 어떠한가? 그리고 이에 대해 어떻게 평가해야 할까?
- 여성채용목표제가 양성평등채용목표제로 바뀐 뒤 이 제도에 관한 남녀의 인식은 어떻게 바뀌었는가?

🗞 **알아봅시다**

성불평등 현상 자료를 찾을 수 있는 곳

- **한국여성정책연구원(kihasa.re.kr)**: 정부가 예산을 지원하는 국책연구기관으로, 여성, 성불평등, 성평등 등의 주제와 관련하여 다양한 연구를 한다. 관련 보고서나 통계자료 등을 검색할 수 있다. 여성 통계에 대한 자료도 구체적으로 볼 수 있다.

- **통계청(kostat.go.kr)**: 국가 수준의 통계를 수집하는 기관으로, 공지사항에서 '통계로 보는 여성의 삶'에 관한 자료를 파악할 수 있다.

3
미디어, 무엇이 문제일까?

● 세상을 보는 창, 미디어

요즘 버스나 지하철을 타면 책을 읽는 사람을 찾아보기가 어렵습니다. 모두 스마트폰 화면을 들여다보고 있죠. 사람들은 스마트폰으로 소설 읽기, 숏폼 동영상 보기, 드라마 보기, 뉴스 읽기 등등 다양한 활동을 하는데, 작은 화면을 통해 책, 뉴스, 영화 등을 접할 수 있습니다. 스마트폰으로 세상과 소통하는 셈입니다.

그런데 전화가 인터넷을 기반으로 스마트해진 변화가 버스나 지하철에서의 사람들 행동만 변화시킨 것이 아닙니다. 스마트폰은 미디어의 일종입니다. 미디어는 정보를 전달하는 매체를 말하는데 책, 라디오, TV 등 전통적인 매체 외에 최근에는 스마트폰과 같이 인터넷을 기반으로 하는 디지털 매체가 일상에 큰 영향을 미치고 있습니다. 미디어가 세상의 창이 된 것이죠.

이와 관련하여 중요하게 고려할 개념과 탐구문제를 살펴봅시다.

● 미디어가 만드는 대중문화

오늘날 미디어 없는 삶이 가능할까요? 미디어가 만드는 대중문화를 누리지 않는 삶이 가능할까요? 넓은 의미에서 문화는 모든 사회 구성원이 환경에 적응하면서 살아가는 일상적 삶의 양식을 말합니다. 한편 좁은 의미에서 문화는 예술과 관련된 행위나 교양 있고 세련된 생활 모습을 가리킵니다.

좁은 의미의 문화는 일상적인 노동이나 직업 활동과 대비되는 것으로, 역사적으로 보면 이런 문화는 대체로 상류층이 주로 누렸습니다. 신분이 낮은 사람은 먹고사는 일이 중요했기에 예술이나 오락, 여가 등의 문화 활동을 하기가 어려웠기 때문이죠.

시민혁명으로 신분제가 사라지고 산업혁명으로 대량생산이 가능해지면서, 상류층이 아닌 사람들의 삶에도 변화가 생깁니다. 특히 산업혁명 이후에는 대량생산과 소비가 가능해진 대중이 사회의 중심이 되는 대중사회로 변모합니다. 대중이 즐기는 오락이나 예술과 같은 대중문화가 활성화되기 시작했습니다.

대중문화는 공장에서 생산되는 다른 물품과 마찬가지로 대량으로 생산되어 소비됩니다. 이때 중요한 역할을 한 것이 바로 대중매체, 즉 미디어입니다. 그런데 사람들은 소설, 영화, 드라마 등 미디어를 기반으로 대량 생산되는 문화를 소비하는 데 그치지 않습니다.

대표적으로 미디어에서 접하는 내용이 일상에 적용되면서 유행이 형성되고 사람들의 의식에도 영향을 미치죠. 예를 들어 주말에 TV 드라마를 보고 마는 것이 아니라, 드라마의 주인공이 입은 옷을 사거나 그들의 의식이나 가치를 수용하는 것이죠.

대중문화는 시간이 지나면서 많은 이들이 일상적으로 즐기는 문화로 변했습니다. 대중문화가 사람들의 삶에 미치는 영향을 부정적인 측면과 긍정적인 측면으로 나누어 봅시다.

부정적인 측면에서 보면, 대중문화는 다수의 사람이 즐기도록 하기 위해 점점 더 자극적이며 상업적으로 변모합니다. 자극적인 대중문화에 빠진 사람들이 이를 수동적으로 받아들이면 또 다른 부정적 측면으로 이어지고요.

대표적으로 대중이 미디어에 빠져 자신의 삶에 큰 영향을 주는 정치활동은 외면하다 보니 정치활동을 하는 지배층의 잘못을 제대로 파악하지 못하는 문제를 들 수 있습니다. 그래서 대중매체는 전체주의의 온상이라는 비판을 받죠.

긍정적 측면에서 보면, 대중문화는 모든 사람이 신분이나 계층의 차이 없이 동일하게 즐길 수 있으므로 민주적입니다. 또한 일상에서 누구나 대중문화를 생산할 수 있기에 개인의 능동성과 창의성을 기를 수 있습니다. 이에 따라 대중매체를 통해 지배계층을 비판하는 목소리를 낼 수 있고 사회가 개선되어야 할 방향을 주장할 수 있습니다.

미디어로 만들어지는 대중문화 사회에서 우리는 어떤 삶을 살고 있을까요? 이와 관련하여 고려할 수 있는 탐구문제는 다음과 같습니다.

108

- 한국 사회에서 대중문화가 긍정적인 혹은 부정적인 영향력을 보이는 사례는 어떤 것이 있을까?
- 한국 사람들은 대중문화를 고급 문화가 아닌 저급한 문화라고 생각하는가?
- 청소년의 대중매체 이용 현황은 어떠한가?
- 청소년의 대중매체 이용 시간(또는 정도)이 학업 성취에 미치는 영향은 어떠한가?
- 청소년의 대중매체 이용 정도가 자기주도성에 미치는 영향은 어떠한가?

● 여론과 관련한 미디어 이론은 어떤 것이 있을까?

우리는 대의 민주주의 체제에서 살아가며, 직접 여론을 제시하기보다 간접적으로 여론을 형성하는 경우가 많습니다. 이 과정에서 개인이 정치적 의견 등을 형성하는 데 미디어가 미치는 영향이 크죠. 미디어가 개인의 삶과 문화에 미치는 영향 중 여론 형성에 미치는 힘은 막대합니다. 그래서 그 영향을 설명하는 다양한 이론이 있습니다.[17]

○ 의제 설정(게이트 키핑) 이론

이 이론은 미디어가 뉴스나 시사 프로그램에서 특정 이슈나 주제를 결정하여 대중에게 전달하고 이에 따라 여론을 형성한다고 설명합니다. 한 사회에서 일어나는 다양한 현상 중에서 미디어가 무엇인가를 선택하고 배제하면서 '바로 그것'을 중요한 주제로 삼는 경우에 사람들이 그 주제에 관심을 갖는다는 것입니다. 그렇게 되면 미디어에 의해 선택되지 못하고 배제당하여 대중에게 알려지지 않는 주제는 사람들의 관심을 얻지 못합니다.

사람들은 그날 미디어에서 본 내용을 중요한 대화거리로 삼습니다. 여러분도 오늘 친구와 이야기한 내용을 생각해 보세요. 아마도 스마트폰에서 접한 내용이 대부분일 것입니다. 이처럼 사회적 주제나 이슈를 선택 또는 배제하는 미디어의 역할이 문지기(gate-keeper)와 같다고 해서, 이를 게이트 키핑 이론이라고도 합니다.

의제 설정 이론에서는 두 가지 측면에서 미디어가 게이트 키핑을 한다고 봅니다. 하나는 중요하게 다룰 주제나 이슈를 선정하는 것입니다. 다른 하나는 그 주제를 긍정적으로 제시하는지, 아니면 부정적으로 제시하는지 등의 제공 방식을 정하는 것입니다.

따라서 가짜뉴스가 생산되는 이유는 가짜뉴스를 중요한 의제로 다룸으로써 사회적으로 중요한 관심을 받아야 하는 이슈나 주제를 숨길 수 있기 때문임을 알아야 합니다. 정치적으로 중요한 이슈나 문제가 발생할 때, 연예인이나 스포츠인과 같이 대중적 인기가 있는 사람과 관련한 치명적인 사건이 불거지는 이유도 의제 설정 이론으로 설명할 수 있습니다. 바로 이슈로 이슈를 덮는 것이죠.

오늘 우리가 본 쇼킹한 연예인 뉴스는 어쩌면 미디어에서 시선을 돌리기 위해 만든, 거대한 음모로 기획된 뉴스는 아닌지 의심해 보아야 하지 않을까요?

○ 문화 배양 이론

이 이론은 미디어가 만들어내는 다양한 정보와 이야기가 사람들의 보편적인 세계관을 만들어낸다고 보는 이론입니다. 배양은 영어로 'cultivation'인데, 재배하거나 수확한다는 뜻이기도 합니다. 미디어는 사람들의 세계관을 키우는 역할을 한다고 보는 입장이죠.

문화 배양 이론은 미디어가 노출하는 방향에 따라 시청하는 사람들의 태도나 의식이 성장한다고 강조합니다. 그러면 미디어는 어떻게 사람들의 의식을 배양할까요? 미디어를 사용하는 우리의 모습을 살펴봅시다.

우리는 매일 미디어에 접촉하면서 살아갑니다. 많은 시간을 들여서 접촉하는 미디어는 가족이나 친구 같은 존재입니다. 이 과정에서 미디어를 통해 접하는 정보, 지식, 인식 등에 영향을 받고, 미디어에서 제시하는 것이 세계관을 형성합니다. 결국 나의 세계관은 미디어에 의해 재배·배양되는 것입니다.

문화 배양 이론에 따르면 가장 문제가 되는 점은 미디어가 보여주는 세상을 실제 사회라고 착각하는 것입니다. 예를 들어 미디어에서는 실제 사회에서 일어나는 것보다 더 많은 폭력이나 심각한 사건이 발생합니다. 미디어를 많이 시청하는 사람은 사회의 폭력 정도를 실제보다 과다하게 생각하고 현실 사회의 범죄에 대해 공포심을 갖기 쉽죠.

결국 미디어 안의 세상 때문에 실제 세상을 왜곡하는 현상이 나타납니다. 문화 배양 이론은 미디어가 일상에 밀접하게 영향을 주면서 세계관을 왜곡하는 과정을 설명하여, 미디어가 장기적으로 인간의 의식을 변화시키는 부정적 영향력을 발휘한다고 주장합니다. 이에 대해 여러분은 어떻게 생각하나요? 이 주장에 동의한다면 미디어 이용 시간을 줄여야 하지 않을까요?

○ 침묵의 나선 이론

이 이론은 미디어를 통해 사회적 의견이나 여론이 특정한 방향으로 형성되면, 그 주장에 반대하는 의견을 가진 사람도 사회적으로 고립되지 않기 위해 침묵하는 현상을 말합니다. 즉, 대중 속의 개인이 심리적으로 고립되는 것을 두려워하여 소수 의견을 가진 사람은 의견을 감추는 현상을 말합니다.

사회에서 큰 권력을 가진 사람이 별로 주목받지 못했던 의제를 제시하면 미디어가 그것을 자주 언급하고, 그로 인해 반대 의견을 가진 사람들은 자신의 의견을 제시하지 못합니다. 권력을 가진 사람의 의견이 언론에 의해 다수에게 주목받으면, 그에 대한 비판은 소수 의견이 되어 주목받지 못하는 것이죠.

시간이 지나면서 해당 주제에 반대하는 일은 사회 전반에서 관심을 받지 못하는 소수의 의견이 되겠죠. 그러면 소수 의견을 가진 사람들은 사회적으로 고립되지 않기 위해 결국 침묵을 선택하고 사회적 비판을 포기합니다.

이 이론에 따르면, 어떤 기사가 제시되었을 때 한 방향의 댓글이 많이 달리는 이유를 알 수 있습니다. 특정 방향의 댓글을 많이 다는 것은 다수 의견을 만들려는 의도가 반영된 행동일 수 있습니다. 그러니 어떤 사건의 기사든 진실을 파악하는 것이 중요합니다.

가짜뉴스가 진실이라고 믿는 사람들이 많아지면, 진실을 이야기하는 사람들이 소수가 됩니다. 가짜는 더 달콤하고 악의적이어서 사람들의 관심을 끌고 다수 의견으로 만들기 쉽습니다. 그러므로 다수 의견이 항상 옳지는 않을 수 있다고 생각해야 합니다. 미디어의 의견, 다수의 의견에 휘둘리지 말고 나의 생각을 정확하게 표현하는 것이 중요합니다. 이를 위해서는 무엇보다 정확한 사실을 판단하려는 개인의 노력이 필요하겠죠.

○ 프레이밍(틀 짓기) 이론

일반적으로 프레이밍은 사진을 찍을 때 특정 피사체에 초점을 두어 화면을 구성하는 것을 말합니다. 그러면 틀 안에 들어오는 것과 들어오지 못하는 것이 생깁니다. 이처럼 어떤 사건에 대해 일정한 방식으로 사고하도록 틀을 만드는 것을 프레이밍, 혹은 틀 짓기라고 합니다.

프레이밍 이론은 미디어가 어떤 사건이나 이슈를 다룰 때 무엇에 초점을 두어 설명하는지, 즉 무엇을 중심으로 설명하고 해석하는지에 따라 여론 조작이 가능하다고 보는 이론입니다. 이 이론은 미디어가 사건에 대해 어떤 틀을 가지고 구성해 내어 대중의 사고나 관심을 먼저 규정함으로써 정치적 여론을 장악한다고 설명합니다. 그리고 이를 반박하려고 해도 이미 정해진 틀 안에서만 논의가 이루어지기에 비판하기가 어렵습니다.

예를 들어 A라는 사람이 누군가를 도우려고 어깨에 손을 올렸던 행동에 대해 마치 폭행하는 것처럼 일부분만 찍어서 SNS에 올리면 어떤 일이 벌어질까요?

순식간에 A의 행동을 비난하는 댓글이 달리면서 사람들이 비난을 이어갑니다. 나중에 A가 사실을 이야기해도 이미 잘못된 프레이밍으로 인해 여론을 바꾸기 어려울 수 있습니다.

프레이밍 현상을 활용하여 경제적으로 이익을 취하는 경우도 있습니다. 예를 들어 어떤 회사가 다른 회사의 상품과 아주 미세하게 차이 나는 상품을 만들고는 친환경 상품이라고 광고한다면, 자신의 상품은 다른 상품과 달리 환경을 강조하는 상품이라고 프레이밍을 하는 셈입니다.

프레이밍 이론을 고려한다면 미디어를 어떻게 바라보아야 할까요? 결국 미디어가 말하는 진실은 부분적이고 거짓도 있다는 점을 기억해야 하지 않을까요?

내가 오늘 다는 댓글이 누군가의 프레이밍에 도움을 주는 행동일 수도 있습니다. 반대로 오늘 내가 무언가 사는 것이 프레이밍하는 광고에 속은 것은 아닌지 살펴보아야 하지 않을까요?

이와 관련하여 고려할 수 있는 탐구문제는 다음과 같습니다.

- 최근 논의되는 이슈 중에 의제 설정 이론·침묵의 나선 이론·프레이밍 이론에 해당하는 것은 무엇일까?
- 가짜뉴스인지 파악하기 위해 필요한 미디어 리터러시란 무엇일까?
- 최근 한국 사회에서 과대광고에 해당한다고 밝혀진 것은 어떤 것일까?

● 숏폼 동영상 증가와 SNS 증후군

최근 디지털 미디어가 발달하면서 과거와 다른 대중매체 활용 양상
이 나타납니다.

우선 숏폼의 증가입니다. 숏폼은 인터넷 기반의 아주 짧은 동영상
등의 콘텐츠를 가리킵니다. 스마트폰과 같은 모바일 기기를 통해 짧은
동영상을 즐길 수 있기에 인기입니다. 스마트폰 기기의 발전과 인터넷
기반 플랫폼 등 디지털 환경의 발전으로 누구나 숏폼을 제작할 수 있
습니다. 또한 일상적으로 무엇인가를 배우거나 가르치기 쉽고, 오락적
즐거움을 향유하기도 쉽습니다.

반면 숏폼으로 인해 긴 영상이나 논리적으로 인지하고 사고해야 하
는 독서를 기피하게 된 현상을 비판하기도 합니다. 숏폼은 순간적으로
즐기고 끝나는 것이기에, 깊이 있는 인식을 바탕으로 논리적이고 비판
적인 사고를 어렵게 만들 가능성이 있다는 것이죠.

SNS와 관련하여 다양한 증후군도 나타납니다. 먼저 살펴보아야 하
는 것은 피로감입니다. 디지털 미디어를 통해 사회적 관계를 맺으면서
피로를 느끼는 것입니다. 사람들이 삶을 SNS에 기록하면서 일상적인
인간관계보다 미디어 접속을 더 중요하게 여기는 현상이 일상생활에
지장을 주기도 합니다.

또한 불안 양상도 나타납니다. 공부하면서도, 과제를 하면서도, 심
지어 친한 친구와 만나면서도 스마트폰으로 SNS에 접속하여 확인하
지 않으면 불안한 모습을 보이는 것이 대표적입니다. 심각한 경우 스
마트폰이나 SNS 중독, 인터넷 과몰입 증상이 나타나기도 합니다.

아예 가상공간에 빠져서 일상생활을 제대로 영위하지 못하는 경우

도 있습니다. 일상적인 친구 관계를 포기하고 SNS 속에서만 살아가는 양상이 심해지면 일상의 모든 관계를 그만두는 은둔형 외톨이(히키코모리)가 될 수 있습니다.

이와 관련하여 고려할 수 있는 탐구문제는 다음과 같습니다.

- 청소년들의 인터넷 과몰입 현상은 어느 정도일까?
- 청소년들의 숏폼 이용 목적은 무엇일까?
- 청소년의 SNS 이용 목적과 인터넷 사용 문제 양상은 어떤 관계가 있을까?
- 청소년의 SNS 이용 목적(예: 정보 검색형과 오락형)이 미디어 리터러시에 미치는 영향은?

📖 알아봅시다

청소년 미디어 자료를 찾을 수 있는 곳

- 한국청소년정책연구원(nypi.re.kr): 정부가 예산을 지원하는 국책연구기관으로 청소년 정책을 연구한다. 청소년의 미디어 관련 일상 등에 관한 보고서나 통계자료 등을 검색할 수 있다.

- 한국언론진흥재단(kpf.or.kr): 신문 관련 연구소로 설립되었다가 언론 전반에 관한 업무를 다루는 공적 기구가 되었다. 저널리즘, 미디어 교육, 청소년 미디어 리터러시 등에 관한 연구자료를 내놓고 있다. 해당 사이트에서 미디어 연구를 찾아보면 위에서 살펴본 다양한 현상이나 이론을 다룬 연구보고서를 살펴볼 수 있다.

4
인공지능, 사회는 어떻게 변화할까?

● 일상을 바꿔놓은 새로운 기술

요즘 식당에서는 직접 사람에게 주문하는 대신 키오스크에서 주문하는 것이 일상화되고 있습니다. 버스 정류장에서도 내가 탈 버스가 언제 도착할지 인터넷을 기반으로 알려주는 전광판을 통해 정확하게 예측할 수 있고, 집에서 IPTV를 볼 때는 내가 선호할 만한 방송이나 채널을 추천받을 수도 있습니다.

이 모든 것이 인공지능을 기반으로 하는 서비스 덕분입니다. 인공지능은 제4차 산업혁명과 관련한 사회변동에서 핵심적입니다. 그러나 인공지능으로 대표되는 제4차 산업혁명이 우리의 삶에 어떤 영향을 미칠지는 아직 잘 모르는 경우가 많습니다.

● 제4차 산업혁명의 의미와 양상

18세기에 시작된 산업혁명은 몇 번의 변곡점을 거치면서 변화하고 있습니다. 산업혁명 초기에 증기기관을 활용하여 기계화된 생산이 가능해진 것을 제1차 산업혁명이라고 합니다. 그 후 석유를 기반으로 한 전기 에너지를 통해 공장제 대량생산이 활발해진 것이 제2차 산업혁명입니다.

제3차 산업혁명은 컴퓨터와 인터넷 기반의 정보화 혁명을 통해 나타난 사회적 변화를 말합니다. 공장에서 상품을 생산하는 과정에서도 인터넷을 활용하고, 일상에서도 정보통신 기술을 활용하는 삶의 변화가 나타났습니다.

지금은 제3차 산업혁명을 지나 제4차 산업혁명 시기로 접어들고 있습니다. 그러면 제4차 산업혁명은 무엇일까요? 이는 컴퓨터와 인터넷을 활용하는 것을 뛰어넘어, 인공지능이나 사물인터넷 등의 기술 발전을 바탕으로 한 큰 변화를 말합니다.

대표적으로 디지털에 의한 가상의 세계와 현실의 물리적 세계를 융합하는 새로운 기술의 변화가 나타나고, 이것이 생산방식이나 사람들의 삶의 방식을 바꾸는 것을 들 수 있습니다. 이에 따라 제4차 산업혁명에서 강조하는 것은 초지능과 초연결성입니다.

초지능은 인공지능과 같이 디지털 기술을 바탕으로 방대한 데이터를 분석하여 유형 등을 파악하는 것을 말합니다. 초연결성은 디지털 기술을 통해 사람과 사람만이 아니라 사람과 사물, 사물과 사물 간에도 연결성이 형성되는 것을 말합니다. 이것의 핵심이 바로 인공지능입니다.

이와 관련하여 고려할 수 있는 탐구문제는 다음과 같습니다.

- 한국 사회의 제4차 산업혁명 양상은 어떠한가?
- 한국 사람들은 제4차 산업혁명으로 인해 나타난 일상의 변화를 어떻게 인식하는가?

● 인공지능 기술로 인한 삶의 변화는 어떠할까?

인공지능은 인간이 지능을 활용하여 학습하듯이 학습하고 사고하는 컴퓨터 시스템을 말합니다. 다만 인공지능은 인터넷 기반으로 학습하도록 프로그래밍되어 있어서, 인간보다 더 짧은 시간에 더 방대한 양을 학습합니다. 인공지능 기술이 발전하면 인간과 유사하거나 더 뛰어난 지능을 통해 다양한 측면의 문제를 해결할 수 있습니다.

예를 들어 '닥터 왓슨'과 같은 의료용 인공지능 기술이 발전하면 개인의 건강 정보를 바탕으로 장기적으로 건강 상태와 병을 인간 의사보다 더 정확하게 예측할 수 있다는 것입니다. 암에 대한 예측도 인간 의사보다 인공지능 의사가 더 잘한다는 이야기도 나옵니다.

이뿐만 아닙니다. 인공지능이 기존 판례를 분석하면 더 정확하고 표준화된 판결을 내릴 것이라고 주장하는 사람도 있습니다. 인공지능의 통제하에 적정 시기에 물을 주고 비료를 공급하는 식물 재배 농장을 만들 수도 있죠. 인공지능이 훌륭한 농부가 되는 셈입니다.

이러한 인공지능 기술을 로봇에 접목하여 인간이 노동하기 어려운 환경에서 대신 작업하도록 하는 등 노동 환경도 변화하고 있습니다.

특히 코로나19와 같은 전염병 상황에서 이러한 변화가 가속화되었는데, 이후에는 일상에서도 이를 경험하고 있습니다. 대표적으로 식당에서 키오스크로 주문을 받고, 음식 배달도 로봇이 하는 식입니다.

이러한 변화를 통해 인간의 삶이 더 나아질 것이라는 주장도 있습니다. 반면 인공지능 기술에 따른 변화에 적응하기 어렵고 일자리를 빼앗을 것이며 개인 정보가 공개될 위험이 커진다는 우려를 보이는 사람들도 있습니다.

이와 관련하여 고려할 수 있는 탐구문제는 다음과 같습니다.

- 인공지능의 발전으로 나타나는 산업의 변화 양상은 어떠할까?
- 인공지능 등의 제4차 산업혁명 기술을 접목하여 사회문제를 해결한 사례는 무엇일까?

● 자율주행 자동차와 챗봇으로 보는 인공지능 윤리 문제

제4차 산업혁명에 따른 디지털 기술의 일상화와 관련하여 최근 자주 접하는 것이 자율주행 자동차와 챗봇입니다. 문제는 첨단 디지털 기술이 삶을 편리하게 하지만 새로운 문제도 만든다는 점입니다.

우선 자율주행 자동차를 살펴봅시다. 이는 인공지능을 바탕으로 도로 환경 등을 고려하여 스스로 운전이 가능한 자동차를 말합니다. 이 기술이 발전하면서 교통사고나 교통 범죄가 줄어드는 것은 물론, 자동차를 소유하기보다는 필요할 때 빌려서 사용하는 등의 변화도 일어날 것으로 예측됩니다.

그러나 자율주행 자동차 기술은 해킹 등을 통한 자동차 범죄로 대형 사고가 일어날 수 있다는 점을 지적받습니다. 또한 인명 사고가 발생할 때 어떻게 윤리적 판단을 하도록 인공지능 프로그램을 설계할 것인지, 자율주행에 따른 교통사고의 책임을 누가 져야 하는지 등 새로운 문제도 대두되고 있습니다.

챗봇은 인공지능을 활용한 대화형 로봇입니다. 초기에는 대화를 통해 상대방의 질문에 선택적으로 답변하는 낮은 수준이었다면, 최근에는 일정한 조건을 제시하면 그것을 바탕으로 빅데이터를 분석하는 등 인공지능 기술을 활용하여 그림이나 음악, 소설 등을 창작하는 수준에 이르렀습니다.

그런데 챗봇이 얻은 지식에서 지금까지 인류 사회에서 만들어낸 편견이 재현되는 문제가 나타납니다. 또한 인공지능의 창작물에 대한 재산권의 문제도 있습니다. 기존의 수많은 작품을 바탕으로 인공지능 기술이 생성한 것을 창작으로 볼 수 있는지, 즉 저작권을 인정해야 하는지가 문제입니다. 또한 저작권이 있다면 누구에게 속하는 것인지 등도 해결해야 할 과제입니다.

이와 관련하여 고려할 수 있는 탐구문제는 다음과 같습니다.

- 자율주행 자동차의 도입과 관련하여 나타날 사회문제는 무엇이 있을까?
- 인공지능 창작물의 저작권은 누가 가져야 하는가 등에 대한 인식은 어떻게 나타날까?

● 기존의 개념과 다른 노동의 탄생

전통적으로 노동은 육체노동과 정신노동으로 구분했습니다. 이후 서비스에 따른 감정노동이라는 표현이 등장하면서 노동의 종류가 확장되었습니다. 최근에는 플랫폼노동이라는 표현도 등장했는데, 이것은 무엇일까요?

이는 제4차 산업혁명으로 컴퓨터 시스템으로 연결되어 일하도록 구축된 플랫폼 환경에서 노동하는 사람들을 가리킵니다. 택배 앱이나 배달 앱에서 일거리를 받아서 소비자에게 전달하는 일이 이에 해당합니다. 이들은 누군가에게 고용되어 있지는 않지만, 플랫폼 기업에 의존해서 노동하는 플랫폼 노동자입니다.

이런 플랫폼 노동자는 전통적인 노동자는 아닙니다. 전통적 의미에서 노동자는 누군가에게 고용되어 일하는 사람인데, 이들은 누군가에게 고용된 것이 아니라 플랫폼을 통해 연결되어 일하기 때문입니다. 그러나 이런 방식의 노동 역시 결국은 고용 노동과 비슷합니다.

플랫폼노동이라는 표현은 기존의 노동이나 노동자 개념과는 다른 노동의 탄생과 관련이 있습니다. 디지털 플랫폼에 의한 노동의 탄생이죠. 이를 고려하면 인공지능이라는 새로운 사회변동 속에서도 기존과 다른 형태의 노동 및 노동자가 생겨날 가능성이 높습니다. 인공지능은 새로운 노동을 만드는 데 그치는 것이 아니라 직업 세계도 변화시킬 것입니다.

예를 들어 자율주행 자동차가 도입되면 택시 운전기사라는 직업이 사라질 것입니다. 식당에서 키오스크를 통해 주문받고 서비스 로봇으로 음식을 배달하면 그 일을 하던 사람의 일자리도 사라지겠죠.

　결국 제4차 산업혁명으로 인한 디지털 기술 변화는 일자리의 상당 수를 없앨 수 있습니다. 초기 산업혁명 시기에 기계가 도입되자 기계가 일자리를 빼앗아 갈 것을 두려워한 노동자들은 기계 파괴 운동인 러다이트 운동을 벌였죠.

　지금까지 과학기술의 발달은 기존의 일자리를 줄어들게 하는 측면도 있었지만, 새로운 일자리를 만들어내는 경향이 더 많았습니다. 그러나 제4차 산업혁명의 핵심인 인공지능과 같은 첨단기술은 일자리의 상당 부분을 대체하여 새로운 일자리는 만들어내지 못할 것이라고 합니다. 빈부 차이는 더 커질 것이고 직업을 잃은 사람들은 더 늘어날 것이라는 예측이죠. 불행인지 다행인지, 여전히 이런 예측에 대해서는 아직도 논쟁 중입니다.

　이와 관련하여 고려할 수 있는 탐구문제는 다음과 같습니다.

- 제4차 산업혁명으로 새롭게 나타난 직업과 사라질 위기에 처한 직업은 무엇일까?

- 제4차 산업혁명에 따라 새롭게 나타날 사회문제는 무엇이고 어떻게 대처해야 할까?

- 한국 국민은 제4차 산업혁명으로 인한 사회변화를 어떻게 인식할까?

- 인공지능 기술이 도입된 미래 학교에서 학생들의 삶은 어떻게 변화할까?

주제 선정부터 탐구 질문 만들기까지

1. 저출산 및 고령화, 성불평등, 미디어, 디지털 사회로의 변화 등과 관련한 현상 중에서 가장 관심이 있는 것은 무엇인지, 그 이유는 무엇인지 제시해 봅시다.

2. 앞에서 제시한 현상과 관련하여 탐구할 질문을 아주 구체적으로 만들어봅시다.

3. 앞에서 제시한 질문에 관한 자료를 검색할 수 있는 관련 기관 등을 방문하여 관련 자료 목록을 정리해 봅시다.

4. 여기에 제시한 현상 이외에 새롭게 탐구하고 싶은 현상과 그 이유를 제시해 봅시다.

5. 모둠을 구성하여 친구들과 논의하면서 서로가 만든 탐구 질문을 살펴보고 그중에서 가장 중요한 탐구 질문을 정해 봅시다.

여러 친구가 제시한 탐구 질문	
가장 중요한 탐구 질문	

6. 모둠별로 중요한 탐구 질문을 발표하고, 그 내용을 정리해 봅시다.

126

3장

맨땅에 헤딩하기 전,
선행연구 먼저 보자

1
가장 중요한 기준점, 선행연구

● 수많은 신데렐라 이야기의 시작점

'신데렐라 이야기'에 대해 얼마나 알고 있나요? 우리나라의 '콩쥐팥 쥐 이야기'와 비슷하다는 건 많은 친구들이 알겠지만, 다른 나라에도 비슷한 이야기가 있다는 사실을 알고 있나요? 대표적으로 중국의 '섭한 이야기', 베트남의 '떰 이야기'가 있습니다.

이런 이야기의 구조는 비슷합니다. 여자 주인공이 어릴 때 엄마를 여의고, 아버지는 재혼합니다. 여자 주인공은 새엄마에게 괴롭힘을 받다가 왕자와 같은 고귀한 신분의 남자에게 도움을 받고 그와 결혼해 신분이 상승하죠. 그리고 자신을 괴롭힌 새엄마에게 복수하고 행복하게 삽니다.

『신데렐라 내러티브』[18]에 따르면, 이런 구조를 갖는 이야기가 이탈리아나 프랑스 등 유럽에만 500만 개 이상이고 아시아 지역에서도 아랍이나 일본 등 다양한 나라에서 발견된다고 합니다.

같은 구조의 이야기가 여러 나라에서 나타난 것은 우연일까요, 아니면 이 나라들에 그런 사건이 정말 있었을까요? 어디에선가 시작된 '신데렐라 이야기'가 세계로 퍼져나간 게 아닐까 의심해 보는 것이 이 현상을 이해하는 데 더 합리적일 듯합니다.

『신데렐라 내러티브』에서는 신데렐라와 같은 구조를 갖는 이야기가 사실 고대 이집트에서 시작되었고 이후 유럽을 거쳐 아시아로 넘어갔다고 설명합니다. 그 과정에서 각 나라의 문화적 특성이 반영되면서 조금씩 다른 이야기로 변형되었다는 것입니다.

수많은 신데렐라 이야기에서 변하지 않는 점은 바로 주제와 줄거리입니다. 권선징악이라는 주제, 그리고 가난한 여성이 부유한 남성의 도움으로 행복해지는 줄거리는 고정되어 있죠.

권선징악 주제의 이야기에는 '흥부놀부 이야기'도 있습니다. 그러나 주제가 같다고 해서 '흥부놀부 이야기'가 '신데렐라 이야기'와 같은 구조를 지닌다고 하지는 않습니다. 주제와 등장인물의 관계, 이야기 구조가 유사해야 스토리가 같다고 할 수 있습니다. '흥부놀부 이야기'는 형제간의 다툼을 다루는 반면 '콩쥐팥쥐 이야기'는 계모에게 핍박받는 여자아이의 이야기로, 주제는 같지만 같은 구조를 지닌다고 할 수 없죠.

자, 그러면 다른 질문을 해봅시다. 현대 사회를 배경으로 '신데렐라 이야기'를 만들어낸 드라마의 작가는 온전히 스스로 창작한 것일까요? 그는 자라면서 이런저런 경로로 듣거나 보았거나 읽었던 '신데렐라 이야기'에 영향을 받았을 것입니다. '신데렐라 이야기'의 근원이 된 이집트에서 시작한 이야기가 지금도 이어지고 있는 셈입니다.

연구도 마찬가지입니다. 연구주제는 같을 수 있지만, 세부적으로 살펴보면 연구대상자나 연구변수, 연구 상황 등이 조금씩 바뀌면서 새로운 논문이 됩니다.

이처럼 탐구하려는 것과 연구주제가 비슷하지만 이전에 이루어진 연구결과를 선행연구라고 합니다. 말 그대로 내가 하려는 연구보다 먼저 이루어진 비슷한 주제를 다룬 연구를 가리킵니다.

● 선행연구를 살펴보아야 하는 이유

○ 연구 방향을 정하기 위해

많은 소설가, 드라마나 영화 각본을 쓴 작가가 하나같이 하는 말 중 하나가 소설이나 영화, 드라마를 많이 보았다는 것입니다. 매우 좋은 작품의 경우에는 대본집이 나오기도 하는데, 작가를 꿈꾸는 이들이 즐겨 읽곤 합니다.

기존의 잘 쓴 대본을 보는 이유는 무엇일까요? 소설이나 대본을 어떻게 작성해야 하는지 파악할 수 있기 때문입니다. 연구 또한 마찬가지입니다. 내가 관심을 가진 주제의 선행연구를 보면 이를 바탕으로 어떻게 보고서나 논문으로 작성해야 하는지 파악할 수 있습니다.

또한 기존의 대본을 보면서, 그 내용을 바탕으로 자신만의 이야기를 어떻게 만들어야 하는지에 관한 힌트도 얻을 수 있습니다. 예를 들어 자신이 읽은 대본의 후속 이야기를 드라마로 만든다면 어떤 이야기를 만들 수 있을지, 엑스트라로 등장한 사람을 주인공으로 하는 이야기를 만든다면 어떨지 등을 상상해 보는 것이죠.

연구도 마찬가지입니다. 선행연구를 보면서 연구주제를 조금 변형해서 연구하는 방법을 생각해 볼 수 있습니다. 또한 대부분의 연구결과는 결론에서 제언을 제시하는데, 제언에 나타난 새로운 제안을 참고하여 연구 방향을 정할 수도 있습니다.

이처럼 선행연구는 구체적으로 어떤 연구를 어떻게 해야 하는지, 자료 수집 방법 등의 연구 절차는 어떻게 해야 하는지 파악하는 데 도움을 줍니다. 그러니 모든 선행연구가 여러분의 연구에 큰 도움이 될 것입니다.

○ 선행연구와 차별성을 갖기 위해

'신데렐라 이야기'와 같은 구조를 가진 드라마를 만든다고 할 때, 가장 중요한 점은 고난을 받는 여자 주인공과 여자 주인공을 도와주는 멋진 남자 주인공이 등장하되 기존의 남녀 관계와 똑같아서는 안 된다는 것입니다. 이전과 다른 작품이 되려면 주인공의 직업 등 그들이 처한 상황을 새롭게 묘사해야 합니다.

연구도 마찬가지입니다. 비슷한 주제를 다루더라도, 이전의 연구에서 밝혀내지 못한 새로운 것을 밝혀내야 합니다. 내 연구주제와 비슷한 연구논문을 많이 읽으면서, 선행연구에서 다룬 것을 제외하고 독창적인 연구문제를 찾아야 하죠. 즉, '선행연구와의 차별성'을 고려해야 합니다.

연구가 독창적이고 차별성을 가져야 한다는 말은 아무도 연구하지 않은 새로운 주제로 연구하라는 의미가 아닙니다. 선행연구를 살펴보면 내 연구문제와 비슷한 연구가 이미 여러 번 이루어졌다는 것을 알 수 있습니다.

그렇다면 차별성이 없으니 연구를 포기해야 할까요? 동일한 주제나 연구문제를 다룬 선행연구가 있어도 몇 가지 부분을 달리하면 차별성을 가질 수 있습니다.

첫째는 연구대상자를 달리하는 것입니다. 고등학생을 대상으로 학원에 다니는 이유를 탐구한 선행연구가 있다면, 중학생을 연구대상자로 삼아서 학원에 다니는 이유를 탐구하는 것이죠. 이런 식으로 차별화할 수 있습니다. 연구대상자 집단이 달라지면서 행동의 특성이나 의도 등이 달라지고, 그에 따라 연구결과가 달라지기 때문입니다.

둘째는 자료 수집 방법을 달리하는 것입니다. 선행연구에서는 질문지로 조사했다면, 여러분은 면접법이나 참여관찰법으로 연구할 수 있습니다. 똑같이 고등학생을 대상으로 해도 면접법으로 심층적 사례 탐구를 한 연구는 새로운 연구가 됩니다.

셋째는 연구변수를 달리하거나 추가하는 것입니다. 예를 들어 고등학생이 학원에 다니는 일반적인 이유에 대한 연구가 있다면, 성별이나 계층별 변수, 지역별(도시와 촌락) 변수를 넣어서 그 차이를 탐구할 수도 있습니다. 이는 선행연구보다 더 깊게 연구하는 셈입니다.

넷째는 연구 시기를 달리하는 것입니다. 예를 들어 사회 교과서에 나타난 역사적 인물의 특성을 연구하는 경우, 선행연구가 이미 10년 전에 행해졌다는 점을 발견했습니다. 그러나 10년 전과 지금의 교과서가 다르다면 분석 대상이 달라서 새로운 연구가 되며 연구의 독창성도 확보할 수 있습니다. 그리고 10년 전과 비교하여 현재의 양상은 어떤 차이가 있는지 비교하여 결론을 제시할 수 있을 것입니다.

● 연구를 시작할 때나 문제가 생겼을 때

선행연구는 연구 방향을 정하고 연구에 차별성을 부여합니다. 그러니 선행연구는 연구문제를 정한 후에 살펴보는 것이 아니라, 내가 어떤 연구주제에 관심이 생겼을 때 바로 살펴보아야 합니다. 연구를 한참 진행했는데, 자신의 것과 동일한 선행연구를 발견하면 아예 연구를 멈추어야 하기 때문입니다. 이런 경우는 정말로 낭패가 아닐 수 없습니다.

연구논문이나 결과보고서의 차례를 살펴보면, 대부분 가장 먼저 서론이 나오고 바로 다음에 선행연구 고찰을 서술합니다. 또한 서론에서도 자신이 연구하고자 하는 주제와 관련하여 어떤 연구들이 다루어졌는지 제시하죠. 연구논문이나 보고서의 차례는 연구자가 연구하는 과정을 순서대로 기술한 것입니다. 연구논문이나 보고서의 차례만 보더라도, 선행연구 고찰은 연구자가 연구문제를 정하면 바로 거쳐야 하는 과정임을 알 수 있습니다.

그렇다고 연구를 시작할 때만 선행연구를 고찰하고 그 후에는 살펴보지 않아도 된다는 것은 아닙니다. 연구 과정 전반에서 연구자는 선행연구의 도움을 계속 받아야 합니다. 특히 연구에 문제가 생겼을 때 가장 비슷한 선행연구에서는 그러한 문제가 없었는지, 이를 어떻게 해결했는지 살펴보면서 답을 찾을 수 있습니다.

또한 연구 결과를 보고할 때, 자신의 연구결과와 선행연구의 결과를 비교하면서 어떤 차이가 있는지 밝혀야 하기에 선행연구를 가까이해야 합니다. 즉, 선행연구와 달리 자신이 발견한 고유한 내용은 무엇이고, 선행연구와 유사한 내용은 무엇인지 살펴보아야 하죠. 그러니 선행연구는 연구 전 과정에 걸쳐 살펴보아야 합니다.

● 선행연구를 통해 무엇을 봐야 할까?

○ 연구의 주요 용어나 개념의 정리

연구주제와 관련한 표현은 대부분 추상적이죠. 예를 들어 '고등학생의 학교 내 인간관계가 행복감에 주는 영향'에 관해 연구하는 경우를 봅시다. '행복감'을 연구하는 학자는 많은데, 학자들 모두 동일한 개념을 사용하지는 않습니다. 다른 학자의 행복감 개념을 활용하는 경우도 있지만, 많은 학자가 '행복감'이라는 용어에 대해 자신만의 의미를 부여하면서 조금씩 다르게 서술할 것입니다.

그렇다면 고등학생인 여러분의 탐구에서 사용하는 용어나 개념은 어떻게 정의하고 설명해야 할까요? 연구자는 스스로 연구개념을 만들어 조작적으로 정의해야 합니다. 그러면 연구개념은 어떻게 만들까요?

이를 위해서는 먼저 '행복감'이라는 개념을 다룬 여러 선행연구를 살펴보면서 '행복감'에 대해 각 연구에서 어떻게 설명하는지 정리합니다. 그리고 그중에서 의미 있는 정의를 선택하면 됩니다. 선택하는 데는 두 가지 방법이 있습니다.

하나는 여러 설명 중에서 연구자의 연구에서 다루는 '행복감'과 가장 가까운 의미를 가진 설명을 선택하고, 자신의 연구와의 관련성을 제시하면서 정의를 그대로 사용하는 것입니다.

다른 하나는 여러 연구에서 정의한 '행복감'을 설명한 후, 연구자가 이를 종합하여 스스로 새로운 정의를 만드는 것입니다. 이때, 선행연구에서 공통으로 말하는 내용을 바탕으로 정의해야지, 멋대로 만들어서는 안 됩니다.

이렇게 선택한 개념이나 용어의 정의와 관련해서는 나중에 연구결과를 보고할 때 그 정의를 선택한 이유를 밝혀야 합니다. 예를 들어 이런저런 이유로 누구의 연구에서 정의한 개념이 이 연구에서 사용하는 정의와 가장 가깝다는 점과 함께 자신의 연구에서 '행복감'은 어떤 의미인지 명확하게 진술하면 됩니다.

○ 선행연구에서 제시한 연구결과

연구는 어떤 현상의 인과관계 또는 사회적 의미를 밝혀내기 위한 것입니다. 그러려면 연구를 마친 후 결과를 보고해야 합니다. 선행연구의 연구 내용은 두 가지 측면에서 자신의 연구결과를 보고할 때 활용할 수 있습니다.

첫째는 내 연구논문에서 선행연구를 고찰한 내용을 서술할 때입니다. 나의 연구문제와 관련하여 이전의 여러 선행연구에서 어떤 연구결과를 제시했는지, 즉 해당 연구주제의 연구 역사가 어떠했는지 간단히 정리하는 것입니다.

이를 위해서는 가능한 한 많은 선행연구를 찾는 것이 좋습니다. 그리고 선행연구의 연구결과를 정리할 때는 각 연구의 저자와 연도, 연구대상자와 자료 수집 방법, 해당 연구에서 발견한 주요 연구결과 등을 간단히 제시합니다. 더불어 여러 선행연구의 결과에서 어떤 유사점이 있는지 종합하여 서술하거나 선행연구의 결과 중에서 도드라지는 차이점이나 다른 쟁점을 정리해서 제시해야 합니다.

둘째는 내 연구와 선행연구의 결과가 일치하는지 비교하여 서술할 때 사용합니다. 이 경우에 선행연구와 내 연구의 결론이 같은지 살펴보고, 그에 따라 서술하는 내용을 달리해야 합니다.

내가 연구하는 주제와 딱 맞는 선행연구가 없다면?

연구자는 같은 연구주제나 연구문제를 다룬 선행연구를 발견하면 연구를 그만두어야 할지 고민한다. 그러나 이 경우는 그나마 희망적이다. 연구 대상이나 방법 등을 조금 달리하면 연구할 수 있기 때문이다.

이와 반대로 관련된 선행연구가 전혀 없는 경우는 문제가 심각하다. 이 경우에는 어떻게 해야 할까? 예를 들어 인공지능 기술이 등장한 초기에 인공지능으로 인한 교육환경의 변화를 예측한 연구를 한다면 어떨까? 당연히 인공지능으로 인한 교육환경의 변화에 관련한 선행연구가 거의 없을 것이다. 그렇다면 연구를 그만두어야 할까?

자신의 연구와 관련한 선행연구가 없으면, 일단 자신의 연구에서 독창성은 확보된 셈이다. 다만 연구를 진행하면서 도움을 받을 만한 선행연구가 부족하다는 문제가 있다. 이 경우에는 연구주제를 조금 더 확장해서 선행연구를 찾으면 된다. 예를 들어 인공지능은 정보화와 관련한 주제이니, 정보화 초기 교육의 변화에 관한 연구나 인터넷 관련한 원격교육 연구 등을 선행연구로 살펴볼 수 있다.

결국 연구자가 필요로 하는 선행연구는 언제나 존재한다. 다만 내 연구와 관련하여 조금 더 확장된 주제를 다룬 선행연구를 찾아야 하는 경우도 있고, 조금 좁혀서 선행연구를 찾아야 하는 경우가 있을 뿐이다.

우선 내 연구와 선행연구가 일치하면 어떤 점을 정리해야 할까요? 두 연구는 연구 시기, 연구대상자, 연구변수, 자료 수집 방법 등이 다릅니다. 이런 차이에도 불구하고 선행연구와 내 연구의 결과가 같다는 점을 제시하면서, 설계 면에서 차이가 있지만 연구결과는 같다는 점을 강조하면 됩니다.

반면 선행연구와 내 연구의 결과가 차이가 난다면 어떤 점을 정리해야 할까요? 이 경우에는 내 연구와 선행연구가 설계 등에서 다른 부분이 무엇인지 제시하면서 그 때문에 차이가 생겼다고 서술하면 됩니다. 이때는 추측하는 서술로 제시하는 것이 좋습니다.

이처럼 선행연구는 연구의 전체적인 진행과 연구결과 보고에 이르기까지 매우 중요합니다.

● 어떻게 정리하여 관리할까?

선행연구의 용어나 개념 정의, 결과를 내 연구논문에서 활용하려면 해당 선행연구를 읽으면서 중요한 내용을 잘 정리해 두는 것이 좋습니다. 그러면 선행연구를 읽고 관련 내용을 어떻게 정리하는 것이 좋을까요?

소설이나 시를 읽을 때처럼 읽고 밑줄을 치거나 내용만 이해하고 그냥 넘어가서는 안 되며 선행연구에 관한 내용을 기록해야 합니다. 연구별로 연구자는 누구인지, 연구에 나오는 관련 용어와 용어 설명, 연구대상자, 시기, 자료 수집 방법은 무엇인지, 연구결과는 어떻게 나왔는지 잘 살펴보고 그 내용이 적힌 페이지를 기록해 둡니다. 가장 기본적인 정보는 논문의 제목과 저자, 출판연도 등의 서지 정보로, 이것도 기록해야 합니다.

이런 정보는 어떻게 정리할 수 있을까요? 가장 좋은 방법은 선행연구 파일을 정리한 폴더를 만드는 것입니다. 내 연구와 관련하여 [행복

감 연구]라는 폴더를 만들었다면, 그 하위에 [선행연구]라는 폴더를
만들면 됩니다.

그리고 선행연구별로 서지 목록(저자, 연도, 출판사, 학술지명 등), 용
어나 개념 정의, 연구대상, 조사 내용, 조사 결과, 해당 내용의 페이지
등을 잘 정리하여 파일로 만들어두면 됩니다.

2
알고 보면 쉬운 선행연구 찾기

● 선행연구도 남의 재산

지난해 충북 청주의 한 건물 지하실에서 통로 하나가 발견되었습니다. 사람 한 명이 지나갈 수 있는 정도의 너비였는데, 이 통로는 왜 만들었을까요?

목적은 단 하나, 해당 건물에서 6미터 정도 떨어져 있던 석유 송유관까지 연결하여 석유를 훔치기 위한 것이었습니다. 석유 도둑들이 팀을 만들어 건물을 빌린 뒤 삽과 곡괭이 등을 이용하여 통로를 만들던 중에 검거되면서 연결 통로가 드러난 것입니다.[19]

송유관이 들어 있는 석유는 엄연히 남의 재산인 데다, 잘못하면 땅이 내려앉거나 불이 날 수도 있는 위험한 상황이었습니다. 그나마 범죄 현장을 빨리 찾아서 큰 사고가 나지 않은 셈이지요. 우리는 이렇게 남의 재산을 훔치는 범죄를 뉴스로 종종 접하곤 합니다.

연구 내용을 논문이나 보고서로 작성한 결과도 누군가의 재산입니다. 우리가 참고하는 선행연구가 남의 재산이라는 이야기입니다. 남의 재산인 석유를 돈 주고 사지 않고 몰래 훔치려 했던 이 사건처럼, 남의 지식도 몰래 이용하면 범죄가 됩니다.

그렇다면 선행연구도 돈을 주고 사야 할까요? 그렇지 않습니다. 비용을 지불하지 않고도 합법적으로 사용할 수 있는 방법이 있죠. 이를 알기 위해 선행연구가 어떤 형태로 존재하는지 먼저 살펴보겠습니다.

● 연구자료, 어디에 흩어져 있을까?

○ 전문 서적

특정 연구주제에 대해 학자들이 논리적으로 잘 정리한 것을 학술 전문 서적이라고 합니다. 서적은 직접 구매해도 되고 학교나 지역의 도서관에서 빌려 볼 수도 있습니다.

학술 전문 서적에는 학계에서 많이 사용하는 중요한 용어나 개념 등이 전문적으로 잘 정리되어 있습니다. 더불어 해당 주제에 대한 여러 관점이나 이론 등도 잘 설명돼 있죠. 다만 저자의 특정 이론이나 관점만 서술한 경우도 있으니 잘 살펴보아야 합니다.

이런 서적은 연구 동향이나 관련 주제를 깊이 이해하게끔 도와줍니다. 특히 연구주제를 잡기 어렵다면, 자신이 관심을 가진 주제를 다룬 학술 전문 서적을 먼저 읽어보는 것이 좋습니다. 요즘에는 청소년을 위한 책도 많이 있으니 그런 책을 먼저 읽어볼 것을 권합니다.

○ 석박사 과정의 연구자가 쓴 학위논문

대학교에는 대학원 과정이 있습니다. 대학원은 고등학교 졸업 후 대학교에서 학부 과정을 마치고 더 전문적으로 연구하고자 할 때 진학하는 곳입니다. 대학원에서 보통 2년간의 석사과정을 마치면 석사학위를 받습니다. 그 후 입학하는 박사과정은 4년간 연구하는데 역시 이 과정을 마치면 박사학위를 받습니다. 종종 석사와 박사과정을 통합하여 5년 과정으로 운영하는 곳도 있습니다.

대학원에서는 논문을 작성하여 심사를 통과해야 졸업, 즉 학위를 받을 수 있습니다. 이때 석사과정은 석사학위논문, 박사과정은 박사학위논문을 제출합니다.

보통 학위논문은 사회현상에 관한 경우 최소 50쪽 이상의 분량이 되어야 합니다. 석사학위논문보다 박사학위논문은 더 의미 있고 깊이 있는 연구를 요구하기에, 작성하기도 어렵고 심사를 통과하기도 쉽지 않습니다. 그래서 선행연구로 학위논문을 살펴본다면, 석사학위논문보다 박사학위논문이 더 의미 있습니다.

여러분이 탐구하는 주제와 가까운 연구결과를 제시한 석사학위논문이나 박사학위논문을 찾아서 읽어보세요. 관련 연구주제를 탐구하는 과정이나 결과를 정리하는 방식, 논문의 차례, 또 다른 선행연구 등을 알 수 있습니다.

학위논문은 기본적으로 대학 도서관에서 책이나 파일을 빌려 볼 수 있습니다. 그런데 대학 간에 협약을 맺은 경우에는 한 대학의 도서관에서 여러 대학의 학위논문 파일을 다운로드받을 수 있죠. 주변에 대학(원)생이 있다면 여러분의 연구주제와 관련이 있는 석사학위논문이나 박사학위논문을 부탁해서 살펴보세요.

○ 전문 연구자들의 학술논문

요즘은 만화를 웹툰 형태로 제작하지만, 예전에는 책으로 출판했습니다. 정기적으로 연재하는 만화를 모아놓은 만화 잡지가 매달 나왔죠.

논문도 비슷한 주제를 모아 잡지를 냅니다. 여러 사람의 논문을 모아놓은 잡지를 학술지(학회지) 또는 학술저널이라고 부르죠. 보통 학술지는 주제별로 관련 있는 논문을 모아서 발간하는데 학술지는 여러 단체에서 만들기 때문에, 사회현상을 연구하는 학술지도 각 주제별로 수십 종이 있습니다.

학술지에 실린 글은 꽤 좋은 논문입니다. 회원으로 가입한 연구자가 연구한 논문을 제출하면 일정한 절차를 거쳐 심사한 뒤 이를 통과한 논문만 모아서 발간하기 때문입니다.

학술지에 제시된 각각의 논문을 학술논문이라고 합니다. 학술논문은 학위논문과 달리 200자 원고지 100매 정도(A4 용지로 15쪽 이내)로 작성하는데, 분량이 적어서 학위논문에 비해 내용이 압축적입니다.

학술논문은 대개 박사학위를 가진 사람들이 작성하기에 내용이 더 전문적이고 세부적입니다. 주제도 더 상세한 경우가 많아서, 내용을 이해하기 어려운 부분도 있습니다.

학술논문은 어떻게 찾을 수 있을까요? 학술지를 제공하는 기관의 웹사이트를 이용하는 것이 좋습니다. 이런 곳에서는 대부분 일정한 비용을 내고 회원가입을 해야 논문을 다운로드받을 수 있으나, 대학교 구성원이면 대학 내 도서관 웹 사이트에서도 학술지 논문을 무료로 받을 수 있습니다.

○ 정책연구기관에서 발간하는 정책 연구보고서

연구보고서는 사회적인 문제를 분석하고 해결 방안을 모색하거나 사회현상과 관한 인식을 조사하여 그 결과를 제시하는 보고서입니다. 이는 여러 정책연구기관에서 작성하기도 하고, 정부 부처에서 내놓기도 합니다.

우리나라의 수능시험을 주관하는 한국교육과정평가원은 교육과정이나 교수학습, 교육평가 등에 대해 연구하는 정책연구기관입니다. 이외에도 정책연구기관은 매우 다양해서, 각 기관은 경제나 조세, 교육, 사회복지, 진로와 직업, 노동, 청소년, 여성 등 다양한 연구주제를 탐구하여 매년 수십 종의 연구보고서를 내놓습니다.

이 보고서들은 깊이 있는 이론적 연구와 더불어 실제 우리나라에서 정책적으로 중요한 해결책을 연구결과로 제시합니다. 해당 자료는 각 정책연구기관의 인터넷 사이트에서 무료로 다운로드받을 수 있습니다.

그런데 개별 기관의 사이트를 찾기가 쉽지 않죠. 그렇다면 다음의 절차를 따라 해보세요. 인터넷에서 경제인문사회연구회(nrc.re.kr)로 들어가서 페이지 하단의 [소관연구기관 보러가기]로 들어가면 사회현상을 연구하는 여러 정부 정책연구기관이 소개되어 있습니다.

소개된 정책연구기관의 배너를 통해 해당 인터넷 사이트에 들어가도 되고, 인터넷의 포털 검색에서 해당 기관의 이름을 검색해서 들어가도 됩니다. 해당 정책연구기관의 사이트에 들어가서 회원가입을 한 후, 연구보고서를 보여주는 곳을 찾아서 원하는 보고서를 찾아 다운로드받으면 됩니다.

○ 정기적으로 사회현상을 조사한 실태보고서

미술 작품 전시에서 '비엔날레'라는 표현을 본 적이 있을 것입니다. 비엔날레는 '2년마다'라는 의미로 일정 기간을 두고 정기적으로 작품 전시회를 할 때 사용합니다.

사회현상에 대한 조사도 이처럼 일정 기간을 정해 정기적으로 하는 경우가 많습니다. 보통 비엔날레처럼 2년 단위로 조사하여 결과를 보고서로 제시하죠. 어떤 경우에는 10년 단위로 조사하여 보고서를 내는 곳도 있습니다.

이런 보고서는 대부분 '~에 관한 실태조사' '~에 관한 조사보고서'와 같은 제목으로 발간되는데, 조사한 기관의 인터넷 사이트에 파일 형태로 게재됩니다. 우리나라 국민 등을 대상으로 조사한 결과를 통계표로 제시하고, 이전의 조사결과와 비교하여 의식이나 실태가 변화했는지 알려주죠.

이런 자료를 찾는 것은 쉽지 않아서 다음과 같은 방법을 사용하면 좋습니다. 우선 내 주제와 관련하여 '실태조사'나 '조사보고서'라는 키워드를 활용하여 포털사이트에서 검색합니다. 보통은 관련 내용이 신문기사로 제시되는 경우가 많습니다.

우리나라 사람들의 여행 행태에 관한 통계자료를 찾는 경우를 살펴봅시다. 포털사이트 검색 창에 '국민 여행 실태조사'라는 검색어를 입력하면 관련 기사 등에서 '국민여행조사'와 같은 정확한 보고서 명칭을 발견할 수 있습니다. 이제 정확한 보고서명을 검색어로 다시 입력하면 해당 보고서를 모아놓은 기관 사이트를 찾을 수 있을 것입니다. 그곳으로 들어가서 해당 보고서를 찾아 다운로드하면 됩니다.

통계청 자료를 제대로 활용하는 방법

사회현상과 관련한 다양한 통계는 선행연구나 문헌 자료로 다양하게 사용할 수 있어 유용하다. 이런 통계는 어떻게 구할까? 통계청 사이트를 활용하면 대부분의 자료를 구할 수 있다. 그런데 통계청에는 매우 다양한 통계자료가 있어서 자료를 잘 찾아야 한다.

통계청에서 간단하게 좋은 자료를 찾는 방법을 소개한다. 우선 통계청 사이트 (kostat.go.kr)로 들어간 후 [보도자료]를 찾아본다. 그 옆에 [+더보기]가 있을 것이다. 이를 클릭해서 들어가면 다양한 자료가 보도자료 형태로 첨부 파일로 올라와 있다. 또는 보도자료의 목록을 천천히 넘겨보면서 자신이 찾는 자료를 찾아도 된다.

아니면 [보도자료]를 모아둔 곳의 검색란에서 자신이 찾고 싶은 자료의 주제어를 넣어봐도 된다. 예를 들어 청소년 통계를 찾고 싶은 경우에 '청소년'이라는 검색어를 넣어서 찾아보면, 매년 정리된 '청소년 통계'에 관한 보도자료 파일을 다운로드받을 수 있다. 보도자료는 중요한 자료를 통계자료로 제시하고 있으므로 적절하게 활용하면 좋은 소재가 될 수 있다.

● 모든 자료를 한꺼번에 받을 순 없을까?

이런 방법으로 하나씩 자료를 찾으면 시간이 너무 많이 걸리죠. 특히 학위논문이나 학술논문은 정확한 논문명을 모를 땐 자료를 찾기가 쉽지 않을 것입니다. 이 경우에는 다음의 세 가지 방법 중 하나를 사용하는 것이 좋습니다.

○ 대학 도서관 활용

대학교는 대학생이나 대학원생이 편리하게 연구하도록 대부분의 자료를 쉽게 다운로드받을 수 있게 해두었습니다. 그러니 지인 중에서 대학생이 있다면 자료 검색에 도움을 받을 수 있을 것입니다.

○ 국공립 도서관 활용

지역에 있는 국공립 도서관에 회원으로 가입하면 논문을 다운로드 받을 수 있습니다. 그런데 대부분의 국립도서관에서는 인터넷으로는 다운로드받을 수 없고, 직접 방문해야 검색해서 자료를 열람할 수 있 도록 해두었을 것입니다.

○ 포털사이트 활용

포털사이트에서도 자료를 검색할 수 있습니다. 우선 외국 자료는 영 문 구글 사이트에서 영어로 주제어를 검색하면 됩니다. 외국 논문은 유료 혹은 무료인 경우가 있으니 받기 전에 살펴보기 바랍니다.

구글 사이트에서 국내 논문도 검색할 수 있습니다. 국내 논문을 검 색할 때는 검색어로 논문 주제를 입력하면 됩니다. 자신의 연구주제를 검색어로 넣어서 잘 찾아보기 바랍니다. 다만 논문을 찾더라도 무료로 다운로드할 수 없는 경우도 있습니다.

네이버 사이트를 이용하는 방법도 있죠. [학술정보] 배너를 찾아 검 색창에서 해당 연구주제를 검색하는 것입니다. 그중에서 무료라고 표 기되어 있는 자료를 클릭하면 [무료 원문] 옆에 원문을 받을 수 있는 한 국연구재단 등이 링크되어 있습니다. 이런 기관에 회원가입하면 해당 논문의 PDF 파일을 다운로드받을 수 있습니다.

● 선행연구를 찾을 때 중요하게 고려할 점

사회현상을 탐구할 때 좋은 선행연구를 찾는 것은 매우 중요합니다. 선행연구를 조사하고 활용할 때 중요한 사항을 정리해 봅시다.

첫째, 특정한 학자의 연구결과만이 아니라 여러 학자의 연구결과를 같이 살펴보아야 합니다. 특히 학자마다 주장이 다르다면 차이가 나는 이유를 파악하여 결과 보고에서 활용할 필요가 있습니다.

만약 선행연구를 하나밖에 발견하지 못했다면 어떻게 해야 할까요? 이 경우에는 여러분이 찾은 선행연구의 제일 마지막에 제시된 참고문헌을 활용하면 됩니다.

참고문헌에 제시된 다른 선행연구를 본 후에 그 내용을 바탕으로 검색할 수도 있습니다. 대부분 연구결과의 뒤에 참고문헌이 표기되어 있으니, 거기서 연구 제목을 확인하고 해당 연구결과를 찾아보세요.

둘째, 자신에게 도움이 되는 논문인지 판단한 후 세부 내용을 자세히 읽어봅니다. 앞의 1~2쪽 이내에 연구내용이 요약되어 있으므로 논문 전체를 읽기 전에 요약이나 초록을 잘 읽고 자신의 연구에 도움이 되는지 확인합니다. 그 후에 연구내용을 자세히 읽으면서 이해하고 자신의 연구에서 어떻게 활용할지 생각해 봅니다. 그리고 자료 출처와 내용을 잘 정리하여 파일을 만들어둡니다.

셋째, 선행연구에서 활용한 자료의 신뢰성을 확인해야 합니다. 이를 위해서는 저자가 그 분야의 관련 연구를 다양하게 진행한 전문가인지를 확인합니다. 또한 연구 요약이나 초록을 먼저 읽고 엄격한 자료 검증이나 분석을 통해 결론을 내린 것인지, 신뢰할 만한 기관에서 만든 보고서인지 등도 확인해야 합니다.

특히 온라인에서 자료의 출처를 제공하지 않고 제시하는 주장을 담은 보고서는 신뢰성에 문제가 있을 수 있으니 사용하지 말아야 합니다. 더불어 다른 연구자의 연구결과를 인용하는 경우에는 출처를 찾아서 원래 자료를 확인하여 신뢰성을 확보해야 합니다.

3
인용과 참고문헌, 어떻게 정리할까?

● 〈모나리자〉에 수염을 그리면?

〈모나리자〉는 16세기 이탈리아의 미술가 레오나르도 다빈치가 그린 그림입니다. 그런데 모나리자의 얼굴에 수염을 그린 사람이 있습니다. 바로 20세기 프랑스 초현실주의 미술가 마르셀 뒤샹입니다.

뒤샹은 파리 길거리에서 〈모나리자〉를 복제한 엽서를 구입해서 인쇄된 모나리자의 얼굴에 수염을 그려 넣는 등 간단한 작업을 했죠. 이 작업이 1919년, 레오나르도 다빈치가 사망한 지 400년 되던 해에 이루어졌습니다. 그 후에도 그는 여러 차례 모나리자의 얼굴에 수염을 그린 작품을 만들었습니다.

당시 위대한 화가로 추앙받던 레오나르도 다빈치의 그림에 장난을 친 것 같은 이 작품은 어떻게 되었을까요? 이 그림은 현재 프랑스의 퐁

피두센터에서 소장하고 있습니다. 과거의 위대한 작품을 패러디한 것으로 여겨지지요.[20] 누구나 알고 있는 원작을 바탕으로 한 좋은 패러디 작품은 그 자체로 새로운 작품으로 인정받습니다.

그런데 연구는 어떨까요? 연구도 매우 유명한 연구를 수용하여 새롭게 연구하기도 합니다. 단, 연구자는 자신이 참고한 선행연구를 밝혀야 하죠. 이때 필요한 것이 인용입니다. 인용은 저작권 때문에 참고문헌으로도 정리해야 합니다. 선행연구의 인용과 참고문헌 정리를 어떻게 하는지 살펴볼까요?

● 저작권이란 무엇일까?

저작권은 말 그대로 그 저작물을 만든 사람의 창작에 대한 권리를 인정하는 것입니다. 저작권은 영어로 카피라이트(copyright)라고 하여 복제할 수 있는 권리라는 의미입니다.

저작권은 언제 만들어졌을까요?[21] 이는 유럽에서 저작물을 대량생산하면서 성립된 권리입니다. 15세기 유럽은 구텐베르크의 인쇄술로 인해 책 출판이 활발하던 때였습니다. 먼저 이탈리아 베네치아에서 저작권법이 만들어졌고, 여러 나라에서 저작권을 보장하게 됐죠.

오늘날에는 저작물이 중요한 무역상품이어서, 세계무역기구(WTO)에서도 저작권에 관심을 갖습니다. 저작물에 대한 권리 인정은 세계적으로 중요합니다. 그런데 저작권을 인정하는 방법은 매우 다양하고 복잡해서, 여기서 전부 설명하기는 어렵습니다.

가장 기본은 연구논문이나 보고서를 작성할 때 인용한 다른 사람의 저작물을 정확하게 표기하는 것입니다. 텍스트는 인용 표기를 하고, 표나 그래프 등은 출처를 정확하게 표기합니다.

알아봅시다

저작물을 사용할 때 비용을 내야 할까?

다른 논문이나 보고서 등을 인용할 때, 대개는 출처를 정확히 밝히기만 하면 비용을 따로 지불하지 않아도 된다. 그런데 일부 저작물은 구매해야 한다.

게재료를 내야 하는 저작물에는 무엇이 있을까? 대표적으로 사진, 시, 노래, 그림, 신문 기사, 그래프 등이 있다. 이들 자료의 일부나 전부를 가져와서 논문이나 보고서에 게재하는 경우에는 대체로 게재 사용료를 내야 한다.

게재료 지불은 어떻게 해야 할까? 우선 해당 저작물의 저자나 출판사 등에 연락하여 자료 사용이 가능한지, 비용은 얼마인지 알아보아야 한다. 그런 후 해당 저작물을 사용하는 비용을 지불하고 출처를 밝히면 된다.

그런데 유료로 사용하는 저작물에 대해 돈을 지불하지 않고 다른 방법으로 활용할 수 있는 경우도 있다. 우선 그림이나 사진은 해당 저작물의 저자와 제목을 소개한 후, 그 저작물을 묘사하거나 설명하는 방식으로 제시하면 된다. 표나 그래프는 새롭게 그리고 출처를 표시하면 된다. 또한 저작권 비용을 내야 하는 신문 기사의 내용을 주장의 논거로 사용할 때는 신문 기사의 중요 내용을 연구자가 자신의 언어로 요약하여 제시하면서 출처를 밝히면 된다.

그럼에도 저작권 문제는 미묘한 경우가 있으니 잘 찾아보고 저작권 관련 문제가 생기지 않도록 유의해야 한다.

● 내용과 출처를 정확히 밝히기

친구 A와 대화를 하다가 "지금 우리 반은 정글이야"라는 말을 들었다고 합시다. A와의 대화를 B에게 이야기할 때 "A가 말했는데, 지금 우리 반은 정글이래"라고 전달한다면 그 표현이 나의 것이 아니라 A의 것임을 밝히는 것입니다. 이처럼 출처와 내용을 정확하게 밝히는 일이 인용입니다.

보고서나 논문 등에서 제대로 인용하는 것은 타인의 저작권을 지키면서 연구자 자신도 보호하는 행위입니다. 즉, 연구윤리 차원에서도 중요합니다. 인용할 때는 다음의 몇 가지를 꼭 지켜야 합니다.

첫째, 남의 저작물을 그냥 사용해서는 안 되며, 정확하게 인용하고 인용 표시를 해야 합니다. 다른 사람이 만든 저작물의 내용을 내 연구에서 사용한 경우에는 인용했음을 밝힙니다. 그리고 인용한 것은 참고

문헌에서 정리합니다. 인용 표시를 하지 않으면 표절이 됩니다. 이는 연구결과 보고 과정에서 지켜야 하는 연구윤리를 위반한 셈이 됩니다.

둘째, 자신의 이전 저작물을 인용하더라도 인용 표시를 해야 합니다. 예를 들어 어떤 학생이 1학년 때 통합사회 수업 시간에 연구보고서를 발표하고, 이것을 학교 문집에 게재했다고 합시다. 나중에 3학년이 되어 다른 주제로 사회현상 탐구과제를 하면서 자신의 1학년 때 연구보고서를 일부 사용한다면 어떡해야 할까요? 이때도 인용 표시를 해야 합니다. 그렇지 않으면 자기표절이 됩니다. 이렇게 자신의 이전 창작물에 대해서도 인용 표시를 하는 것이 원칙입니다.

셋째, 정확한 방법으로 인용 표시를 합니다. 인용 표시에는 기본적으로 저자의 이름, 저작물이 발표된 연도는 필수이고, 어떤 경우에는 해당 저작물에서 내가 인용한 페이지도 넣어야 합니다. 구체적으로 어떻게 넣어야 하는지 살펴볼까요?

● 인용 표시를 하는 방법

앞에서 보았듯이, 연구자는 자신의 연구주제와 유사한 선행연구를 읽고 해당 내용을 자신의 연구에 반영합니다. 이때 선행연구는 보통 문장으로 되어 있는데, 해당 내용의 일부분을 가져와서 내 연구보고서나 논문에 그대로 적는 경우에는 인용 표시를 해야 합니다. 책(단행본*)에서 글을 가져오는 경우와 논문에서 글을 가져오는 경우로 나누어 구체적으로 살펴봅시다.

단행본
시리즈와 구별되어, 한 권으로 완결된 책을 말한다.

\<자료 1\> 책(서적, 연구보고서, 학위논문 등)의 내용 일부

인간이라면 모두 존엄성을 지니고 있습니다. 능력이 뛰어나다고 해서, 외모가 훌륭하다고 해서, 혹은 인성이 좋다고 해서 인간으로서 더 가치 있는 것도, 그렇지 못하다고 해서 가치가 없는 것도 아닙니다. 인간에게 존엄성이 있다는 것은 모든 인간이 가치 있는 존재라는 뜻입니다. 더불어 우리 모두가 이 지구상에 하나뿐인 존재로서 저마다 고유한 정체성을 가지고 있다는 뜻이기도 합니다(구정화, 2015: 17).

→ 출처 표시: 구정화(2015: 17)

→ 참고문헌 표시: 구정화(2015). 청소년을 위한 인권 에세이. 서울: 해냄출판사.

* 유의점: 위의 서술은 구정화의 단행본 내용을 그대로 인용한 것이다. 이처럼 원 문장을 그대로 가져온 경우에는 해당 페이지 등을 상세하게 기록한다. 다만 너무 많은 분량을 통째로 제시하는 것은 문제가 될 수 있다.

\<자료 2\> 논문 중 일부

청소년 사회 활동은 크게 3가지, 시민 참여 활동, 여가 및 문화 활동, 아르바이트 활동으로 구분하는 것이 가능하다(구정화, 2018: 520).

→ 출처 표시: 구정화(2018: 520)

→ 참고문헌 표시: 구정화(2018). 고등학생의 사회 활동이 인권 인식에 미치는 영향. 교육문화연구, 24(4), 517-538.

* 유의점: 위의 서술은 원 문장을 그대로 가져오지 않고, 참고문헌에 표시된 논문을 읽고 일부분을 요약하여 서술한 것이다. 출처와 참고문헌을 표시한다.

○ 인용 표시를 위해 다른 저작물에서 먼저 확인해야 하는 것

일반적으로 인용 표시에서 꼭 필요한 것은 '저자, 저작물의 출간 연도, 해당 페이지'입니다. 〈자료 1〉에서 저자는 '구정화'이고, 저작물 출간 연도는 '2015', 해당 페이지는 '17'입니다. 〈자료 2〉에서 저자는 '구정화'이고, 저작물 연도는 '2018'이며, 해당 페이지는 '520'입니다. 해당 페이지는 인용 내용이 들어 있는 페이지입니다.

○ 인용 내용을 표시하는 주석의 종류

일반적으로 인용 표시는 '주석'을 사용하는데, 어떤 문장에 관련하여 설명하는 것입니다. 그래서 인용에 대해 주석을 다는 것은 내가 서술한 해당 문장이 다른 사람의 창작물을 이용하여 설명한 것이라는 의미입니다.

주석은 일반적으로 '각주, 미주, 본문주'의 세 가지가 있습니다. 각주는 인용 내용에 관한 사항을 인용한 내용이 있는 페이지의 아래쪽에 제시합니다.

미주는 인용 내용에 관한 사항을 보고서의 제일 마지막 페이지에 제시합니다. 아래아한글 파일에서 각주나 미주로 주석을 달 때는 메뉴바의 [입력]-[주석]으로 들어가면 됩니다.

마지막으로 본문주는 인용 내용이 있는 본문에 인용 표시를 합니다. 본문주는 원고 내용을 작성하는 본문에서 바로 제시하기에 편집 등을 위한 다른 방법을 고려하지 않아도 됩니다. 요즘은 대부분 본문주로 인용 표시를 작성하니, 이는 좀더 자세하게 설명하겠습니다.

● 상황마다 다른 본문주 사용법

인용을 표시하는 형식은 매우 다양합니다. 논문마다 다르고, 학술지마다 다릅니다. 그래서 학위논문이나 학술지 논문의 경우에는 해당 대학교나 학술지에서 요구하는 '논문 작성 지침'에 따라 표시해야 합니다.

여기서는 여러 가지를 종합하여 고등학생이 교내 연구보고서를 작성할 때 사용할 수 있는 인용 방법을 간단히 제시하겠습니다. 저작물을 인용할 때는 사소한 것도 정확하게 지켜야 합니다. 그러니 다음에 제시된 내용을 정확하게 살피고 그대로 적용하도록 합니다.

첫째, 저자 이름부터 봅시다. 한국인의 이름은 이름 전체를, 외국인의 이름은 성만 씁니다. 예를 들어 한국 이름인 구정화는 '구정화'를 다 적지만, 'James Banks'라는 영어 이름은 성인 'Banks'만 적으면 됩니다.

둘째, 저자의 이름을 본문 서술 내용의 일부분으로 사용하면, 그 옆에 괄호를 치고 출판연도를 적고, 필요한 경우에는 해당 페이지 번호도 넣습니다. 이때 책의 연도와 해당 페이지는 '콜론(:)'으로 연결합니다. 다만 특정 문장을 인용한 경우가 아니라면 페이지 번호는 넣지 않아도 됩니다. 인용하면서 원래 저자의 문장을 일부분 수정하여 사용해도 됩니다.

인권은 인간 존엄성을 위해 필요하다. 특히 구정화(2015: 17)는 인간 존엄성은 모든 인간이 가치 있는 존재라는 것을 드러내는 데 필수적인 조건이라고 설명한다.

인권은 인간 존엄성을 위해 필요하다. 구정화(2015)는 인권이 인간 존엄성을 위해 필요한 가치라고 보며, 이와 관련한 다양한 측면의 인권 사례를 통해 인권의 의미를 설명했다.

만약 한 저자의 동일 연도 저작물을 여러 개 인용해야 한다면 여러 저작물을 구분하는 기호를 넣습니다. 이때는 연도에 'a, b……'를 붙여서 구별합니다.

구정화(2015a)는 인간 존엄성은 모든 인간이 가치 있는 존재라는 것을 드러내는 것이라고 본다. 또한 구정화(2015b)는……

셋째, 저자 이름을 인용 내용이 있는 문장의 제일 마지막에 넣는 경우는 괄호를 치고 저자명과 연도, 해당 페이지 번호를 모두 넣습니다. 이때도 세부 내용을 인용한 게 아니라면 페이지 번호를 넣지 않아도 됩니다. 이 경우에 해당 문장의 마침표는 인용 괄호 뒤에 들어갑니다.

인권은 인간 존엄성을 위해 필요하다. 왜냐하면 인간 존엄성은 모든 인간이 가치 있는 존재라는 것을 드러내며, 이를 위해 필요한 권리가 인권이기 때문이다(구정화, 2015: 17).

인권은 인간 존엄성을 위해 필요하다. 왜냐하면 인간 존엄성은 모든 인간이 가치 있는 존재라는 것을 드러내기 때문이며, 이에 따라 다양한 측면에서 인권은 고려되어야 한다(구정화, 2015).

참고로 논문을 읽다 보면 '(구정화, 2015, pp. 35~36)'라고 표시된 경우를 볼 수 있습니다. 여기서는 저작물의 발간 연도와 해당 페이지를 쉼표로 구분하고 페이지를 적기 전에 페이지의 영어 약자인 'p'를 씁니다. 인용한 페이지가 한 페이지인 경우에는 'p.', 두 페이지 이상인 경우에 'pp.'를 쓰고 한 칸 띄운 뒤에 해당 페이지를 표기합니다.

여러 저작물을 한 문장에서 인용 표시하는 경우, 일단 여러 저작물의 저자를 한국학자, 외국학자 순서로 제시하고, 한국학자의 경우는 가나다순, 외국학자의 경우에는 알파벳 순서로 제시합니다. 그리고 각 저작물 사이에는 '세미콜론(;)'을 넣고 한 칸 띄워서 뒤에 나오는 저작물 소개 내용과 나눕니다. 세 가지 저작물을 동시에 인용하는 경우를 살펴봅시다.

…… 인권이기 때문이다(구정화, 2015; Banks, 2016; Flowers, 2002).

넷째, 텍스트 본문이나 그래프 등의 자료를 원래 출처에서 본 것이 아니라 다른 보고서나 논문 등에서 보고 인용하는 경우는 재인용 표시를 합니다. 재인용은 주로 찾기 어려운 외국 서적이나 오래된 책이 원 출처일 경우에 사용합니다. 이때는 인용하는 내용을 담은 원래 책을 먼저 적은 후, 세미콜론으로 구분한 다음 한 칸을 띄우고, 내가 본 책을 적은 뒤 '~에서 재인용'이라고 적어야 합니다.

…… 인권이기 때문이다(Flowers, 2002; 구정화, 2015: 17에서 재인용).

앞의 재인용 표기에는 이런 의미가 담겨 있습니다. "Flowers라는 연구자가 2002년 저작물에 쓴 내용을 구정화라는 연구자가 2015년의 저작물 17쪽에 인용했는데 그것을 내가 가져다 사용했다"라는 것이죠.

다섯째, 인용하고자 하는 텍스트 내용의 양이 네 줄 이상이면 해당 내용이 드러나도록 '들여쓰기' 방식을 사용합니다. 인용문의 시작점을 본문보다 뒤에서 시작하는 것이죠. 인용 표시는 해당 문장 제일 마지막에 합니다.

인권을 주장하는 가장 중요한 이유는 인간 존엄성을 위한 것이라는 점이다. 이에 대하여 다음의 내용을 살펴보자.

인간이라면 모두 존엄성을 지니고 있습니다. 능력이 뛰어나다고 해서, 외모가 훌륭하다고 해서, 혹은 인성이 좋다고 해서 인간으로서 더 가치 있는 것도, 그렇지 못하다고 해서 가치가 없는 것도 아닙니다. 인간에게 존엄성이 있다는 것은 모든 인간이 가치 있는 존재라는 뜻입니다. 더불어 우리 모두가 이 지구상에 하나뿐인 존재로서 저마다 고유한 정체성을 가지고 있다는 뜻이기도 합니다(구정화, 2015: 17).

위의 내용을 보면…….

보통 여러 줄을 그대로 가져와서 인용하는 경우는 글씨 크기도 작게 하고, 다른 본문 내용에 비해 문단의 상하좌우 모두에 여백을 넣어서 제시합니다.

여섯째, 인용하려는 하나의 저작물에 여러 명의 저자가 있는 경우는 기본적으로 저작물에 나와 있는 이름 순서대로 저자명을 적어서 인용을 표시합니다. 그런데 여러 명의 저자를 표기하는 방법은 저작물의 저자가 한국인인 경우와 외국인인 경우가 다릅니다.

우선 한국인 저자의 경우는 보통 세 명까지는 저자명 사이에 가운뎃점으로 표기하고, 네 명 이상은 대표 저자(저작물의 저작자 소개 중 제일 앞에 나오는 저자)를 적은 뒤 한 칸 띄우고 '외'를 사용합니다. 다른 방법도 사용하므로 꼭 이렇게 써야 하는 것은 아닙니다.

> ……인권이기 때문이다(구정화·송현정·설규주, 2004).
> 구정화·송현정·설규주(2004)는 인권을……
> 구정화 외(2010)는……

외국인 저자는 세 명까지는 ',' '&'를 활용하고, 네 명 이상인 경우는 대표 저자를 적은 뒤 한 칸 띄운 후에 'et al.'을 표시합니다.

> ……인권이기 때문이다(Banks & Flowers, 2002).
> ……중요하기 때문이다(Banks, Turner, & Flowers, 2002).
> Banks, Turner, & Flowers(2002)는……
> Banks et al.(2002)은……

● 인용한 저작물을 참고문헌으로 정리하는 방법

본문주만 달면 될까요? 논문이나 보고서에서 인용 표기한 내용은 논문이나 보고서의 제일 마지막 페이지에 '참고문헌' 란을 따로 만들어 모두 정리해야 합니다. 연구에서 연구자가 인용한 모든 것이 참고문헌에 정리되어야 하며, 인용하지 않은 저작물을 참고문헌에 정리해서는 안 됩니다.

참고문헌 정리 방법도 다양합니다. 여기서는 고등학생이 보고서를 작성하는 데 기본적으로 중요한 점만 몇 가지 제시하려고 합니다.

첫째, 여러 참고문헌의 제시 순서는 한국인, 외국인 순서로 하되, 한국인은 가나다순, 외국인은 알파벳 순서로 합니다. 동일 저자의 여러 저작물을 제시하는 경우에는 처음 저자명만 제시하고 다음 책부터는 밑줄을 치고 제시합니다.

둘째, 단행본 서적은 다음과 같이 작성합니다.

저자(연도). 저서명. 출판주소도시명: 출판사.

셋째, 학위논문은 다음과 같이 작성합니다.

저자(연도). 논문명. 해당 대학교 대학원명. 석사(박사)학위논문.

넷째, 학술지 논문 참고문헌은 다음과 같이 작성하는데, 논문명과 학술지명을 다음과 같이 기록하고, 해당 학술지의 '권' '호' '페이지'를 잘 파악하여 제시합니다.

저자(연도). 논문명. 학술지명, 권(호), 시작 페이지-끝 페이지.
* 다만 외국 학술지의 경우 학술지명을 이탤릭체로 표시한다.

이런 방법을 모두 적용한 참고문헌 정리 사례를 살펴봅시다.

참고문헌

교육부(2015). 사회과 교육과정. 세종: 교육부.

구정화(2009). 유엔아동권리협약을 고려한 학교 인권교육의 방향. 사회과교육, 48(1), 1-12.

_____(2017). 인권교육의 의미 재탐색-최근 제기되는 의문을 중심으로-. 교육문화연구, 23(4), 5-23.

구정화·송현정·설규주(2004). 교사를 위한 학교 인권교육의 이해. 서울: 국가인권위원회.

구정화(2023a). 2022 개정 중학교 사회과 일반사회 영역 교육과정의 질문분석-핵심질문으로서 가능성을 중심으로-. 시민교육연구, 55(2), 1-26.

구정화(2023b). 학교장의 인권인식에 영향을 주는 인권교육 연수 요인 분석. 경인교육대학교 교육연구원 교육논총, 43(1), 81-95.

김영순·이효은(2011), 사회·문화 교과서 텍스트의 사이버 문화 계열성에 관한 연구. 언어와 문화, 7(2), 81-102.

모경환·차경수(2008). 사회과교육. 서울: 동문사.

문용린 외(2003). 유·초·중·고 인권교육과정 개발 연구. 서울: 국가인권위원회.

박윤정(2017). 인권교육의 글로벌 동향에 따른 2009 개정 초등 사회과 내용 분석. 서울교육대학교 교육전문대학원 석사학위논문.

설규주(2005). 한국 시민사회의 성장과 학교 인권교육의 과제. 사회과교육, 44(1), 27-56.

송현정(2004). 현대 시민교육의 목표로서 인권의 의미에 관한 연구. 서울대학교 대학원 박사학위논문.

정문성·구정화·설규주(2012). 초등사회과교육. 서울: 교육과학사.

Bruner, J. S. (1960). *The process of education*. Cambridge: Harvard University Press.

Flowers, N. (2000). *The human rights education handbook: Effective practices for learning, action, and change*. Minneapolis, MN: Human Rights USA Resource Center.

Human Rights Education Team (1996). *First step: A manual for starting human rights education*. London: Amnesty International.

Posner, G. J. & Strike, K. A. (1976). A categorization scheme for principles of sequencing content. *Review of Educational Research*, 46, 665-690.

● 혹시 표절이 걱정된다면?

모든 것을 잘 챙겼다고 해도 혹시 다른 논문 등을 표절하지는 않았는지 걱정된다면, 최종적으로 확인하는 방법이 있습니다. 바로 '카피킬러'의 표절검사나 'KCI 표절검사' 등을 통해 확인하는 것입니다. 인터넷 검색 창에 '표절검사'를 검색해서 해당 사이트에서 실제로 검사하면 좋습니다.

선행연구 수집부터 인용까지

1. 자신(또는 우리 모둠)이 탐구하는 현상과 관련한 주요 용어나 개념이 무엇인지 제시해 봅시다.

2. 해당 용어나 개념, 해당 주제를 다룬 선행연구를 조사해서 저자, 연도, 연구제목, 학술지(또는 출판사), 해당 페이지 등을 적어봅시다.

3. 해당 용어나 개념에 대하여 살펴본 내용을 종합하여 정리해 봅시다.

4. 앞에서 조사한 선행연구 자료 중에서 하나를 선택하여 탐구결과를 보고할 때 사용할 수 있도록 선행연구 내용을 요약하거나 정리해 봅시다.

5. 조사한 선행연구를 바탕으로 인용하는 경우를 몇 가지 만들어봅시다.

6. 조사한 선행연구 자료에 대하여 참고문헌을 컴퓨터 문서로 작성해 봅시다.

4장

탐구주제에 맞는
자료 수집 방법

1

사회현상 탐구, 어떤 자료가 필요할까?

● 온라인 쇼핑몰이 임신 사실을 먼저 알았던 이유

2012년, 미국 한 지역에 사는 부부는 쇼핑몰에서 아기 옷과 유아용
품 할인 쿠폰을 자녀에게 보낸 사실을 알았습니다. 부부는 당장 쇼핑
몰을 찾아가서 고등학생인 자녀에게 출산 준비물 쿠폰을 보낸 것에 항
의했습니다.[22]

쇼핑몰에서는 미안하다는 의사를 전달했습니다. 얼마 후 쇼핑몰에
서 다시 사과를 전하자, 이번에는 부모 측에서 미안하다고 사과했습니
다. 고등학생인 자신의 자녀가 정말로 임신했기 때문이었죠.

쇼핑몰은 임신 사실을 어떻게 알았을까요? 인터넷 쇼핑몰에서 물건
을 구매하는 과정을 종합적으로 판단한 결과입니다. 고객이 해당 인터
넷 쇼핑몰에서 임산부용 속옷을 검색하고 구매한 기록을 바탕으로 출

산을 예측했던 것이죠.

소비자는 인터넷 쇼핑몰에 접속하여 물건을 살펴보고 장바구니에 넣곤 하는데, 쇼핑몰 입장에서는 이 모든 것이 자료가 됩니다. 그리고 이를 분석하여 고객의 필요를 예측합니다. 요즘 인터넷 사이트에 접속하면, 내가 구매하려고 살펴본 물건이나 비슷한 물건을 광고로 보여주지 않나요? "당신, 이런 거 필요하지 않아요?"라며 잊고 있던 구매 심리를 자극합니다.

쇼핑몰에서 여러 사람의 쇼핑 자료를 모으면 그것을 바탕으로 다양한 결과를 만들어낼 수 있습니다. 개인의 쇼핑 성향을 파악할 수도 있고, 고등학생의 쇼핑 성향과 같은 집단의 특성도 알 수 있죠. 이런 과정은 사회현상을 탐구하는 과정에서 여러 자료를 모아서 분석하는 일과 유사합니다.

이처럼 인터넷 쇼핑몰에서는 클릭을 자료로 수집하는데, 사회현상 연구에서 수집하는 자료는 구체적으로 어떤 것이 있을까요?

● **탐구를 위해 수집하는 자료**

'데이터(data)'는 라틴어로 '주어진 것'이라는 의미를 갖는 'datum'의 복수형입니다. 그러니 연구에서 자료는 연구 과정에서 얻는, 즉 주어진 것입니다. 연구자가 스스로 만든 것이 아니라 외부에서 얻었다는 뜻입니다.

자료는 사회현상 연구자가 연구 과정에서 다양한 방법을 활용하여 수집한 재료를 말합니다. 문자, 숫자, 문장, 그림, 영상, 책자 등 다양한 형태의 자료가 모두 포함됩니다.

자료는 정보와 다릅니다. 정보는 자료를 가공하여 얻는 것입니다. 앞에서 살펴본 인터넷 쇼핑몰의 경우, A라는 사람이 상품을 클릭한 선택 하나하나가 자료입니다. 개별 자료 자체로는 무엇인가를 분석하기가 어렵습니다. 그런데 그런 자료를 모아서 '임신했을 때 사는 물건'이라고 하면, 이는 자료를 가공하여 얻은 정보가 됩니다.

연구자도 외부에서 얻은 자료를 가공하여 정확한 정보를 얻는 것이 중요합니다. 그런 점에서 좋은 자료를 구하는 일은 연구 과정의 핵심입니다.

● **자료의 유형은 어떤 것이 있을까?**

○ **1차 자료와 2차 자료**

마시멜로 실험에 대해 들어본 적이 있나요? 이는 '어릴 때의 자제력이 미래 성공에 긍정적인 영향을 줄 것이다'라는 가설을 증명하는 실험입니다.[23]

1960년대 미국 스탠퍼드대학교의 심리학 연구팀이 유치원에 다니는 5세 전후의 아동 600명을 대상으로 실험을 했습니다. 방 안 책상 위 접시에 마시멜로가 한 개 놓여 있었죠. 아이 혼자 방에 들어가면, 방에 있는 실험 담당자가 아이에게 "내가 잠시 나갔다가 올 때까지 이것을 먹지 않고 기다리고 있으면, 마시멜로를 두 개 줄게"라고 말합니다.

실험 담당자가 15분 정도 지난 후 돌아왔을 때 마시멜로를 먹지 않고 기다린 아이들은 '절제력이 있는 집단', 기다리지 않고 먹은 아이들은 '절제력이 부족한 집단'으로 나누었습니다. 그 후 아이들의 성장을 지켜보면서 청소년기의 학업 성취도와 일상생활을 관찰하여 기록했습니다.

연구팀도 이렇게 수집한 자료를 분석하여 연구결과를 발표합니다. '어린 시절 절제력이 있는 아이들이 청소년 시기에 성적이 높고 스트레스도 잘 견딘다'는 결론이었죠.

그런데 새로운 연구팀은 이 결론이 잘못이라고 주장했습니다. 이 연구팀은 기존 연구팀과 달리 직접 실험하지 않고, 1990년대 미국의 국립보건원이 제시한 영유아 보육 및 청소년 발달 조사 자료 중에서 마시멜로 실험과 동일한 실험을 한 아동을 추적한 자료를 뽑아서 분석한 후에 연구결과를 발표했습니다. 이들은 아동 시기의 절제력보다는 아동이 속한 가정의 양육 방식, 가정환경, 부모의 학력 등이 청소년 시절의 학업이나 발달 특성에 영향을 준다고 설명했습니다. 자료 수집 과정에서 차이가 났던 두 연구는 연구결과까지 다르게 나타났습니다.

이처럼 연구자가 연구 목적을 고려하여 연구 과정에 필요한 자료를 연구대상자에게 직접 얻은 것을 1차 자료라고 합니다. 반면 연구자가 연구 자료를 직접 구하지 않고 다른 연구자가 구한 자료나 이미 있는 통계 등의 자료를 사용하는 경우를 2차 자료라고 합니다.

○ 양적 자료와 질적 자료

누군가에게 "당신의 성별은 무엇입니까?"라고 물으면 두 가지 형태의 대답을 받을 수 있습니다. 하나는 '남성, 여성' 등 직접 답하도록 하는 것이고, 다른 하나는 '① 남자 ② 여자'와 같이 제시하고 숫자로 답하게 하는 것입니다.

한편 "당신이 가장 행복한 때는 언제였습니까?"라고 질문하면 "저는 초등학교 방학 때 가족들이 여행을 가서 서로 좋아하는 것을 이야기했는데, 그때 가족들의 속마음을 깨닫고 행복했습니다"라는 식의 의견을 자료로 얻을 수 있습니다. 이와 달리 "당신은 얼마나 행복하십니까?"라고 묻고 그 답으로 '① 매우 행복하다 ② 대체로 행복하다 ③ 대체로 행복하지 않다 ④ 전혀 행복하지 않다'를 제시하여 숫자로 답을 제시한 자료를 얻을 수도 있습니다.

두 경우에서 연구자가 얻은 자료는 두 가지로 나뉩니다. 하나는 조사에 응한 사람이 자신의 의견이나 생각 등을 문장이나 단어, 용어, 개념 등으로 제시한 것입니다. 이런 자료를 질적자료라고 합니다. 다른 하나는 '①, ③'이라는 숫자로 된 것입니다. 같은 번호를 선택하더라도 사람들의 행복도는 질적으로 다르겠지만, 연구자가 볼 때는 모두 동일합니다. 이처럼 수치화된 자료를 양적자료라고 합니다.

일반적으로 양적연구에서는 연구 과정에서 질적자료와 양적자료를 얻지만, 통계 분석을 하려면 모두 양적자료로 전환해야 합니다. 반면에 질적연구에서는 대부분 질적자료를 그대로 사용합니다. 양적자료에 대해서는 1장 세 번째 꼭지, 질적자료에 대해서는 1장 네 번째 꼭지에 정리했습니다. 자료가 어떻게 구성되고 정리되는지를 살펴보기 바랍니다.

● 필요한 자료에 따라 달라지는 연구 설계

사회현상에 대한 연구를 시작할 때 연구자는 적합한 자료가 무엇이고 어떻게 얻어야 하는지, 누구를, 어디서 만나서 조사해야 하는지를 먼저 정해야 합니다. 이런 과정을 계획하는 것을 연구 설계라고 합니다. 이때 연구자는 일반적으로 연역법이나 귀납법 중 하나를 적용합니다.[24] 그 과정을 살펴볼까요?

○ 연역법을 적용한 연구 설계

연역법이란 논리적으로 사고하는 과정이나 무엇인가를 증명하는 과정에서 일반적인 것을 개별적이고 특수한 것에 적용하는 방법입니다.

연역법의 대표적 방식 중 하나가 3단 논법입니다. 3단 논법은 대전제를 바탕으로 일상 사례를 증명하는 방법입니다. 대전제인 '첫째, 모든 사람은 죽는다. 둘째, 소크라테스는 사람이다'를 바탕으로 개별적 사례인 '셋째, 소크라테스는 죽는다'를 증명하는 것이 가능합니다.

일반적인 법칙에 따라 개별 사례가 발생하는지를 살펴보기 위해 구체적인 자료를 수집하는 것이 연역법을 따른 것입니다. 대표적으로 대전제와 같은 역할을 하는 가설을 설정한 후에 개별 사례인 연구대상자에게서 자료를 수집하는 과정이 연역적 과정에 해당합니다.

예를 들어 '누군가와 함께 보내는 시간과 그 사람에 대한 친밀감의 관련성'을 탐구하는 과정을 생각해 봅시다. 연역법으로 자료를 수집한다면, 상식적으로 혹은 관련 연구를 바탕으로 "함께 보내는 시간이 많을수록 그 사람과 인간관계에서 친밀성을 더 많이 느낀다"라는 큰 명제를 떠올립니다. 그리고 이러한 명제가 연구대상자라는 구체적인 개별 사례에서 나타나는지 확인하기 위해 자료를 수집합니다. 이때 연구대상자의 자료는 각각 개별적이고 특수한 사례가 됩니다.

연구대상자의 개별적이고 특수한 사례를 종합적으로 분석하여 실제로 큰 명제와 같은 양상으로 나타나는지 파악하는 것은 사례에서 결론을 얻으므로 연역법과 반대되는 귀납법이 됩니다. 다만 큰 명제를 바탕으로 자료를 수집하고 자료를 바탕으로 큰 명제가 맞는지 탐구하여 증명하는 전체 과정은 연역적이라 할 수 있죠.

이러한 연역적 자료 수집 및 분석 과정은 주로 양적연구에서 나타납니다. 그래서 양적연구의 연구 설계에서는 연구대상과 자료 수집 방법 및 기간 등을 가설에 맞게 잘 정해야 합니다.

○ 귀납법을 적용한 연구 설계

귀납법이란 개별적이고 특수한 사례에서 일반적인 주장을 발견하는 과정을 말합니다. 귀납법에서는 개별적인 사례에서 시작하여 규칙성이나 유형을 파악하려고 합니다. 종종 일상에서 구체적인 사례를 관찰하여 유사한 특성을 발견하는 경우가 이에 해당합니다.

예를 들어 '누군가와 함께 보내는 시간과 그 사람에 대한 친밀감의 관련성' 탐구에 귀납법을 적용하는 과정을 살펴봅시다. 귀납법을 택한 연구자는 개개인이 일상에서 실제로 친밀한 사람과 보내는 시간이 어떠한지 개별적으로 관찰합니다. 그 후 연구자는 친밀감을 갖는 사람과 보내는 각각의 시간과 행동에서 공통의 유형이나 양상이 있는지 살펴볼 것입니다.

이러한 귀납적 자료 수집과 분석은 주로 질적연구에서 많이 사용합니다. 그래서 질적연구는 일반적인 전제로서 가설을 설정하고 연구를 시작하는 것이 아니라, 몇몇 연구대상자를 관찰하면서 유사한 점이 있는지 관찰합니다. 그래서 질적연구의 연구 설계에서는 누구를 대상으로 무엇을 관찰할 것인지 정하는 일이 중요합니다.

● 연구를 위해 자료를 얻는 방법

연구자가 자료를 얻는 방법은 여러 가지인데, 대표적으로 다섯 가지를 많이 사용합니다. 문헌연구법, 실험법, 질문지법, 면접법, 참여관찰법이 그것입니다.

이 중에서 실험법과 질문지법은 주로 양적연구를 할 때 많이 사용하고, 면접법과 참여관찰법은 질적연구를 할 때 많이 사용합니다. 그리고 문헌연구법은 양적 및 질적연구에서 모두 사용 가능합니다. 구체적으로 각각의 자료 수집 방법을 같이 살펴볼까요?

2
다양한 문헌에서 자료를 얻는 문헌연구법

● 일본에 가지 않고 쓴 일본 연구서, 『국화와 칼』

유럽에서 일어난 제2차 세계대전에 처음에는 참여하지 않았던 미국은 1941년에 일본이 자국 영토였던 진주만을 공격하자 전쟁에 참여했습니다. 전쟁 중에 미국은 일본이라는 나라와 일본인에 대해 궁금해졌습니다. 이전에 접했던 나라와는 다르다고 느꼈던 것입니다.

그래서 당시 미국의 전쟁 관련 정부 부처에서는 여러 민족에 관한 인류학적 연구를 하던 루스 베네딕트(Ruth Benedict)라는 문화인류학자에게 일본과 일본 민족에 대한 연구를 의뢰합니다. 베네딕트는 당혹스러웠습니다. 이 시기에는 어떤 민족을 연구하려면 현지에서 오랫동안 머물면서 그들의 삶을 관찰하는 것이 당연한 절차였기 때문입니다.

베네딕트는 전쟁 상대국과 그 국민에 대한 참여관찰은 할 수가 없는 상황이었기에, 일본과 일본인을 어떻게 연구해야 할지 고민했습니다. 결국 일본과 일본인에 대한 다양한 논문과 서적, 일본인들이 제작한 소설이나 영화, 일본에 관한 다양한 동영상 자료 등을 바탕으로 일본과 일본인의 삶을 연구하기로 했죠.

그는 제2차 세계대전이 끝난 후, 자신이 행한 일본에 관한 연구를 바탕으로『국화와 칼』[25]이라는 책을 펴냅니다. '국화'는 일본인이 지향하는 예술성이나 예의 등을, '칼'은 일본인의 '무'에 대한 숭배와 폭력성을 상징합니다. 또한 국화는 평화, 칼은 전쟁을 상징하기도 하므로, 일본인의 이중적인 이미지를 잘 드러내죠.

일본에 직접 방문하지 않고도 일본인과 일본 문화를 심층적으로 분석했다고 평가받는 이 책은 다양한 문헌 자료 등을 바탕으로 자료를 수집한 연구결과물입니다. 이렇듯 여러분도 직접 연구대상자를 만나지 않아도 다양한 문헌 자료를 통해 자료를 수집하여 연구할 수 있을 것입니다. 그 방법을 같이 살펴볼까요?

● 연구 현상이나 연구대상자를 직접 만나지 못할 때

문헌연구법은 연구문제를 해결하기 위해 다양한 문헌에서 자료를 수집하는 방법을 말합니다. 기본적으로 대부분의 연구는 선행연구를 하므로 문헌연구를 한다고 할 수 있습니다. 그러나 본격적으로 문헌연구법만으로 자료를 수집하는 경우에는 연구문제를 직접적으로 해결하기 위해 적합한 문헌에서 자료를 수집하여 분석합니다.

즉, 선행연구 자료로 문헌을 분석하는 것이 아니라 연구문제를 해결할 구체적인 자료를 수집하는 것입니다. 앞에서 본 베네딕트의『국화와 칼』은 일본과 일본인에 관한 문헌 자료만을 분석해서 연구결과를 냈다는 점에서 이 경우에 해당합니다.

문헌연구법이라고는 하지만, 문헌만이 아니라 영상 등 다양한 기록을 자료로 활용합니다. 그러나 주된 대상은 문헌입니다. 일반적으로 개인의 일기나 편지와 같은 사적인 자료도 있지만, 국가나 공공기관의 공식적 자료, 역사적 자료, 통계자료 등 공적인 것도 있습니다.

예를 들어 한자로 작성된『조선왕조실록』을 국문으로 번역한 자료를 바탕으로 조선시대의 일식이나 월식, 지진 등을 찾아보고 당시 사람들의 반응을 정리하면 문헌연구법으로 자료를 수집한 셈입니다. 어떤 범죄학자는 경찰청에서 통계 낸 범죄 현황을 지역별로 분석하여 지역별 범죄 현황의 양상과 그 원인을 분석하기도 합니다.

우리나라의 경우 분단 상황에서 북한 주민의 삶에 대한 연구가 필요했지만, 냉전 시대에는 북한 주민들과 직접 만날 방법이 없어서 자료를 수집하기가 쉽지 않았죠. 최근에는 북한이탈주민을 대상으로 면접법이나 질문지법으로 북한에서의 삶을 조사할 수 있지만 말입니다.

그렇다면 북한 주민과 직접 만나기 어려웠던 30여 년 전에는 북한에 관해 어떻게 연구했을까요? 당시에는 중국이나 러시아에서 북한을 연구한 문헌이 많았습니다. 이때 북한을 연구했던 학자들은 러시아나 중국으로 가서 그곳에서 북한 관련 문헌 자료를 수집하여 연구했죠.

이처럼 문헌연구법은 연구 현상이나 연구대상자를 직접 접촉하기 어려운 경우에 사용할 수 있습니다. 다만 문헌에 오류나 문제가 있는 경우 연구 전체가 잘못된 결론에 도달하는 문제도 있습니다. 그러므로 자료를 얻는 문헌이 신뢰할 만한지 확인하는 것이 중요합니다.

● 문헌연구법의 자료 수집 과정

초등학생들이 느끼는 지역 사회의 장소감에 대한 연구를 살펴봅시다.[26] 장소감이란 어떤 공간에 대한 주관적인 느낌을 뜻합니다. 따라서 특정 공간에 대한 초등학생의 주관적인 인식을 살펴보는 것이 중요하겠죠.

연구자는 어떻게 자료를 수집할지 고민하다가, 중학생이 된 자신의 자녀가 초등학교 6년 동안 일기에 지역 사회의 공간에 대한 주관적인 이야기를 썼던 것을 기억해 냅니다. 그래서 자녀에게 연구 목적을 설명하고, 일기에 나오는 지역과 아이의 삶에 대한 자료를 사용해도 되는지 물었습니다. 아이는 자료 사용을 허락했습니다.

연구자는 6년간의 일기 내용을 컴퓨터 문서 파일로 옮겼고, 지역의 특정 장소에 관한 내용이나 '집' 근처, '학교' 근처 등 공간 인식이 적힌 문장만 추출했습니다. 그리고 동일한 공간에 대해 아이가 느낀 주관적인 감정이나 관련 사건 등을 추출하여 하나씩 정리합니다.

이렇게 수집한 자료를 바탕으로 연구자는 초등학생의 고장에 대한 장소감 인식을 연구합니다. 이 연구에서 연구자는 일기 내용 중에서 문장을 중요 분석 단위로 사용했습니다. 그리고 문장에 적힌 내용을 그대로 활용하여 아이의 주관적 감정 등을 정리했습니다.

● 무엇을 단위로 분석할까?

연구자가 문헌연구법을 통해 자료를 수집할 때는 문헌을 분석하기 위한 단위를 정해야 합니다. 초등학생의 일기를 분석한 연구에서는 문장을 중심으로 분석했습니다. 실제로 문헌연구법에서는 문장이나 단어 등이 일반적인 분석 단위가 됩니다. 다양한 분석 단위를 살펴볼까요?

첫째, 특정 단어나 구절이 들어간 문장이나 단어 자체를 분석 단위로 사용하기도 합니다. 예를 들어 한글로 번역된 『조선왕조실록』에서 '일식'이라는 단어만 조사한다면, 책에 일식이 몇 번이나 나오는지, 조선 왕의 통치 시기별로 일식은 몇 번이나 나타났는지, 당시 일식에 대한 긍정적인 반응과 부정적인 반응의 비율은 어떠했는지 등을 파악할 수 있습니다.

이처럼 문헌 자료에서 단어나 구절 등을 분석 단위로 하는 경우, 관련 문헌에서 단어나 구절이 나타나는 정도나 양상을 조사하여 그 특징을 파악할 수 있습니다.

둘째, 어떤 소재나 주제를 분석 단위로 사용하기도 합니다. 예를 들어 통합사회 교과서에서 '사회적 소수자'와 관련하여 어떤 주제를 다루는지 연구한다고 할 때, 연구자는 모든 통합사회 교과서에서 사회적 소수자에 대한 서술이나 삽화 등이 있는 페이지를 조사합니다. 그리고 해당 페이지에 등장하는 사회적 소수자는 누구이고 이들을 어떻게 묘사하는지 분석할 수 있습니다.

이 경우에 연구자는 사회적 소수자가 등장하는 페이지나 문단, 삽화 장면에 대해 교과서 출판사, 페이지, 등장하는 사회적 소수자(이주민, 장애인, 여성, 어린이, 노인, 기타), 해당 소수자를 보는 관점(긍정적, 부정적), 서술 방식(본문 서술/탐구활동/읽기 자료 중 어디에 속하는지), 소수자 관련 서술 내용 등을 표로 작성하여 자료를 얻을 수 있습니다.

이 표를 분석하면 어떤 사회적 소수자가 통합사회 교과서에 주로 등장하는지 알 수 있습니다. 그리고 교과서 저자들이 사회적 소수자의 삶에 대해 어떤 관점을 지니는지 분석할 수도 있습니다. 이처럼 특정 소재나 주제를 바탕으로 분석하는 경우에는 단어가 아니라 해당 소재나 주제에 해당하는 부분을 연구자가 어느 범위까지 한정하여 분석할 것인지, 어떤 점을 분석할 것인지 등을 정해야 합니다.

셋째, 인물을 분석 단위로 삼을 수 있습니다. 예를 들어 중학교 국어 교과서에 등장하는 소설의 주인공을 분석할 때, 연구자는 모든 소설에서 주인공의 연령, 성별, 직업, 사회적 계층, 주인공이 처한 문제나 현실, 주인공이 사회를 바라보는 인식 등 다양한 측면을 수집할 수 있죠.

또한 역사 교과서 속 인물의 역사적 시기, 성별, 지위나 직업, 기록된 업적 등을 바탕으로 우리나라 고등학교 한국사 책에 어떤 특성의 인물이 등장하는지 분석하고 문제점을 파악할 수도 있을 것입니다.

문헌연구법을 확장하여 TV 광고나 드라마, 영화 주인공을 분석할 수 있습니다. 이 경우에 분석 대상이 영상이지만, 문헌연구법과 같은 방법으로 등장인물을 분석합니다.

182

예를 들어 '가전제품 광고의 등장인물 연구'를 하는 경우에, 연구대상이 되는 가전제품 광고를 선정하고 해당 광고에 등장하는 인물은 누구이며, 그가 하는 행동은 무엇인지 등을 분석하는 것입니다. 그리고 가전제품별 등장인물의 특성을 통해 해당 광고에서 드러내고자 하는 이미지를 분석할 수 있습니다. 또한 가전제품별 등장인물의 비교를 통해 차별적 특징을 파악하는 것도 가능합니다.

넷째, 특정 사건을 분석 단위로 삼을 수 있습니다. 대표적으로 우리 사회에 큰 영향을 준 어떤 사건을 정해 그 사건을 다룬 신문 기사를 분석하는 것입니다. 뉴스 분석 사이트인 빅카인즈(bigkinds.or.kr)를 활용하면 특정 사건의 기사를 수집할 수 있습니다.

이렇게 모은 자료를 바탕으로 해당 사건을 얼마나 다루고 어떤 관점에서 다루는지, 신문사별로 동일한 사건에 대해 제시한 헤드라인의 차이는 무엇인지 등 다양한 측면에서 분석하는 것이 가능합니다.

● 주제에 맞는 문헌은 어떻게 얻을까?

우리나라 국민의 여행 활동 특성에 관한 연구를 할 때, 직접 질문지나 면담을 통해 자료 수집을 해도 되지만 문헌 연구를 할 수도 있습니다. 수집한 문헌을 논리적으로 분석하는 것이죠.

문헌 자료를 바탕으로 한국 국민의 여행과 관련하여 어떤 현상이 나타나는지, 여행 행태에서 나타나는 문제는 무엇인지, 개선 방안은 무엇인지를 논리적으로 정리하여 연구결과로 제시할 수 있겠죠. 이런 경우에는 문헌 자료를 어떻게 수집해야 할까요? 예를 들어 '우리나라 사람들의 반려동물 양육 현황'에 대해 문헌 자료를 바탕으로 논리적으로 주장하는 연구를 한다고 해봅시다.

먼저 연구주제와 관련된 문헌을 조사해야 합니다. 반려동물 양육과 관련한 다양한 논문이나 실태조사 자료를 검색해서 잘 읽어봅니다. 이 과정에서 반려동물 양육의 다양한 측면과 그에 따른 주장 등을 정리할 수 있습니다. 관련 통계자료도 살펴볼 수 있습니다.

다음으로 문헌 자료에서 읽은 내용을 바탕으로 어떤 주장을 하고 싶은지 생각해 봅니다. 예를 들어 "반려동물을 키우는 것이 인간관계에 도움을 준다"라거나 "반려동물은 가족과 같으므로 양육하는 비용을 줄이기 위해서는 반려동물을 위한 의료보험을 만들어야 한다" 등과 같이 주장할 내용을 정리합니다.

이를 어떤 측면에서 주장할지, 그 과정에서 어떤 자료를 근거로 제시할 것인지 정리해 봅니다. 그리고 자신의 주장과 일치하는 자료와 반대되는 자료를 나눕니다. 자신의 주장과 반대되는 자료의 경우에 논리적 모순이나 문제를 찾아서 어떻게 반박할지, 반박에 필요한 자료는 어떤 내용으로 제시할지도 고려합니다.

이렇게 자료를 조사한 후, 자료를 바탕으로 자신이 주장하고 하는 내용의 흐름을 만들어봅니다. 이를 바탕으로 자신의 주장에 도움이 되는 자료를 논리적 순서로 제시합니다. 이 과정에서 자신의 주장에 반대되는 자료도 제시해야 합니다. 그리고 관련 자료는 모두 정확하게 인용했음을 표기하고, 참고문헌으로 표기합니다.

3
필요한 상황을 만들어 탐구하는 실험법

● 실수가 기억에 미치는 영향을 연구한 실험

실수의 긍정적인 측면을 연구하는 미국 컬럼비아대학교의 재닛 멧커프(Janet Metcalfe)와 리사 손(Lisa Son) 교수는 시험을 볼 때 실수한 경험이 그 내용을 기억하는 데 미치는 효과를 연구했습니다.[27]

연구는 다음과 같이 진행되었습니다. 한 강의실에서 연구대상자에게 답을 알 수 없거나 매우 낯설고 어려운 문제를 제시하고 답을 적게 했습니다. 문제의 정답을 모르는 경우에는 의무적으로 적을 필요가 없다고 했고요. 시간이 지난 후 답안지를 걷었습니다.

연구자는 연구대상자에게 자신이 적은 정답에 대해 얼마나 자신 있는지 물어서 '상, 중, 하' 세 그룹으로 나누었습니다. 그리고 아예 답을 적지 않은 사람들은 따로 묶어 총 네 그룹으로 나누었죠. 연구대상자들이 실제로 적은 답은 모두 오답이었습니다.

다시 강의실에 모인 연구대상자에게 연구팀은 정답을 알려줍니다. 시간이 어느 정도 지난 후, 그 문제를 다시 내고 저번과 똑같이 시험을 칩니다. 그리고 집단별로 평균 점수를 비교합니다. 두 번째 시험에서는 누가 가장 많이 맞혔을까요?

연구결과에 따르면, 네 그룹 중에서 정답에 대한 자신감이 '상'인 그룹의 평균 점수가 가장 높았고, 아예 정답을 적지 않은 그룹의 평균 점수가 가장 낮았다고 합니다. 자신 있게 틀렸던 경험을 바탕으로 그 문제의 정확한 답이나 해결 방법을 알아냈을 때 오랫동안 그 내용을 기억하거나 관련 행동을 지속할 가능성이 컸던 것이죠. 사람들이 실수를 통해 배운다는 사실을 증명한 것입니다.

이처럼 실험을 통해 연구 자료를 얻는 방법을 자세히 알아볼까요?

● 연구자가 만든 상황 속에서 관찰하다

연구자가 일정한 실험 과정을 통해 연구 자료를 얻는 방법을 실험법이라고 합니다. 의도적으로 어떤 조건을 만들고 그에 따라 연구대상자의 행동이나 의식 등에 변화가 있는지 관찰합니다. 연구자는 인위적으로 상황을 만들어야 하는데, 이 과정이 실험법을 통한 자료 수집에서 매우 중요합니다.

앞에서 살펴본 밀그램 교수의 실험을 기억해 봅시다. 전기 자극이 학습 효과에 미치는 영향을 실험한다고 했지만, 실제로는 권위 있는 사람의 명령이 부도덕하더라도 따르는가에 대한 실험이었습니다.

연구자인 밀그램은 자신이 주장하는 바를 밝히기에 적합한 자료를 얻기 위해 실험 상황을 만든 것입니다. 이처럼 실험을 위해서는 자신이 얻을 자료를 명확하게 파악하고 그에 적합한 실험 상황을 만들어야 합니다.

　실험은 꼭 실험실에서만 할까요? 전통적으로 실험법을 사용하여 자료를 수집하는 경우에는 밀그램의 실험과 같이 연구자가 실험 상황을 구현한 실험실에서 연구를 수행합니다. 그런데 최근에는 교실이나 실험실뿐 아니라 일상 상황에서도 실험하여 연구하곤 합니다.

● 실험법의 장점과 단점

　실험법은 연구자가 실험 상황을 잘 설계하면 그 외의 상황을 통제할 수 있다는 장점이 있습니다. 통제가 잘된 실험 상황에서 수집한 자료는 다른 외부 요인을 통제한 결과여서 인과관계를 밝히기도 좋죠.

　다만 실험법에서는 실험대상자가 사람이라는 점을 고려해야 합니다. 연구윤리와 관련하여 문제가 있었던 연구 대부분이 실험법을 적용했다는 것을 기억해 보세요. 실험법의 장점인 인위적인 실험 상황은 간혹 실험대상자인 인간에게 안 좋은 영향을 미칠 수 있습니다.

　특히 실험 상황에서 연구자가 예측하지 못한 문제가 발생하기도 합니다. 예를 들어 미국 스탠퍼드대학교의 짐바르도 교수가 연구한 감옥 실험에서 일어난 일을 살펴봅시다.[28] 연구의 원래 목적은 권위와 무기력함에 대한 인간 심리를 탐구하는 것이었고, 연구의 목적을 공개적으로 설명한 뒤 실험대상자를 구했습니다.

　실험대상자로 선정된 이들은 모두 남성으로, 사회적 계층이나 연령 등이 비슷했습니다. 연구자는 그들을 임의로 두 집단으로 나눈 후, 한 집단을 죄수 집단으로 정하고 다른 집단은 이들을 감독하는 간수 집단으로 정했습니다.

　스탠퍼드대학교 지하에 감옥과 비슷한 환경을 구현한 후, 감시 카메라를 설치하고 실험대상자들의 행동을 관찰했습니다. 그런데 시간이 지나면서 실험대상자들이 상황에 과몰입해서 연구자가 예측하지 못한 문제가 발생합니다.

　간수 집단이 죄수 집단에게 잔인한 폭력을 행사하기 시작했고, 죄수 집단 중 일부가 탈출하려 한 것입니다. 간수 집단 중 일부도 나가게 해 달라며 밥을 먹지 않는 등 이상 행동을 보였습니다.

　상황을 지켜보던 연구자는 계획대로 2주간 실험을 지속할지 고민하다가, 결국 6일 만에 실험을 종료합니다. 이렇듯 예상하지 못한 상황은 외부 변수 또는 외생 변수의 영향입니다. 이렇게 되면 연구결과가 왜곡될 수밖에 없습니다.

나중에 짐바르도 교수는 이를 소개하면서, 사회적 환경이 인간의 본성에 어떻게 영향을 미치는지 알렸습니다. 그러나 실험에 참여한 사람들 간에 폭력이 가해지는 등 안전이 보장되지 못했고, 인간의 존엄성이 훼손되는 등 심각한 연구윤리 문제가 발생했다는 점이 문제가 되었습니다.

또한 일상생활을 그대로 재현한 것이 아니라 인위적으로 조작한 상황에서 실험이 이루어졌기에 이 실험 결과를 일상생활에 적용하는 것이 타당한지에 대한 의문도 제기됩니다.

● 실험집단과 통제집단 만들기

연구자가 실험법으로 자료를 얻기 위해 전형적으로 사용하는 방법은 연구대상자를 무작위로 선정하여 실험집단과 함께 통제집단을 만드는 것입니다. 예를 들어 '감사함을 표하는 행동이 행복감에 미치는 영향'이라는 연구에서 실험법을 쓰는 경우를 생각해 봅시다. 여러분이 이 연구의 연구자라면 실험 상황을 어떻게 설계하겠습니까?

먼저 한 학급에서 학생들의 성별을 고려하여 무작위로 두 집단으로 나눈 뒤 설문지를 통해 두 집단의 행복감을 측정합니다. 이때 두 집단의 평균 행복감이 거의 비슷해야 합니다. 그런 후 한 집단에게는 감사 일기를 주어 한 달 내내 날마다 잠자기 전에 감사한 일을 다섯 개씩 기록하게 합니다. 반면 다른 집단은 평소와 같이 생활합니다.

그리고 한 달 후 두 집단의 행복감을 다시 측정하여 이전에 비해 두 집단의 행복감에 차이가 있는지 비교해 봅니다. 또한 두 집단 중에서 감사 일기를 작성한 집단의 행복감이 더 높은지 파악합니다.

이때 감사 일기를 적은 집단을 실험집단이라고 하고, 아무것도 하지 않는 집단을 통제집단이라고 합니다. 통제집단은 비교집단이라고도 부릅니다. 감사 일기를 통해 감사함을 표현하는 행동을 실험 처치라고 하는데, 이것이 독립변수입니다. 그리고 행복감은 종속변수가 됩니다.

이처럼 실험법에서는 독립변수를 처치한 결과, 즉 독립변수가 미친 영향을 종속변수의 값에 의해 파악하려고 합니다. 그래서 실험 전후로 종속변수를 측정하여 값이 변화했는지 파악합니다. 실험 전에 미리 행복감을 조사한 것을 사전검사, 실험을 마친 후에 행복감을 조사한 것을 사후검사라고 하고 이를 비교합니다.

● 통제집단 없이 실험할 수 있을까?

실험법의 연구 설계에서는 실험집단과 통제집단을 설정하는 것이 매우 중요합니다. 그런데 통제집단 없이 실험하는 경우도 있습니다. 예를 들어 애시의 동조 실험을 볼까요?[29]

이 실험은 말도 안 되는 상황에서도 사람들이 다수의 사람을 그대로 따라 하는 동조 행동이 나타나는지 탐구한 것입니다. 한 강의실에 학생 다섯 명이 앉아 있었습니다. 앞에서 이들에게 동일한 문제를 낸 후 앉은 순서대로 정답을 소리내어 답하게 했습니다.

시험 문제는 5센티미터 길이의 막대 그림을 보여주고, 길이가 같은 막대를 찾게 하는 것이었습니다. 1번 답지에는 2센티미터, 2번 답지에는 5센티미터, 3번 답지에는 8센티미터의 막대가 그려져 있어서 상식적으로 2번이 정답임을 누구나 알 수 있습니다.

그런데 앉아 있는 다섯 명 중 네 명은 연구진과 한편이고, 나머지 한 명만이 실험집단에 속합니다. 다른 네 명은 너무나 당연한 듯이 3번이라고 오답을 말합니다. 이 경우에 정답이 2번이라는 것을 알고 있는 여러분은 몇 번이 정답이라고 이야기할까요?

실제 이 실험에서는 상당히 많은 사람이 틀린 답을 정답으로 제시합니다. 그 이유를 연구한 애시는 사회적 상황에 압력을 받아서 동조 효과가 나타난다고 설명합니다.

이 실험에는 실험집단만 있을 뿐 통제집단은 없습니다. 이처럼 인간 심리에 관한 경우에는 실험집단만으로 실험하기도 합니다. 또한 인과 관계를 파악하는 것이 아니라 연구 대상 집단을 구분하거나 선정하기 위해 실험법을 사용하기도 합니다. 연구자는 대부분 무작위로 실험집단과 통제집단을 정하고, 그 후 실험집단에 대해 실험 처치를 적용하여 자료를 얻습니다.

실험법을 적용하여 연구 대상 집단의 속성을 구분하는 것은 어떻게 할까요? 아동기의 절제력이 청소년기 이후의 학업 성취에 미치는 영향을 살펴본 마시멜로 연구를 기억하나요? 이 연구의 실험은 마시멜로를 먹는 아이와 그렇지 않은 아이를 구분하기 위한 것이었습니다.

즉, 연구의 독립변수인 절제력이 있는 집단과 그렇지 않은 집단을 구분하기 위해 실험을 적용한 것이었습니다. 마시멜로를 먹는지 아닌지는 실험 처치가 아니라 절제력이 있는 집단과 아닌 집단, 즉 독립변수에 해당하는 자료를 구성하기 위한 것이었죠.

● 실험법 연구가 줄어든 이유

최근에는 실험법으로 연구하는 경우가 많지 않습니다. 왜 그럴까요? 두 가지 측면에서 생각해 볼 수 있습니다.

하나는 사회현상의 원인은 여러 가지인데 실험법은 주로 하나의 원인이나 변수에 초점을 두기 때문입니다. 우리가 앞에서 살펴본 실험법을 적용한 연구는 대개 사람의 심리적 상황이나 특성을 살펴보는 것이었습니다. 그리고 대체로 한 가지 변수나 요인에 초점을 두고 실험해서 종속변수의 변화가 일어났는지 파악하려고 했죠.

그런데 사회현상은 다각적인 측면에서 그 요인을 살펴보아야 합니다. 그래서 사회현상을 탐구하는 최근의 연구에서는 실험법을 사용하는 경우가 적습니다. 그 대신에 주로 사회심리학 연구에 간단한 실험을 적용하여 탐구하는 연구가 많습니다.

다른 하나는 연구윤리가 강조되는 요즘에 인간을 대상으로 실험하는 데는 한계가 따르기 때문입니다. 연구에서 윤리 문제가 활발하게 논의되기 전인 1960년대 이전까지는 인간 대상 실험이 다양하게 이루어졌습니다. 그런데 이제는 인간 대상 실험을 하려면 연구윤리와 관련하여 수많은 절차를 통과해야 합니다. 그러다 보니 실험법을 통해 사회현상을 탐구하기가 힘들어졌고, 연구자들도 다른 자료 수집 방법을 활용하는 편을 선호합니다.

해냄 청소년 에세이
시리즈 상세 정보

해냄 청소년 에세이
독서 지도안 다운로드

수능·논술
교과와 연계한
청소년 필독서!

대한민국 각 분야
최고의 지성들이
집필한 대안 교과서

지식과 교양을 함께 쌓는 〈해냄 청소년 에세이 시리

★ 서울시청 제공 추천도서

★ 세종도서 교양부문 선정도서

★ 문화체육관광부 우수교양도서

★ 대한출판문화협회 올해의 청소년 도서

★ 한국출판문화산업진흥원 청소년 권장도서

★ 한국간행물윤리위원회 청소년 권장도서

★ 책으로따뜻한세상만드는교사들 추천도서

★ 행복한아침독서 중고등학교 도서관용 추천도서

★ (사)전국독서새물결모임 대한민국 독서토론·논술대회

★ 학교도서관저널 추천도서

★ 한국학교사서협회 추천도서

★ 청소년출판협의회 이달의 청소년 책

4
질문으로 답변을 얻는 질문지법

● 심리 상태와 시험 점수의 상관관계

2022년, 카이스트의 실패연구소에서는 실패에 대한 인식을 조사하고 그 연구결과를 발표했습니다.[30] 조사는 질문지에 응답하는 방식으로 진행되었습니다.

연구결과를 봅시다. 이 조사에는 카이스트의 학부생, 대학원생, 교수, 직원 등 609명이 응답했습니다. 연구진은 학부생, 대학원생, 교수, 직원의 네 집단으로 나눈 후 응답 결과를 비교했습니다.

응답을 분석한 결과, '실패에 대한 두려움' 인식은 대학원생이 가장 높았고 교수들이 가장 낮았습니다. 또한 자신을 긍정적으로 인식하는 심리 상태와 관계가 있는 '자기 효능감' '낙관주의' '회복 탄력성'에 대한 인식 모두 교수 집단의 점수가 가장 높았고, 대학원생의 점수가 가장 낮았습니다. 이런 결과를 보면 실패에 대한 두려움과 긍정적인 심리 상태에 대한 자기 인식이 관련 있음을 알 수 있습니다.

그러면 이처럼 질문지 조사를 활용하는 자료 수집 방법을 자세히 알아볼까요?

● 누구에게 무엇을 물을 것인가

사회현상을 탐구하는 과정에서 연구대상자에게 질문에 대한 답변을 얻어 자료를 수집하는 것을 질문지법이라고 합니다. 질문지법에서는 연구자가 다양한 질문을 제시하면 연구대상자가 직접 답을 제시하는 자기 보고식으로 자료를 얻습니다.

이때 사용하는 질문은 주로 연구대상자의 사회현상에 대한 인식 및 의견에 관한 것입니다. 그리고 연구대상자가 내놓은 답변을 분석하여 연구대상자 집단의 전반적 경향이나 특성을 파악합니다. 그래서 연구목적에 맞는 질문을 잘 구성하는 것이 매우 중요합니다.

연구자는 연구대상자를 직접 만나지 않고 질문지를 통해 상호작용하기에 연구대상자가 명확하게 이해하고 답할 수 있도록 질문을 구성해야 합니다. 따라서 누구에게 무엇을 물을 것인지를 먼저 정하고, 질문을 명확하게 만들어야 하죠.

● 질문 구성 계획표 만들기

질문지는 여러 개의 질문으로 만듭니다. 이때 기본적으로 꼭 들어가야 하는 질문이 있습니다. 연구대상자의 성별, 연령, 학생이라면 학교나 학년, 성인이라면 학력이나 소득, 거주 지역 등 개인을 이해하는 데 필요한 기본 사항을 묻는 질문입니다. 이런 질문은 일반적으로 연구대상자의 사회인구학적 사항을 파악하는 것입니다.

다음으로 연구문제와 관련하여 조사해야 할 구체적인 질문을 구성합니다. 그 후 질문의 유형을 결정하고, 질문을 직접 만들 것인지, 다른 연구의 질문지를 그대로 사용할 것인지 등도 결정하죠. 이때 질문 구성 계획표를 만들어볼 수 있습니다.

질문 구성 계획표는 다음과 같은 형태입니다. 이 표는 나중에 연구논문이나 결과를 보고할 때도 활용할 수 있습니다. 다음의 표는 '건강 상태가 행복감에 미치는 영향에 관한 연구'의 질문 구성 계획표입니다.[31]

변수 유형	질문 항목	세부 내용	문항 수	비고
사회 인구학적 변수	성별	남녀 중 선택	1	자체 제작
	학년	1, 2, 3학년 중 선택	1	자체 제작
독립변수	건강 상태	질문 문항 내용에 대해 '예' 또는 '아니오' 중 선택	10	기존 질문지 활용
종속변수	행복감	질문 문항 내용에 대해 4점 척도로 구성	10	기존 질문지 활용

독립변수와 종속변수의 인과관계를 증명하기 위한 질문이지만, 사실 개인의 행복감에 영향을 주는 변수에는 건강 상태 외에 다양한 것들이 존재합니다. 그래서 행복감에 영향을 주는 다른 변수들을 통제해야 하죠. 그래서 최종적으로 사회인구학적 변수, 독립변수, 종속변수 이외에 통제변수까지 질문으로 만들어야 합니다.

이 연구의 종속변수는 건강 상태이지만, 행복감에는 인간관계도 영향을 미칠 수 있고, 학생이라면 학업 성취도도 영향을 줄 수 있습니다. 이처럼 종속변수에 영향을 미쳐도 독립변수가 아닌 것은 통제변수가 됩니다. 통제변수는 어떻게 알 수 있을까요? 선행연구를 고찰하면 파악할 수 있습니다.

그런데 종속변수에 영향을 미치는 통제변수를 아예 독립변수로 잡을 수도 있습니다. 이렇게 되면 독립변수가 하나가 아니라 여러 개가 됩니다. 독립변수를 여러 개로 설정하면 독립변수가 상호작용을 하면서 어떤 영향을 미치는지, 가장 큰 영향을 미치는 독립변수는 무엇인지 등을 다양하게 파악해야 합니다. 그래서 매우 정교하게 연구 설계를 해야 하는 어려움이 있습니다.

질문지법으로 변수 간의 인과관계를 파악하지 않고, 단순히 어떤 집단의 인식이나 실태를 조사할 수도 있습니다. 이 경우에는 연구자가 조사하고자 하는 집단의 인식이나 실태를 파악하기 위해 무엇을 묻고 싶은지 생각하여 질문지 조사 계획을 짜면 됩니다.

만약 내가 묻고자 하는 질문을 사용한 기존 연구가 있다면 활용해도 됩니다. 그대로 사용해도 되고, 일부 수정해도 되죠. 다만 질문지의 출처가 되는 연구는 잘 기록해 두었다가 결과 보고서 등을 작성할 때 인용했음을 알려야 합니다.

● 좋은 질문을 만드는 원칙

질문지는 다양한 문항으로 구성된 질문과 그에 대한 답지로 되어 있습니다. 이를 고려하여 좋은 문항을 만들기 위한 몇 가지 원칙을 살펴봅시다.[32]

첫째, 한 문항에서는 하나만 묻습니다. 예를 들어 "현재 당신이 마음을 터놓을 만한 친구는 몇 명이며, 청소년기에는 몇 명의 친구가 있는 것이 적당하다고 생각하십니까?"라는 질문을 봅시다. 여기서는 두 가지를 묻고 있습니다. 이 경우에 응답자가 '다섯 명'이라고 하면 앞에 질문에 대한 답인지, 뒤의 질문에 대한 답인지 파악하기 어렵습니다.

따라서 이런 경우에는 "현재 당신이 마음을 터놓을 만한 친구는 몇 명입니까?"와 "청소년기에는 몇 명의 친구가 있는 것이 적당하다고 생각합니까?"로 질문을 나누는 것이 좋습니다.

둘째, 질문에 특정한 답변을 유도하는 의견을 담지 않습니다. 예를 들어 "청소년기에 친구가 많은 것은 축복받은 삶입니다. 당신은 청소년기에 몇 명의 친구가 있는 것이 적당하다고 생각합니까?"라는 질문은 앞의 문장에서 청소년기에 많은 친구가 필요하다는 의견을 제시하고 있어서 뒤의 질문에 답하는 데 영향을 줄 수 있습니다. 따라서 이런 경우에는 의견을 다룬 설명은 삭제하고, 바로 질문으로 들어가야 합니다. 즉, "청소년기에는 몇 명의 친구가 있는 것이 적당하다고 생각합니까?"라고 질문하는 것이 좋습니다.

셋째, 연구대상자가 무엇을 답변해야 하는지 혼란스럽지 않도록 정확하게 질문합니다. 특히 단위나 기간, 접속사 등을 정확하게 사용해야 합니다.

예를 들어 "당신이 집에서 공부하는 시간은 얼마나 됩니까?"라는 질문에 대해 누군가는 하루 평균 공부 시간을, 누군가는 일주일간의 총 공부 시간을 응답할 수 있습니다. 그러면 각기 다른 질문에 답한 것이 되죠. 따라서 "당신이 공부하는 시간은 일주일에 평균적으로 몇 시간입니까?"와 같이 단위를 넣어서 명확하게 물어야 합니다.

넷째, 답지는 중복되지 않고 상호배타적이어야 합니다. 여기서 상호배타적이라는 것은 답지가 어떤 경우에도 겹치지 않는다는 뜻입니다. "여러분이 다니는 학교는?"이라고 질문하면서 '① 고등학교 ② 공립학교 ③ 중학교'를 답지로 제시하면, 재학하는 학교가 공립 고등학교나 공립 중학교일 수 있어서 답지가 상호배타적이지 않게 됩니다.

또한 "당신이 하루 평균 집에서 공부하는 시간은 얼마나 됩니까?"라는 질문에 대해 '① 1시간 이내 ② 2시간 이내 ③ 3시간 이내'로 답지를 제시했다고 합시다. 만약 1시간 30분이라면 ②와 ③ 모두가 선택 가능합니다. 따라서 답지를 '① 1시간 미만 ② 1시간 이상 2시간 미만 ③ 2시간 이상 3시간 미만 ④ 3시간 이상'과 같이 제시해야 혼란이 없습니다.

다섯째, 답지가 모든 경우를 포괄해야 합니다. "당신이 하루 평균 집에서 공부하는 시간은 얼마나 됩니까?"라고 질문했는데 '① 1시간 미만 ② 1시간 이상 2시간 미만 ③ 2시간 이상 3시간 미만'만 답지로 제시한 경우를 생각해 봅시다. 만약 3시간 10분 정도 공부하는 응답자가 있다면 맞는 답지가 없어서 응답하기가 어려울 것입니다.

이런 상황을 만들지 않기 위해서는 시간 등의 단위가 있을 때 최소 시간과 최대 시간을 모두 포함하도록 답지를 구성해야 합니다. 그리고 여러 의견을 포함하는 경우에 답지에 '기타'를 넣어서 연구자가 제시한

것 이외의 답을 선택하게 하는 방법도 고려할 수 있습니다.

여섯째, 응답 내용이 어느 한쪽으로 치우치지 않도록 답지는 상호균형적이어야 합니다. 예를 들어 "현재 자신의 삶에 만족하십니까?"라고 묻고 '① 매우 만족 ② 대체로 만족 ③ 불만족'이라고 답지를 제시한 경우를 봅시다. 이 경우에 만족 상태의 답지는 두 개, 불만족 상태의 답지는 한 개여서 상호균형적이지 않습니다.

이럴 때는 '① 매우 만족 ② 대체로 만족 ③ 대체로 불만족 ④ 매우 불만족'과 같이 제시해야 답지 간에 균형이 맞을 것입니다. 물론 '① 매우 만족 ② 대체로 만족 ③ 보통 ④ 대체로 불만족 ⑤ 매우 불만족'과 같이 다섯 개로 구성하는 것도 고려해 볼 수 있습니다.

● **상황에 맞는 문항 구성하기**

질문지에서 묻는 문항은 그 형태에 따라 종류가 다양합니다. 여기서는 아주 기본적인 것 몇 가지만 살펴보겠습니다.[33]

첫째, 응답 방식에 따라 개방형과 폐쇄형으로 구분할 수 있습니다. 개방형은 응답자가 자신의 의견을 적을 수 있도록 답지를 구성하는 것이고, 폐쇄형은 연구자가 답지를 제시해서 선택하도록 하는 것입니다. 폐쇄형은 다시 '예, 아니오'와 같이 두 개의 답지 중에서 선택하도록 하는 양자 택일 방식과 여러 답지 중에서 선택하도록 하는 단일 선택 방식이 있습니다.

유형	예시
개방형	- 당신의 연령은? ( )세 - 당신의 학년을 적어주세요. ( )학년
양자 택일 폐쇄형	- 당신의 성별은? ① 남자 ② 여자 - 당신은 학교 밖에서 규칙적으로 하는 운동이 있습니까? ① 예 ② 아니오
단일 선택 폐쇄형	- 당신의 학년은? ① 1학년 ② 2학년 ③ 3학년 - 당신의 학교 생활 만족도는? ① 매우 만족 ② 대체로 만족 ③ 대체로 불만족 ④ 매우 불만족 - 행복한 고등학교 생활을 위해 가장 중요하게 생각하는 것 하나만 고르면? ① 학교 성적 ② 친구 관계 ③ 선생님과의 관계 ④ 취미 생활 ⑤ 동아리 활동 ⑥ 기타

둘째, 하나를 조사하기 위해 여러 문항을 묻고 그 답의 총점이나 평균을 사용하는 경우가 있습니다. 이때는 보통 표 형태로 제시합니다. 우선 여러 문항을 질문하여 총점을 사용하는 경우를 살펴봅시다.

\<건강 상태에 대한 인식\>

1. 다음 질문에 대해 최근 한 달간 당신의 건강 상태에 해당하는 번호에 체크하세요.

문항	예	아니요
나는 일상 생활을 하는 데 불편함이 없다	①	②
나는 아파서 병원에 간 적이 없다	①	②
나는 정기적으로 먹는 약이 없다	①	②
나는 정신적으로 스트레스를 받은 적이 없다.	①	②
나는 두통을 경험한 적이 없다	①	②
나는 잠을 못 자서 고생한 적이 없다.	①	②

* 참고: 이런 질문지를 제시한 경우에는 각 답변의 합계를 구해야 한다. 위의 응답지는 각 조사대상자가 '예'라고 답한 경우는 1점, '아니오'라고 답한 경우는 0점을 부여하여 총점을 구하면 된다.

여러 문항을 질문하여 평균을 사용하는 경우도 있습니다.

<학교 인간관계 만족도>

1. 아래 제시된 학교 구성원과의 인간관계 각각에 대하여 해당하는 번호에 V표 해 주세요.

문항	매우 만족	대체로 만족	대체로 불만족	매우 불만족
담임선생님과 인간관계	④	③	②	①
수업 담당 선생님과 인간관계	④	③	②	①
학급 친구와 인간관계	④	③	②	①
교실 옆자리 친구와 인간관계	④	③	②	①

* 참고: 연구자가 이런 질문지를 제시한 경우에도 각 답변의 합계를 구해야 한다. 위의 응답지는 각 조사대상자가 네 개의 항목에 응답한 값을 모두 더하여 합계를 구할 수도 있고, 네 개의 항목에 응답한 값을 모두 더한 후 항목의 수인 4로 나누어 평균을 구할 수도 있다. 다만 문항에서 다른 문항과 달리 역으로 묻는 경우에는 점수 배점을 역으로 하여 전체값을 계산해야 한다.

● 질문지를 잘 만들었는지 확인하는 법

연구자는 모든 문항을 하나의 질문지에 배치해야 합니다. 그러면 문항의 배치 순서는 어떻게 해야 할까요? 대체로 사회인구학적 특성을 묻는 문항은 가장 앞이나 뒤에 넣고, 연구에서 중요한 독립변수나 종속변수와 관련한 문항을 그 중요성에 따라 배치해야 합니다.

이렇게 질문지 배열이 끝났다면 한 가지 더 해야 할 일이 있습니다. 바로 질문지에 대한 최종 점검입니다. 사실 질문지는 연구자가 연구설계에 따라 이론적으로 만든 것이기에 실제로 연구대상자가 응답하는 과정에서 문제가 생길 수 있습니다. 연구대상자가 많이 응답할 내용을 답지로 구성하지 않는 문제도 나타날 수 있죠.

이런 문제를 예방하기 위해 다음과 같은 절차를 거쳐야 합니다. 우선 질문지의 문항이 연구자가 조사하고자 하는 내용을 제대로 잘 담아내는 문항으로 구성되어 있는지와 관련하여 타당성을 확인하는 것입니다. 그러려면 전문가에게 질문지를 보여주고 연구자가 조사하고자 하는 내용이 제대로 구성되었는지 확인해야겠죠. 고등학생이 질문지를 만들었다면 학교 선생님께 부탁드려 적절한 내용으로 문항을 잘 구성했는지 확인해 달라고 할 수 있을 것입니다.

다음으로 실제 연구대상자 중 몇 명에게 질문지를 주어 제대로 응답할 수 있는지 확인하는 것입니다. 이 과정을 예비조사라고 합니다. 이때는 연구대상자가 이해하기 어려운 용어나 내용이 없는지, 연구대상자가 응답할 수 있는 내용이 답지에 제대로 구성되어 있는지, 답하는 시간은 얼마나 걸리는지 등을 확인하면 됩니다.

만약 고등학생이 연구대상자라면 주변의 고등학생 여러 명에게 질문지를 주고 이해하기 어려운 단어나 문장에 줄을 긋거나, 답지 중에서 선택할 내용이 없다면 어떤 답을 추가해야 하는지 등을 적어달라고 합니다. 또한 최근에는 온라인 질문지 조사를 많이 하니, 온라인 질문지를 작성한 다음 예비조사를 통해 인터넷상에서 기술적으로 문제가 없는지도 확인해야 합니다.

이런 과정을 거쳐 완성한 질문지로 실제 연구를 수행하면 됩니다.

● 기존의 문항을 활용하기

자신의 연구에 적합한 질문지를 구성하기가 어렵더라도 걱정하지 마세요. 선행연구에 관련 질문지가 이미 있다면 그것을 사용하면 됩니다. 질문지를 그대로 사용해도 되지만, 필요한 질문만 사용해도 되죠.

이런 질문지는 어떻게 찾을 수 있을까요? 일반적으로 학술논문은 논문에 세부 질문 내용을 싣지 않습니다. 그렇지만 학위논문이나 연구보고서는 부록으로 가장 뒤에 조사한 질문지를 수록합니다.

따라서 질문지를 직접 만들기 어렵다면, 여러분과 연구주제가 비슷하거나 연구변수가 비슷한 학위논문이나 연구보고서를 검색하여 부록에 있는 질문지를 살펴보세요. 다만 이를 활용할 경우에는 인용 표시를 해야 한다는 점을 꼭 기억하세요.

● 질문지 완성 후, 조사는 어떻게 할까?

○ 연구대상자 선정하기
질문지 조사는 대규모의 연구대상자를 대상으로 하기에 정확하게 표집하여 표본을 잘 선택하는 것이 중요합니다. 양적연구 방법론을 다룰 때 설명한 모집단과 표본, 표집이 기억나나요? 질문지 조사를 하기 전에 다시 살펴보고 적합한 연구대상자를 선정해 보세요.

○ 질문지 조사 방법 선택하기
전통적으로 질문지 조사는 우편 조사를 많이 했습니다. 질문지를 인쇄하여 우편으로 보내고 다시 우편으로 받는 방법입니다.

그런데 최근에는 인터넷을 활용하여 조사하는 경우가 많아지고 있습니다. 대표적으로 구글 폼이나 네이버 폼을 활용하여 질문지를 만들고 링크를 연구대상자에게 보내어 질문에 응답하도록 하는 것입니다. 가입만 하면 사용하는 방법은 어렵지 않습니다. 한번 활용해 보세요.

다만 이 경우에도 먼저 아래아한글 등으로 질문지를 먼저 만들어 예비조사까지 마친 상태에서 인터넷 사이트에 질문을 올려야 합니다. 연구자가 먼저 사이트에 접속해서 응답을 해보면서 응답하기가 편한지 등을 살펴보는 것이죠. 그 후에 연구자의 응답 내용은 삭제하고, 해당 사이트 링크를 활용하여 응답하게 하면 됩니다.

○ 질문지 조사 결과 분석하기

질문지로 자료 조사를 마친 뒤에는 해당 자료를 통계분석해야 합니다. 그런데 통계분석은 통계 프로그램을 사용해야 하기에 매우 복잡합니다.

특히 가설에서 제시한 독립변수와 종속변수 간의 인과관계를 밝히는 통계 프로그램은 이용하기가 쉽지 않습니다. 이와 관련하여 실제 통계 처리하는 방법은 5장 두 번째 꼭지 내용을 통해 파악해 보세요.

한편 인식조사나 실태조사는 온라인을 통하면 자료를 바탕으로 조사결과를 비율 등의 통계로 간단히 제공합니다. 따라서 특별히 통계분석을 하지 않더라도 해당 결과를 바탕으로 경향이나 특징을 제시할 수 있습니다.

5
당사자의 살아 있는 이야기를 듣는 면접법

● 빈곤층의 삶을 고스란히 담을 수 있었던 이유

지금은 대부분 사라졌지만, 예전에는 서울역 근처 언덕배기에 판자촌이 있었습니다. 이곳은 높은 언덕에 있어서 '달동네'로도 불렸는데, 한국전쟁 직후 다른 지역에서 이주해 온 가난한 사람들이 정착하여 만든 거주지였습니다.

다른 나라에도 우리나라의 달동네와 같은 의미를 담은 주거지가 있습니다. 예를 들어 '파벨라'는 브라질의 빈민가를 일컫는 표현으로, 경찰도 함부로 접근하기 힘듭니다. 멕시코의 빈민가는 '베신다드'라고 하는데, 미국의 어느 인류학자 부부가 1950년대 후반 멕시코시티의 베신다드에서 그곳에 사는 가족들과 4년여에 걸쳐 면접하여 그들의 삶을 기록한 책이 있습니다. 가족의 이름을 딴 『산체스네 아이들』[34]이죠.

산체스네 가족의 이야기를 그대로 담은 이 책에는 그들의 가난한 삶도 담겨 있지만, 세계 어느 나라에서나 볼 수 있는 빈곤층의 문화도 생생히 드러납니다. 미숙련 노동 종사, 아동 노동, 고리채 사용, 알코올 중독, 가족 내 폭력 등이죠.

책을 다 읽고 나면 그들 가족만의 문제라고 여겨졌던 빈곤이 '빈곤한 가족을 만들어내는 사회문화적 구조' 때문이라는 사실을 알게 됩니다. 한 가족을 면접하여 기록한 책 한 권이 빈곤과 관련한 사회구조나 사회를 파악하는 데도 중요한 역할을 하는 셈이죠.

이 책이 가난한 삶을 그대로 묘사할 수 있었던 이유는 당사자와 직접 면접했기 때문입니다. 그렇다면 면접법을 통해 자료를 수집한다는 것은 어떤 의미가 있을까요?

● 깊이 있고 생생한 자료를 얻는 방법

특정 직업을 다룬 작품의 연기자에게 "그 역할을 하기 위해 어떤 점을 가장 노력했나요?"라고 질문하면, 실제로 그 직업을 가진 사람들과 만나서 이야기를 들었다고 답하는 경우가 많습니다. 이처럼 누군가의 삶을 이해하는 좋은 방법 중 하나는 당사자로부터 직접 이야기를 듣는 것입니다.

사회현상의 자료 수집 방법 중 실제 당사자로부터 이야기를 듣는 것이 면접법입니다. 연구자는 탐구하고자 하는 사회현상의 당사자를 실제로 만나서 그들과 깊이 있는 대화를 통해 자료를 수집하죠.

『산체스네 아이들』의 저자 오스카 루이스가 농촌에서 도시로 이주해 온 사람들의 삶을 연구하기 위해 산체스 가족을 선택한 것처럼, 면접법에서 연구자는 그 현상과 관련이 있는 당사자를 연구대상자로 삼아서 그들과 대화합니다. 연구자와 연구대상자가 직접 만나서 깊이 있는 이야기를 나누어야 하죠.

연구대상자가 살면서 경험한 생생한 내용은 연구대상자 자신만이 이야기할 수 있습니다. 그래서 면접법은 연구대상자의 생생한 체험, 어떤 사건에 대한 기억, 특정한 영역에서의 한 개인의 생애 등 당사자가 알고 있는 내면적이고 깊이 있는 정보를 얻는 중요한 방법입니다.

면접법은 대화를 바탕으로 하기에 글을 모르는 사람에게서도 자료를 얻을 수 있고 연구대상자만 알 수 있는 생생한 자료를 얻을 수 있다는 장점이 있습니다. 반면 루이스의 연구에서 본 것처럼 시간이 많이 들고 적합한 연구대상자를 찾는 일이 어렵다는 단점이 있습니다.

● 적합한 연구대상자는 어떻게 구할까?

루이스가 산체스 가족을 면접한 이유는 연구주제 때문입니다. 그는 농촌에서 이주해서 도시에 정착한 여러 가족과 대화를 이어가다가 자기들의 이야기를 숨기지 않고 생생하게 해주는 산체스 가족을 만났고, 입담 좋은 이들을 최종 연구참여자로 정하게 됩니다. 그 결과 만족스러운 연구결과물을 내놓을 수 있었죠.

이처럼 면접법에서는 적합한 연구참여자를 찾는 일이 매우 중요합니다. 심층적으로 자신의 이야기를 잘할 수 있는 사람이어야 하니까요.

면접법에서 연구참여자를 선정할 때는 일반적으로 양적연구에서 대표성을 갖는 표본을 선정할 때와는 다른 기준을 고려합니다. '충분히 풍부하게 설명이나 의견을 제시해 줄 만한가?'가 중요하죠.

면접법에서는 연구에 따라 연구참여자가 한 명인 경우도 있고, 여러 명인 경우도 있죠. 그래봤자 20여 명을 넘지 않는 소수입니다. 면접법에서 한 손에 꼽을 정도의 연구참여자에게 이야기를 듣는 경우는 대체로 사례를 연구할 때입니다.

산체스네 가족을 면접한 연구도 이에 해당합니다. 산체스네 가족하고만 오랜 기간 면담하면서 그들의 이야기를 바탕으로 빈민층의 삶을 깊이 있게 이해할 수 있었죠. 연구참여자가 아주 소수이거나 한 가족인 경우, 루이스의 연구처럼 여러 명을 만나면서 그중에서 가장 적합한 연구참여자를 선정합니다.

연구자는 때에 따라 필요하다고 생각하면 10명 이상의 연구참여자로부터 이야기를 듣고 여러 이야기 사이의 유사성을 탐구할 수도 있습니다.

연구참여자가 여러 명인 경우에는 종종 '눈덩이법'이라고 하는 방법을 사용하여 연구참여자를 정합니다. 연구 내용을 잘 이야기해 줄 연구참여자 한두 명을 찾아서 면접한 뒤, 그 사람에게서 비슷한 경험을 가진 다른 연구참여자를 소개받는 방법입니다. 그리고 다시 그들에게 새로운 연구참여자를 소개받아 여러 연구참여자와 면접하여 자료를 수집합니다. 이 경우에는 추가 면접자와 면접해도 더 이상 새로운 내용이 나오지 않을 때까지만 면접합니다.

● 매끄러운 면접 진행을 위해 알아둘 것들

연구자는 연구문제를 바탕으로 개략적인 면접 질문을 먼저 구성합니다. 이 질문은 구체적이지 않아서 '반구조화된 질문'이라고 합니다. 실제로 면접을 진행하면서 연구자는 추가로 질문하기도 하고 면접 내용이나 진행 상황에 따라 구체적인 질문을 바꾸기도 합니다.[35]

연구자는 연구참여자를 한 명씩 면접할지, 아니면 몇 명씩 묶어서 면접할지 정해야 합니다. 사적이고 내밀한 이야기를 들어야 한다면 한 명씩 면접하는 것이 적절합니다. 반면 공유하는 경험 등을 파악하고자 할 때는 여러 명을 한꺼번에 면접하는 것이 나을 수 있습니다. 예를 들어 대학교 재수생의 삶을 연구하기 위해 여러 재수생과 면접하다가 특정 재수생 한 명과 더 깊게 면접하는 것이 적절해 보이면 그렇게 해도 됩니다.

여러 명을 동시에 면접하는 방법에는 대표적으로 포커스그룹 면접이 있습니다. 이는 주제와 관련이 있는 특정 사람들을 한 집단으로 구성하여 면접하는 것입니다. 이 경우에는 한 집단으로 묶을 수 있는 구성원의 공통성이 있어야 합니다. 예를 들어 재수생의 삶을 연구한다면 기숙학원에서 재수한 집단, 혼자서 재수한 집단, 대형학원에서 재수한 집단으로 구분할 수 있죠.

집단으로 면접하는 경우에는 같이 참여하는 사람의 이야기가 다른 참여자에게 자극을 주어 또 다른 내용을 말하게 하는 효과가 있습니다. 또 누군가의 이야기가 실마리가 되어 기억나지 않던 경험을 떠올리게 하고 이로써 새로운 의견을 제시하게 하는 효과도 있죠.

면접은 보통 두 시간 정도 진행하지만, 그 이상 하는 경우도 많습니다. 그러다 보니 연구자가 전부 기록하기가 어렵습니다. 그래서 연구자는 면접 내용을 녹음해도 괜찮은지 참여자에게 물어서 사전 동의를 받습니다. 녹음된 내용은 그대로 문자로 옮겨 적어서 연구자가 분석합니다. 녹음한 내용을 문자로 옮겨 적는 것을 '전사'라고 합니다. 네이버 클로바 등 녹음한 내용을 전사해 주는 다양한 앱이 개발되어 있으니 이를 이용해 보세요.

● 면접법의 관건, 연구참여자에게 말 걸기

일상에서 잘 모르는 누군가를 만나면 경계하게 마련입니다. 그가 나에게 해를 끼치지는 않을지, 그에게 이런 이야기까지 해도 될지 고민하죠. 그런데 여러 번 만나다 보면 처음 볼 때와 달리 이런저런 개인적인 이야기도 하고 사생활도 이야기하게 됩니다.

면접 때도 마찬가지입니다. 처음 만나서 바로 본론을 꺼내기보다는 일상적인 이야기를 나누면서 친밀감, 즉 라포를 형성하는 것이 중요합니다. 연구참여자가 자신의 내면적인 이야기를 할 수 있도록 신뢰감을 형성해야 하죠.

라포 형성을 위해 연구자는 자신을 정직하게 소개해야 합니다. 그후 누구나 쉽게 이야기할 만한 것부터 물어봅니다. 예를 들어 연구참여자의 이름과 하는 일 등을 먼저 물어보는 것이죠.

그리고 연구 현상과 관련하여 편하게 이야기할 큰 주제를 먼저 이야기합니다. 이 경우에는 연구참여자의 경험이나 행동을 이야기할 수 있는 질문을 던지는 것이 좋습니다. 예를 들어 재수생의 경험을 연구하는 경우에 "요즘 하루 일과가 어떻게 되나요?"와 같이 경험이나 행동을 이야기하게 하는 것도 좋습니다.

이후로 연구주제와 관련하여 조금 더 구체적으로 이야기합니다. 그러면서 연구대상자의 의견이나 가치, 평가 등의 주관적인 측면에서 이야기를 나누기도 합니다. 예를 들어 "재수 생활을 하기로 마음먹었을 때 주변의 반응은 어땠나요?" "그때 본인은 어떤 기분이 들었나요?" 등과 같이 연구참여자의 의견을 들어보는 것입니다.

이렇게 이야기를 나누면서 탐구 현상과 관련하여 중요한 사안이 나오면 그 부분을 자세히 설명해 달라고 요청하거나 세부적인 이유 등을 질문하기도 합니다. 그리고 면접을 마칠 때는 연구하는 현상과 관련하여 마지막으로 한마디로 요약하거나 추가로 정리할 내용은 없는지를 질문합니다.

면접법에서 나누는 대화는 목적이 있습니다. 즐기자고 대화하는 것이 아니죠. 따라서 연구참여자로부터 내가 연구하는 현상에 대한 자료를 얻고자 하는 목적을 위해 어떻게 질문해야 하는지 고민해야 합니다. 그래서 대략적인 질문을 만들어서 대화를 시작합니다.

연구참여자의 대답이 엉뚱한 방향으로 흘러가고 있다고 판단되면 흐름을 전환해야 합니다. 그렇지만 연구자가 연구참여자를 가르치거나 설명하려고 들면 안 되죠. 연구참여자가 기분 나쁘다고 생각하지 않도록 대화를 이어나가야 합니다. 연구참여자가 연구자에게 존중받고 있다는 느낌을 주는 것이 중요합니다.

● 면접법에서 지켜야 할 연구윤리

　연구자는 연구 과정에서 연구참여자와 친밀한 관계를 형성해야 하지만, 이로 인해 자료 수집에 문제가 생겨서는 안 됩니다. 더불어 연구자가 연구참여자에게 편견이나 고정관념을 가지지 않도록 유의해야 합니다. 직접 대면하여 질문하고 의견을 듣는 과정에서 연구참여자의 외모, 차림새, 행동, 삶에 대해 연구자는 어떠한 편견도 가지지 않아야 하며 있는 그대로 인정해야 합니다.

　면접에서 연구참여자의 사적인 이야기를 듣는 경우가 많습니다. 그러나 연구참여자에게 들은 내용에 대해서는 연구 목적 이외에 내용을 발설하지 말아야 합니다. 연구결과를 보고할 때도 연구참여자의 실명 대신 익명을 사용하는 등 개인 정보를 보호해야 합니다.

예를 들어 고등학생을 대상으로 연구하는데, 학교폭력 경험을 듣게
되었다면 연구자는 어떻게 해야 할까요? 연구자는 연구 과정에서 얻
은 자료를 외부에 발설하면 안 되기에 신고할 수 없습니다. 대신 범죄
피해의 대처 방안을 연구대상자에게 알려줄 수는 있죠.

6
백문이 불여일견, 참여관찰법

● 빈민가 안으로 들어간 연구자

미국 컬럼비아대학의 사회학 교수 수디르 벤카테시(Sudhir Venkatesh)는 10년 동안 빈민가에 머물면서 그곳 사람들의 삶을 관찰한 결과를 기록했습니다. 그 관찰 결과를 모아 『괴짜 사회학』[36]을 냈죠.

벤카테시는 시카고의 최빈민층이 모여 사는 지역에서 그들의 삶을 연구하기 위해 질문지를 주고 그들에게 응답을 요구했지요. 그 과정에서 마약을 제조해 팔던 '블랙 킹스'라는 갱단을 만나는데, 거기서 "여기 사람들은 질문을 싫어한다. 그렇게 해서는 여기 사람의 삶을 제대로 이해하지 못한다"라는 말을 듣습니다.

그 후 벤카테시는 10년 동안 블랙 킹스가 활동하는 빈민가에서 어울려 살면서 빈민가 사람이 어떻게 살아가는지 관찰하기 시작했습니다. 주민을 돕기보다 위협을 가하는 경찰, 마약 제조 등 부당한 방법으로 돈을 버는 이들, 갱단의 보호 아래 살아가며 갱의 명령을 받아들이는 지역 주민들의 모습을 생생하게 기록했습니다.

연구자는 10년간 그들의 삶을 관찰하면서 총에 맞아 죽을 뻔한 경험도 하고, 블랙 킹스의 보스와 친구가 되기도 합니다. 실제로 그들의 삶을 관찰하면서 빈민가에 대한 정부 정책의 문제점을 깨닫기도 하고, 사람들이 경찰의 보호보다 갱단의 보호를 선호하는 이유도 알게 되죠.

이는 10여 년 동안 사람들과 친밀한 관계를 맺고 내부자로서 삶을 경험했기에 가능했습니다. 이처럼 참여관찰을 통해 자료를 수집한다는 것은 어떤 의미를 가질까요?

● 참여관찰법은 언제 사용할까?

참여관찰법은 연구자가 연구대상자와 함께 시간을 보내면서 그들의 일상을 직접 관찰하여 자료를 얻는 방법을 말합니다. 참여관찰법에서는 연구대상자의 자연스러운 모습을 볼 수 있기에 풍부한 내용을 얻을 수 있습니다.

그래서 연구자의 세밀한 관찰로 자료를 얻을 수 있는 참여관찰법은 의사소통이 되지 않는 집단을 대상으로 하는 연구에도 쓰입니다. 예를 들어 어린이집에서 유아들과 시간을 보내면서 그들의 특성을 관찰하는 식이죠.

마약을 제조하던 갱들이 관리하던 시카고 빈민층 거주지에서 오랜 기간 그들과 생활하고 관찰한 연구에서 보듯이, 참여관찰법은 생생한 자료를 얻을 수 있다는 장점이 있습니다. 문제는 연구자가 생생한 순간이 나타나기까지 기다려야 하고, 이를 놓치면 안 된다는 점입니다.

참여관찰을 하기 위해서는 그곳의 사람들과 오랜 시간 같이 생활해야 하기에 연구를 위한 비용과 시간이 많이 듭니다. 또한 친밀감 등으로 인해 주관이 개입될 가능성도 있습니다.

● 다른 민족이나 종족의 삶을 연구하던 방법

사실 참여관찰법은 문화인류학의 발전 과정에서 초기 문화인류학자가 많이 활용한 자료 수집 방법입니다. 초기 문화인류학자들은 자신들이 잘 몰랐던 다른 대륙이나 국가에 가서 그곳 종족이나 민족의 일상적 삶, 즉 문화를 관찰하고 기록을 남겼죠.

이들이 관심을 가진 연구 내용은 연구자에게 낯선 집단의 문화였습니다. 그러다 보니 의사소통이 자유롭지 않은 상태에서 그들과 친밀해져야 연구가 가능했습니다. 결국 연구자는 현지 사람들의 삶을 가까이에서 관찰하면서 그들의 문화를 탐구했습니다.

연구자는 그들과 친밀한 인간관계, 즉 라포를 형성하고 부족이나 종족의 문화를 관찰합니다. 그렇다고 관찰한 내용을 단순히 정리하는 것은 아닙니다. 연구자는 관찰 내용을 바탕으로 자신의 문화와 다른 점이 무엇인지, 또는 그 민족이나 종족의 고유한 문화 양상은 무엇이고 그것에 영향을 끼친 것은 무엇인지, 그러한 문화에 대해 그 집단이 갖는 의미가 무엇인지 등을 파악합니다. 이를 정리하면서 민족의 일상을 기록한 민족지를 완성합니다.

예를 들어 초기 문화인류학자인 브로니스와프 말리노프스키(Bronisław Malinowski)를 볼까요?[37] 말리노프스키는 멜라네시아 트로브리안드 군도에 사는 주민의 삶을 관찰하면서 '쿨라' 문화를 관찰했습니다. 쿨라는 남자들이 중요한 행사 등에 착용하는 팔찌인 '음왈리'와 여자들이 주로 착용하는 '술라바'를 선물로 교환하는 행위였죠.

교환 대상인 두 가지를 묶어서 '바이과'라고 부르는데, 이는 소량만 생산합니다. 바이과는 이 지역에서는 사회적 성공과 위신을 상징하며 중요한 행사에는 착용하지만 주로 소장하다가 쿨라를 통해 교환하죠.

말리노프스키는 현지 주민들이 바이과를 오래 소장하지 않고 일정 시간 안에 다른 사람에게 전달하는 것을 알았습니다. 또한 바이과는 판매가 금지되어 있고, 선물 교환의 형태로 이동한다는 것을 알게 됐죠.

바이과의 교환 과정인 쿨라에도 일정한 규칙이 있습니다. 예를 들어 남성이 사용하는 음왈리는 여러 섬의 서쪽에서 동쪽으로, 여성이 사용하는 술라바는 동쪽에서 서쪽으로 이동합니다. 바이과를 받은 사람은 다른 바이과로 교환할 수 있는데, 1~2년 안에 다른 사람과 교환하면서 정해진 방향으로 이동시켜야 합니다.

이 지역에서는 쿨라에 참여하는 자체가 명예로운 일이며 사회적 위신을 갖는 것으로 여깁니다. 어떤 사람은 쿨라 상대를 특정 인물로만 정하는 경우도 있었습니다. 한편 바이과를 오래 소장하고 내놓지 않으면 사회적으로 나쁜 평판을 얻었죠.

말리노프스키는 쿨라 교환의 표면적인 현상을 관찰하고, 쿨라가 이 부족 사회에서 갖는 이면의 중요한 기능이 무엇인지 논리적으로 그 의미를 분석하여 결과를 정리합니다. 그는 쿨라 교환에서 가장 영향력 있는 사람이 바이과의 상당 부분을 가지고 있다는 점을 바탕으로 "쿨라 교환은 해당 지역에서 사회적 계층을 상징하는 것이며, 그 사회에서 영향력을 행사하는 행위"라고 보고합니다.

말리노프스키가 관찰한 쿨라에 사용하는 물건은 외부인에게는 중요하지 않은 것이고, 쿨라도 단순한 선물 나눔처럼 보일 것입니다. 그러나 참여관찰법으로 밝혀진 쿨라는 그 부족을 이해하는 데 중요한 문화인류학적 요소였습니다.

이처럼 참여관찰법은 표면적인 현상 그 자체에 대한 기록이 아니라 심도 깊은 이면의 의미를 파악하는 데 매우 중요한 자료 수집 방법입니다. 초기에는 다른 민족이나 종족의 삶을 연구했지만, 이제는 일상 문화를 관찰하고 그 의미를 발견하는 연구에도 활용되죠.

● 일상생활을 연구하기 위해

오늘날은 연구자가 멀리 떨어진 낯선 곳에 가지 않고, 자신이 사는 곳 근처의 사회현상을 참여관찰법으로 연구하는 경우가 많습니다. 예를 들면 시카고 빈민층 연구를 위해 해당 지역의 빈민가에 가서 그들의 삶을 관찰하는 경우가 있죠.

현재 우리가 살아가는 곳에서도 다양한 문화가 나타납니다. 제주도 해녀의 삶[38]이나 선생님들의 일상 등 아주 가까운 곳에 있는 다른 사람들의 삶, 같이 살아가지만 알기 어려운 내밀한 삶에 대한 자료는 참여관찰법을 통해 수집할 수 있죠.

한 연구자는 지인과의 대화 중 고등학생 자녀가 너무 핸드폰만 봐서 화가 난 아빠가 아이의 스마트폰을 망치로 부쉈다는 이야기를 듣고 그 가족의 삶을 참여관찰했습니다. 그 결과를 바탕으로 고등학생의 스마트폰 사용과 청소년의 문화, 가족 갈등에 대한 논문을 작성했죠.[39]

또 어떤 사람은 초등교사의 수업을 참여관찰하기 위해 초등학교 교실에서 한 학기를 보내는 경우도 있습니다. 연예인 팬클럽에 가입하여 연예인 팬클럽 회원의 삶을 관찰하기도 하고, 홍대의 이름없는 음악가들의 밴드 생활을 관찰하기도 합니다.

어떤 사람은 중학교 운동장에서 학생들의 경험에 대한 자료를 얻기 위해 아침과 오후의 중학교 운동장에 카메라를 설치하여 상당 기간 동안 관찰했습니다.

이처럼 참여관찰법은 일상생활에서 일어나는 삶의 양상에 대한 다양한 연구를 가능하게 하는 자료 수집 방법입니다. 그래서 연구자가 가치를 드러내지 않고 외부의 관찰자가 관찰하는 것처럼 연구할 필요가 있죠. 이를 위해서는 초기 인류학자들이 낯선 곳에 가서 편견 없이 중립적으로 관찰하고 묘사했던 태도를 본받을 필요가 있습니다.

● 최대의 난관, 연구대상자 정하기

참여관찰법의 가장 큰 어려움은 적절한 연구참여자와 연구 장면을 포착하는 것입니다. 그래서 참여관찰을 위해서는 연구주제를 가장 잘 관찰할 수 있는 장면이 일어나는 곳을 찾아야 합니다.

연구참여자는 그 장면이 일어나는 곳에서 만나는 사람입니다. 그래서 참여관찰법에서는 '자료 수집'보다는 '자료 생성'이라는 표현을 사용합니다. 자료를 수집할 때, 예를 들어 질문지 조사는 이미 텃밭에 맺은 열매를 따듯 연구참여자를 정해서 답을 받는 것이기에 자료 수집이라고 하는 것이 어울리지만, 참여관찰법은 그렇지 않다는 것을 강조한 표현입니다.

참여관찰법을 사용하는 연구자는 특이할 것이 전혀 없어 보이는 일상의 현상을 깊게 관찰하고, 그것이 연구에 적합한 자료인지 아닌지를 판단하면서 자료를 모아야 합니다.

이 점에서 연구대상자, 즉 연구참여자를 잘 구하는 것이 매우 중요합니다. 자료를 생성한다는 점을 고려하면, 특정 연구참여자가 정해져 있지는 않습니다. 상황 또는 연구 방향에 따라 연구자는 연구참여자나 연구 현상을 변경하기도 합니다. 어떤 경우는 일단 현장에 가서 관찰하고 그 내용을 살펴보면서 자료를 생성하기도 합니다.

● 공동체 일부가 되어 끊임없이 관찰하기

참여관찰법은 현장 방문이 필수입니다. 제일 먼저 해야 하는 것은 연구 장면이 나타나는 현장에 가서 그 현장의 연구참여자, 집단, 공동체에 인정받는 것이죠. 이를 위해 자신을 소개하고 신뢰를 형성하는 과정이 필요합니다.

또한 연구자는 현장에서 현지인처럼 지내야 합니다. 그곳에서 살아야 한다는 의미는 아니지만, 그 집단이나 공동체의 구성원으로 받아들여져야 한다는 의미입니다. 우리가 1년에 한두 번 명절에 조부모님댁에 가더라도 그분들과 친밀하게 지낼 수 있는 것은 그들과 가족이라는 인식을 공유하기 때문인 것처럼 말이죠.

참여관찰법에서도 관찰하는 대상이나 집단과 일상적 대화를 통해 알아가면서 그들의 공동체 구성원으로 받아들여져야 합니다. 미국의 문화인류학자인 마거릿 미드(Magaret Mead)는 자신이 연구하던 남태평양 섬의 현지 부족장 아들과 결혼까지 할 정도로 현지 생활에 적응했습니다.

공동체 구성원으로 받아들여지면 본격적으로 연구 내용을 관찰하고 관찰한 내용을 기록합니다. 자신이 관찰한 내용을 객관적으로 기록하고 일시와 상황, 맥락 등도 남깁니다. 필요한 경우에는 구성원과 면담하고 누구와 언제 면담했는지 그리고 구체적인 면담 내용이 무엇이었는지 기록합니다. 앞의 질적연구에서 팩차기 현상을 관찰한 자료를 떠올려보세요.

이때 중요한 것은 관찰한 그 순간에 발생한 내용을 그대로 기록하는 것입니다. 자신의 기억에 의존해서 시간이 지난 후에 기록하는 것은 위험합니다. 기억은 완전하지 않아서 사실을 왜곡할 수 있기 때문입니다. 그래서 연구자는 아예 그 순간을 비디오로 촬영하거나 관찰 내용을 녹음하기도 합니다.

관찰한 내용을 그 자리에서 바로 녹음하거나 녹화할 때 문제가 생길 수도 있습니다. 연구참여자가 이상하게 여기고 평소와 다르게 행동할 수도 있고, 연구자의 눈에 띄기 위해 더 도드라지게 행동할 수도 있습니다. 그래서 작은 연구 노트를 항상 가지고 다니면서 연구참여자들이 모르게 기록할 필요가 있습니다.

또한 관찰하거나 대화한 내용은 바로바로 컴퓨터 파일로 정리합니다. 정리를 마친 뒤에는 수집한 모든 자료를 바탕으로 연구주제를 살펴봅니다. 자료에서 공통되는 내용을 파악하고 분류하여, 더 높은 수준의 공통적이고 일관된 정보를 바탕으로 자료를 생성하는 것이죠.

자료 수집 방법 선정부터 실행까지

1. 여러 자료 수집 방법의 장점과 단점을 비교해 봅시다.

2. 자신이 탐구할 문제에 적합한 자료 수집 방법과 그렇게 생각한 이유를 적어봅시다.

3. 자신이 정한 자료 수집 방법에 비추어 연구대상을 정하는 방법과 그들에게서 얻어
   야 할 것이 무엇인지를 정리해 봅시다.

4. 자신이 탐구할 현상과 관련하여 질문지 조사를 한다면 어떤 항목을 조사해야 하는지를 적어보고, 그것을 바탕으로 실제로 조사 문항을 만들어서 질문지로 배열해 봅시다.

5. 통합사회 교과서나 사회문화 교과서를 문헌연구 방식으로 분석하려면 어떤 주제로 하면 좋을까요? 주제를 정하여 어떤 방법으로 분석할 것인지 생각해 봅시다.

6. 앞에서 제시한 교과서 분석 결과를 정리하여 발표해 봅시다.

5장

탐구를 멋지게, 결과 정리하기

1
통계표는 어떻게 읽고 계산해야 할까?

● 나이팅게일이 통계에서 발견한 것

플로렌스 나이팅게일이라고 하면 무엇이 먼저 떠오르나요? 대부분 유복한 가정 출신에 19세기 중엽 크림전쟁에서 자원봉사한 간호사를 떠올릴 것입니다.

물론 나이팅게일은 근대 간호학의 창시자입니다. 그래서 나이팅게일이 영국 왕립통계학회 최초의 여성 회원이라고 하면, 다들 고개를 갸우뚱합니다. 널리 알려진 사실이 아니기 때문이겠죠. 나이팅게일은 언제, 어떻게 통계를 다루었을까요?[40]

나이팅게일의 통계 이야기 또한 크림전쟁 때로 거슬러 올라가야 합니다. 사실 그는 가정 배경이 좋았기에 가정교사를 두고 다양한 학문을 배울 수 있었습니다. 수학과 통계학도 익혔고, 이를 바탕으로 문제를 해결하는 것을 좋아했죠. 그런데 전쟁 중에 병원에서 일하던 그는 전쟁 과정에서 적과 싸우다가 죽는 사람보다 병원의 병상에 누워 있다가 죽는 사람이 더 많다는 사실을 깨닫게 됩니다. 그래서 병원 관리를 위해 통계 정보를 정리하기 시작하죠.

예를 들어 입퇴원 환자 수, 부상자 수, 질병 유형별 환자 수, 사망자 수, 병원의 청소 상태 등의 자료를 통계표로 기록한 것입니다. 이러한 자료를 통해 나이팅게일은 병원의 위생 상태가 환자의 병에 영향을 미친다는 점을 입증합니다.

나이팅게일이 강조한 병에 관한 통계자료 조사와 기록은 당시 간호학에 큰 영향을 미칩니다. 바로 통계를 활용하여 문제의 원인을 파악하고 해결 방안을 찾을 수 있었던 것입니다. 그래서인지 오늘날에도 간호학과에서 사회조사 및 통계를 중요하게 배웁니다.

● 통계, 사회현상 연구에서 얼마나 중요한가?

사실 간호만이 아니라, 다양한 분야에서 통계는 매우 중요한 역할을 합니다. 통계가 얼마나 중요한지는 수많은 자료에서 드러납니다. 대표적으로 『구약성경』만 봐도 고대 국가에서 통계를 중요하게 여겼음을 알 수 있습니다.

당시에 유대인을 지배했던 로마는 대규모로 인구조사를 하여 인구에 관한 통계를 구했는데, 당시는 모두 자신의 고향으로 가서 인구조사에 응해야 했습니다. 이렇게 인구조사를 위해 고향으로 향하던 중에 갑작스럽게 태어난 아이가 바로 예수입니다.

그런데 인구조사는 로마만 한 것이 아닙니다. 우리나라를 비롯한 많은 나라에서 오래전부터 해온 일이죠. 대부분 국가에서 인구조사를 하는 이유는 무엇일까요? 인구조사를 해야 통계자료를 만들어 국가를 유지하는 데 필요한 세금을 걷고 군인을 모을 수 있기 때문입니다.

오늘날 대부분의 국가는 10년 단위로 대규모로 인구조사를 합니다. 이를 인구센서스라고 합니다. 우리나라의 경우 0으로 끝나는 해, 즉 2010년, 2020년, 2030년 등에 전 국민을 대상으로 인구조사를 실시합니다. 그리고 통계청이라는 국가기관에서 통계자료를 관리합니다. 통계의 영어 표현을 'statistics'라고 하는데, 이는 국가를 뜻하는 'state'에서 파생된 것입니다.

중요 통계는 국가에서 관리하지만, 사회현상을 연구하는 연구자도 통계를 많이 구하고 사용합니다. 특히 양적연구에서는 연구결과를 통계로 정리합니다. 이론 연구에서도 주장을 뒷받침하기 위해 통계표를 제시하죠.

그러니 연구자는 자신의 보고서에 넣을 자료나 다른 사람의 자료를 이해하기 위해서 통계와 통계표를 잘 읽고 해석해야 합니다.

● 통계표에 대한 아주 기본적인 이해

통계가 중요하다고 하지만, 통계표와 숫자를 싫어하는 사람도 있습니다. 그런데 통계표의 기본 사항을 이해하면 생각이 달라질 수도 있습니다. 다음의 자료는 2023년에 통계청이 발표한 보도자료에 제시된 표를 인용한 것입니다.

\<표 1\> 혼인 건수 및 조혼인율(2012~2022년)

구분	2012	2013	2014	2015	2016	2017	2018	2019	2020	2021	2022
혼인 건수(1,000 건)	327.1	322.8	305.5	302.8	281.6	264.5	257.6	239.2	213.5	192.5	191.7
증감(1,000건)	-2.0	-4.3	-17.3	-2.7	-21.2	-17.2	-6.8	-18.5	-25.7	-21.0	-0.8
증감률(%)	-0.6	-1.3	-5.4	-0.9	-7.0	-6.1	-2.6	-7.2	-10.7	-9.8	-0.4
조혼인율*	6.5	6.4	6.0	5.9	5.5	5.2	5.0	4.7	4.2	3.8	3.7

* 인구 1,000명당 건
** 출처: 통계청(2023), 2022년 혼인·이혼통계 보도자료, p. 4.

여러분은 통계표에서 무엇을 먼저 보나요? 통계표는 다음의 순서로 이해하는 것이 좋습니다.

① 표 제목

대부분 통계표의 제목은 표 위에 작성합니다. 표 제목을 통해 어떤 통계를 다루는지 파악할 수 있죠. 위의 표 제목에서는 '2012년부터 2022년까지의 혼인 건수 및 조혼인율을 알려주는 표'라는 정보를 얻을 수 있습니다.

출처가 있다면 그것도 확인해서 어디서 만든 표인지 살펴봅니다. 이 표는 통계청의 자료를 활용했네요.

② 표의 가로축과 세로축, 단위

가로축을 보면 2012에서 2022까지 숫자가 적혀 있는데, 이것은 연도를 나타낸 것입니다. 대부분의 표 안에 연도를 나타내는 단위는 '년' 또는 '년도'인데 이것은 생략하기도 하지만 넣기도 합니다. 그러나 도량형 단위를 사용한 경우에는 단위를 정확하게 표시해야 합니다.

세로축에는 혼인 건수와 조혼인율이 제시되어 있습니다. 혼인 건수는 단위가 '1,000건'이므로 '191.7'이라는 숫자는 19만 1,700건을 뜻하죠. 그리고 조혼인율은 1,000명당 건이라고 했으므로 천분율을 나타낸 것을 알 수 있습니다.

③ 세로축과 가로축을 연결하면서 표 정보 읽기

예를 들어 혼인 건수의 경우 2012년에는 32만 7,100건이고 2022년에는 19만 1,700건이라는 정보를 읽을 수 있습니다. 또한 2022년에 혼인 건수 증감률은 -0.4퍼센트여서 전년도에 비해 혼인건수가 줄어들었다고 할 수 있습니다.

④ 통계표에 나타난 경향이나 특징 정리

이 표에서는 "2012년 이후 한국의 혼인 건수는 줄어들고 있다"라는 경향을 발견할 수 있습니다. 이러한 특징을 파악하기 위해서는 통계표 내의 정보를 종합하여 살펴보아야 합니다.

⑤ 통계 관련 인과관계 및 문제·해결 방안 생각하기

통계와 관련하여 인과관계를 논리적으로 생각해 보거나 통계 내용에 나타난 문제 및 해결 방안과 관련한 질문을 만들어봅니다. 그리고 그것과 관련한 새로운 자료를 조사하는 등의 활동을 해봅니다. 예를 들어 "우리나라의 혼인 건수가 지속하여 감소하는 이유는 무엇일까?"라거나 "혼인할 젊은 연령의 인구 감소로 인해서 혼인 건수가 감소하는 것은 아닐까?"와 같은 질문을 할 수 있을 것입니다. 이런 질문에 대해 관련 자료와 더 많은 통계를 확인하면 해답을 얻을 수 있습니다.

통계 읽을 때 꼭 알아야 하는 네 가지 개념

무엇이든 기초 지식이 있을 때 좀더 깊이 있는 읽기가 가능하죠. 다음의 네 가지는 통계표를 읽기 전에 알아두어야 할 기본적인 개념입니다.

• 비율

비율은 전체 집단에 대해 일부 집단이 차지하는 수를 나눈 것입니다. 일반적으로 백분율과 천분율을 많이 사용합니다.

첫째, 백분율(퍼센트, %)은 전체 집단을 100으로 생각하고 어떤 특성을 보이는 일부 집단이 차지하는 값을 파악하는 것입니다. 예를 들어 우리 반 학생 20명 중 두 명이 안경을 썼다면 안경 쓴 학생의 비율은 10퍼센트입니다. 이것은 우리 반 학생 수가 100명이 되면 안경 쓴 학생이 10명이라는 것을 보여줍니다. 일반적으로 비율이라고 할 때는 백분율을 가리킵니다.

둘째, 천분율(퍼밀, ‰)은 전체 집단을 1,000으로 생각하고 어떤 특성을 보이는 일부 집단이 차지하는 값을 파악하는 것입니다. 예를 들어 올해 전체 인구 중에서 출생아 비율이 1.2퍼밀이라고 하면 우리나라 전체 인구 1,000명당 출생아 수가 1.2명이라는 이야기입니다. 백분율과는 단위도 다릅니다. 출생률이나 사망률은 전체 인구에 대비해 백분율로 하면 숫자가 너무 적기 때문에 일반적으로 천분율을 사용합니다.

• 대푯값

통계는 수치를 통해 집단의 특성을 보여줍니다. 이와 관련하여 사용하는 대푯값이 있는데, 산술평균, 중앙값, 최빈값이 해당합니다. 이들을 비교해 봅시다.

첫째, 산술평균은 한 집단에 속한 모든 개인이 가진 값을 더한 후 해당 집단 구성원의 수로 나누어 얻는 값입니다. 일반적으로 평균이라고도 합니다. 학교에서 학급의 사회점수 평균 등을 구할 때 사용합니다. 그런데 산술평균은 특정한 구성원의 값이 매우 높아지면 평균값이 이상해질 수 있습니다. 예를 들어 우리나라 국민의 소득에 대한 산술평균을 구하는데 소득이 아주 높은 사람 몇 명이 있으면 산술평균이 증가하고, 이로 인해 국민 소득이 전체적으로 높다고 오해할 수 있는 것이죠.

둘째, 중앙값은 집단의 구성원을 한 줄로 세웠을 때 중앙에 위치한 사람의 값을 말합니다. 중위값이라고도 합니다. 보통 인구에서 연령과 관련하여 중위 연령을 구하기도 하고, 복지 제도를 적용하는 경우에는 중위소득을 구합니다. 이처럼 순서에서 중앙에 위치한 값을 적용하는 중위소득이 산술평균보다도 집단의 특성을 잘 대표한다고 보기 때문입니다.

셋째, 최빈값은 집단의 구성원이 가진 값 중에서 그 빈도가 가장 높은 값을 말합니다. 예를 들어 우리 학급 학생들의 신발 크기의 최빈값은 무엇일까요? 모든 학생이 신발 크기를 말한 후, 신발 크기별로 학생 수를 적어서 어떤 신발 크기에 해당하는 학생 수가 많은지 보면 최빈값을 구할 수 있습니다. 가게에서 판매하는 옷도 중간 사이즈가 가장 빈도가 많을 것인데, 이는 대체로 사람들이 중간 사이즈에 속하는 경우가 많기 때문입니다. 이처럼 최빈값은 상품 판매와 관련하여 파악할 수 있는 경우가 많습니다.

• 비

비는 일반적으로 어떤 경우의 정도와 다른 경우의 정도를 대비하는 것을 통계로 제시하는 것을 말합니다. 주로 기준이 되는 집단을 100으로 두고 상대 집단의 정도를 살펴볼 때 많이 사용합니다. 예를 들어 인구 성비의 경우에 여성의 수를 100으로 하여 남성의 수가 얼마인지 보면 남성과 여성 집단 중에서 어느 쪽 인구가 많은지 쉽게 파악할 수 있습니다. 또한 총부양비는 부양인구(15~64세 인구)를 100으로 하여 유소년인구(14세 미만)와 노인인구(65세 이상)을 더한 인구의 정도를 파악합니다.

• 수와 비율에 대한 변화

통계는 시간의 흐름에 따른 변화를 살펴보는 데 활용되는 경우가 많습니다. 이때 빈도나 사례 수, 인구수와 같이 수의 변화를 그대로 살펴보는 경우가 있고, 변화율을 통해 살펴보는 경우가 있습니다.

예를 들어 2022년에 인구가 100명이었다가 2023년에 120명이 된 경우를 봅시다. 인구수는 1년 전에 비해 20명이 증가했습니다. 그러면 2022년을 기준으로 전체 인구의 변화율은 얼마일까요? 100에서 20명이 늘었으니 분모는 100, 분자는 20이고, 비율을 구하기 위해 100을 곱하면 20퍼센트라는 값이 나옵니다. 만약 2022년에 100명이었다가 2023년에 80명이 되었다면 20퍼센트 감소한 셈이죠.

이처럼 변화율은 증감률로 나타납니다. 일반적으로 증감률은 기준연도에 비해 어떤 현상의 변화 양상을 살펴보는 것입니다. 연도별 증감률을 파악하기 위한 기준연도로는 일반적으로 전년도를 많이 사용하지만, 특정 기간을 제시하기도 합니다. 이렇게 전년도가 아닌 경우에는 기준연도를 정확하게 밝혀야 합니다.

그런데 변화는 수에 대해서만이 아니라 비율에 대해서도 살펴볼 수 있습니다. 인구 증가율이 2022년에 5퍼센트였는데 2023년에 6퍼센트라고 합시다. 이 경우에는 1년 전에 비해 인구 증가율이 1퍼센트 증가했다고 하지 않고 1퍼센트포인트 (%p) 증가했다고 합니다.

그런데 인구증가율의 증감률을 구하면 어떻게 될까요? 이 경우 인구증가율의 증감률은 5퍼센트가 기준이기에 분모는 5입니다. 5퍼센트에서 6퍼센트로 증가했으니 1퍼센트 증가하여 분자는 1이죠. 비율을 구해야 하니 여기에 100을 곱하면 인구 증가율의 변화율(즉, 증감율)은 20퍼센트임을 알 수 있습니다. 이처럼 비율의 증가와 관련해서는 적절한 단위를 사용하는 것이 중요합니다.

● 알고 보면 쉬운 통계표 읽기

일반적으로 사회현상을 다루는 과목은 교과서뿐만 아니라 수능시험에서도 매우 복잡한 표를 활용합니다. 그래서 어려운 통계표도 읽을 줄 알아야 합니다.

먼저 다음의 〈표 1〉을 살펴보고, 앞에서 제시한 절차대로 이해한 후 표에 들어갈 ㉠, ㉡의 값도 찾아봅시다.

일단 제목에서 정보를 찾아봅시다. 가상의 국가인 갑국의 65세 이상 인구 중 공공부조와 사회보험을 수급하는 사람의 비율이라고 나와 있죠. 그러니 안에 들어가는 숫자는 모두 비율입니다. 가로축의 경우 세 지역을 보여주는 것이어서 단위가 없습니다. 그리고 가로축 끝의 '전체'는 (가)~(다) 세 지역의 65세 이상 인구 중에서 공공부조 등의 수급자 비율입니다. 그러므로 단순 합이나 평균을 구해서는 안 됩니다. (가)~(다) 세 지역의 65세 이상 인구수는 모르기 때문입니다. 세로축은 공공부조 수급자, 사회보험 수급자, 중복 수급자로 나누었으며 단위는 비율입니다.

주어진 모든 정보를 바탕으로 ㉠, ㉡의 값을 구해 봅시다. 표 아래의 '*'에 제시된 단서를 보면 세 지역의 65세 이상 인구가 갑국에서 차지하는 비율이 다르다는 것을 알 수 있습니다. 이 사실을 토대로 먼저 갑국 전체의 65세 이상 인구를 100으로 가정하면 세 지역별 65세 이상 인구의 비율을 구할 수 있습니다.

(가)지역의 65세 이상 인구는 a, (나)지역의 65세 이상 인구는 b, (다)지역의 65세 이상 인구는 c라고 합시다. 세 지역의 65세 이상 인구의 비율을 구하는 것이기에 세 지역의 노인인구를 합하면 100퍼센트

<표 1> 갑국 지역별 65세 이상 인구 중 공공부조와 사회보험 수급자 비율

(단위: %)

구분	(가)지역	(나)지역	(다)지역	전체
공공부조 수급자	45	60	㉠	60
사회보험 수급자	㉡	19	19	20
두 제도 중복 수급자	6	4	10	6

* 65세 이상 인구는 (다)지역이 (가)지역의 3배임.

** 갑국은 (가)~(다) 세 지역만 있음.

가 되어야 하니 a+b+c=100이 되고, 각 지역의 수급자는 비율에 각 지역의 65세 이상 인구를 곱한 값이 됩니다. 이를 종합하여 만들 수 있는 수식은 무엇일까요? 표에서 a~c의 숫자가 모두 나타나 있는 중복 수급자에 관한 수식이 가장 만들기 쉬울 것입니다. 이 수식을 만들어 보면, 6a+4b+10c=6(a+b+c)가 성립합니다.

또한 '*' 단서를 보면, (다)지역 65세 이상 인구가 (가)지역 65세 이상 인구의 3배라는 점에서 c=3a라는 식이 성립합니다. 이를 중복 수급자 수식에 대입하면 6a+4b+30a=6(a+b+3a)으로, 이를 풀면 b=6a라는 사실 역시 알 수 있습니다.

이로써 b=6a, c=3a라는 식을 얻었습니다. 이제 ㉠을 알아보기 위해 공공부조 수급자에 관한 수식을 만들어봅시다. 공공부조 수급자 수식에 b와 c에 a를 대입하면, [45a+60(6a)+㉠(3a)]=60(a+6a+3a)가 됩니다. 따라서 ㉠은 65이죠.

마지막으로 ㉡을 알아보기 위해 사회보험 수급자에 관한 수식을 만들어봅시다. 사회보험 수급자 수식의 b와 c에 a를 대입하면, [㉡

a+19(6a)+19(3a)]=20(a+6a+3a)가 됩니다. 이를 풀면 ⓒ=29임을 알 수 있습니다.

이제 ㉠, ⓒ 값을 넣으면 〈표 1〉은 다음과 같이 됩니다.

〈표 1〉 갑국 지역별 65세 이상 인구 중 공공부조와 사회보험 수급자 비율

(단위: %)

구분	(가)지역	(나)지역	(다)지역	전체
공공부조 수급자	45	60	65	60
사회보험 수급자	29	19	19	20
두 제도 중복 수급자	6	4	10	6

* 65세 이상 인구는 (다)지역이 (가)지역의 3배임.

〈표 1〉을 바탕으로 갑국의 수급자 수도 정리하여 〈표 2〉를 만들어 봅시다. 'a, b=6a, c=3a'를 적용하고 계산 편의를 위해 갑국 세 지역 65세 이상 인구 전체가 1,000명이라고 가정할 때, 수급자 수는 다음과 같이 정리할 수 있습니다.

〈표 2〉 갑국 지역별 65세 이상 인구 중 공공부조와 사회보험 수급자 수

(단위: 명)

구분	(가)지역 (×1배)	(나)지역 (×6배)	(다)지역 (×3배)	전체 (×10배)
공공부조 수급자	45	360	195	600
사회보험 수급자	29	114	57	200
두 제도 중복 수급자	6	24	30	60

*위의 표는 65세 이상 인구 전체가 1,000명이라고 가정하여 환산한 것임.

240

그러면 다른 표를 활용한 문제를 볼까요?

\<표 3\> A국의 인터넷 이용자 중 코로나19 상황에서 자신의 일상 변화에 대한 인식

(단위: %)

구분		인간관계가 줄었다			택배 이용이 증가했다		
		그렇다	이전과 비슷	그렇지 않다	그렇다	이전과 비슷	그렇지 않다
2021년	30세 미만	78.2	10.1	11.7	63.6	14.7	21.7
	30세 이상~50세 미만	82.5	11.1	6.4	71.0	14.1	14.9
	50세 이상	86.7	9.6	3.7	78.1	12.6	9.3
2022년	30세 미만	68.2	17.1	14.7	47.3	25.2	27.5
	30세 이상~50세 미만	73.6	15.3	11.1	55.9	22.1	22.0
	50세 이상	82.8	11.4	5.8	67.3	18.5	18.5

*무응답은 없음

[문제] 위의 표를 보고 분석한 진술로 옳은 것은?

(가) 2022년의 경우, 30세 이상 국민 중에서 '인간관계가 줄었다'에 '그렇지 않다'고 응답한 비율은 11.1퍼센트 미만이다.

(나) 2022년의 경우, '인간관계가 줄었다'에 '그렇다'고 응답한 사람의 수가 '택배 이용이 증가했다'에 '그렇다'고 응답한 사람의 수보다 적다.

(다) 2021년의 경우, 30세 미만의 응답자 중에서 '택배 이용이 증가했다'에 '이전과 비슷' 하거나 '그렇지 않다'고 응답한 비율은 36.4퍼센트다.

(라) 2021년의 경우, 50세 미만의 응답자 중에서 '인간관계가 줄었다'에 '그렇지 않다'라고 답한 비율은 18.1퍼센트다.

통계표의 제목을 살펴봅시다. 조사 대상이 A국의 인터넷 이용자임을 알 수 있죠. 그러므로 (가)의 경우에 '국민'이라는 표현으로 인해 이 분석은 틀린 진술이 됩니다.

또한 위의 표에서 단서로 '무응답은 없음'이라고 했으니, 모든 응답자가 응답했고, '인간관계가 줄었다'에 응답한 사람과 '택배 이용이 증가했다'에 응답한 사람은 같은 사람들이니 응답자 수도 같을 것입니다. 그러니 두 항목의 비율은 더할 수 없지만, 응답 비율이나 응답자 수를 비교하는 것은 가능합니다. (나)의 경우, 모든 연령대에서 '인간관계가 줄었다'에 '그렇다'고 한 비율(또는 응답자 수)이 '택배 이용이 증가했다'에 '그렇다'고 응답한 비율(또는 응답자 수)보다 높아서 틀린 진술입니다.

반면 '택배 이용이 증가했다'와 같은 질문에 대해 연령별 전체 인구를 100퍼센트로 하여 '그렇다/이전과 비슷/그렇지 않다'의 비율을 구한 것이기에 '이전과 비슷'과 '그렇지 않다'로 각각 응답한 비율을 합하여 제시할 수 있습니다. 그래서 (다)의 경우 30세 미만의 응답자 중에서 '택배 이용이 증가했다'에 '이전과 비슷'하거나 '그렇지 않다'고 응답한 비율은 36.4퍼센트이므로 옳은 진술입니다.

그러나 연도별로 '30세 미만/30세 이상~50세 미만/50세 이상'이라는 세 집단은 각 연령별 전체 인구에 대해 비율을 제시한 것이기에 해당 비율은 더할 수 없습니다. 더불어 세 집단의 인구수를 모르기 때문에 '그렇지 않다'와 같은 응답은 세 집단의 값 사이에 존재합니다. 예를 들어 2021년에 '인간관계가 줄었다'에 대한 '그렇지 않다'라는 50세 미만의 응답 비율은 '30세 미만'과 '30세 이상~50세 미만'의 비율 중에서 높은 비율인 11.7퍼센트와 가장 낮은 비율인 6.4퍼센트 사이에 존재합니다. 그래서 (라)는 틀린 진술입니다.

위에 제시한 표는 매우 복잡해서 표 자체를 이해하는 것만도 어려울 것입니다. 그러나 표에 대한 세부 설명이나 계산 방법을 세부적으로 살펴보면 이해할 수 있는 내용입니다.

2
통계분석을 한 결과표는 어떻게 읽어야 할까?

● 사람을 현혹하는 숫자

흔히 통계로 제시되는 숫자를 보면 믿음직한 자료라고 생각하기 마련입니다. 그런데 오래전 영국 총리였던 디즈레일리는 "그럴듯한 거짓말, 새빨간 거짓말 그리고 통계"라는 세 가지 거짓말이 존재한다고 했습니다.

통계를 거짓말로 꼽은 이유는 통계가 때로는 사람들을 현혹하기 때문입니다. 통계에 들어가는 숫자는 가치중립적인 것 같지만, 숫자를 만들어내기 위한 자료 수집 과정, 통계를 만드는 과정 등에서 무엇을 선택하느냐에 따라 사람을 현혹할 수 있습니다.

그래서 논문이나 보고서의 경우, 통계표를 만들기 전에 엄격한 통계분석 프로그램을 활용하여 유의도를 구하는 등 과학적 절차를 강조합니다. 그러다 보니 통계분석을 한 결과표는 이해하기 어려운 경우가 많죠. 어려운 통계분석 결과표를 어떻게 이해해야 할지 살펴봅시다.

● 다양한 통계분석 프로그램

사회현상 탐구에서 대규모 집단을 대상으로 조사하거나 사전 및 사후 측정지로 조사하여 얻은 자료는 대부분 숫자로 되어 있습니다. 그런데 숫자 자체로는 탐구 결과를 논리적으로 보여주지 못합니다.

예를 들어 연구자가 두 집단으로 나누어 어떤 조사를 했을 경우, 두 집단의 인식이 같은지 다른지를 판단하기 위해서는 두 집단의 비율이나 평균 등을 구해야 합니다. 또한 연구자가 "무엇에 대한 두 집단 간의 비율이나 평균의 차이가 있다"를 가설로 정해서 이를 증명하고자 했다면 이러한 차이가 실제로 있는지 증명해야 합니다.

이럴 때 연구자가 얻은 숫자로 된 자료를 바탕으로 통계 계산을 해야 하는데, 이때 컴퓨터의 계산을 바탕으로 통계분석하도록 만든 것이 바로 통계분석 프로그램입니다. 연구자들이 사용하는 통계분석 프로그램은 SPSS, AMOS, SAS, STATA, R 등 매우 다양합니다. 대부분의 연구자는 자신이 사용한 통계분석 프로그램이 무엇이었는지를 연구논문이나 보고서에서 밝히고 있습니다.

실제로 이런 통계분석 프로그램은 대부분 구매해서 사용하는데, 상당히 비싸서 이용하기가 쉽지 않습니다. 또한 해당 통계분석 프로그램을 구하더라도 제대로 통계분석을 하려면 전문적인 통계교육을 받아야 하죠.

● 기술통계와 추리통계

통계분석을 하면 연구자는 무엇을 알게 될까요? 통계분석을 통해 기본적으로 기술통계와 추리통계를 다룹니다.[41]

기술통계(descriptive statistics)는 연구자가 사회현상을 탐구하면서 얻은 자료를 바탕으로 사회현상의 특징을 묘사하거나 기술하도록 하여 현상을 이해하도록 하는 통계를 말합니다.

[사례 1] "A고등학교에서 이번 여름방학을 당겨 시작하는 것에 대해 의견을 조사한 결과, 학생의 80퍼센트가 찬성했다. 학년별로 보면 1학년은 95퍼센트, 2학년은 90퍼센트, 3학년은 50퍼센트가 찬성했다."

[사례 2] "이번 학력평가 국어 시험에서 2학년 1반의 평균은 80점이고, 2학년 2반의 평균은 78점이다."

[사례 1]을 보면 A고등학교 학생들이 여름방학 시기를 앞당기는 것에 대해 어떤 인식을 하고 있는지를 파악할 수 있습니다. 또한 [사례 2]에서 두 학급의 국어 평균 성적을 파악할 수 있습니다.

이처럼 어떤 현상과 관련하여 있는 그대로의 특징을 파악하는 통계를 기술통계라고 합니다. 기술통계는 [사례 1]과 같이 비율을 계산하는 경우도 있고, [사례 2]와 같이 산술평균을 계산하는 경우도 있습니다.

그러면 추리통계(inferential statistics)는 어떤 것일까요? 이 의미를 이해하기 전에 질문을 하나 하겠습니다. [사례 1]에서 1학년, 2학년, 3학년의 찬성 비율의 차이는 통계적으로 의미 있는 차이일까요? [사례 2]에서 1반과 2반의 국어 평균 점수 차이는 통계적으로 의미가 있을까요?

앞에 제시된 자료로는 통계적으로 의미 있는 차이인지 알기 어렵습니다. 집단 간 통계값의 차이가 의미 있는지는 통계학에 기반한 통계분석을 해야 알 수 있습니다. 이 분석을 위해서는 통계학에서 제시하는 복잡한 통계 수식을 적용하여 계산해야 하며, 위에 제시한 것 이외에 더 많은 정보가 필요합니다. 예를 들어 [사례 1]에서는 학년별 각 학생 수, [사례 2]의 경우에는 두 개 학급 학생의 수와 각 학생의 국어 점수 등의 정보가 필요합니다. 이런 정보가 필요한 이유는 매우 복잡하니 넘어갑시다.

이러한 추가 정보 등을 넣으면 통계분석 프로그램을 통해 [사례 1]의 세 집단(1, 2, 3학년)의 찬성과 반대 비율, [사례 2]의 두 집단(1반과 2반)의 국어 시험 평균의 차이가 통계적으로 의미 있는지 밝혀낼 수 있습니다. 그리고 연구자가 연구에서 설정한 가설을 검증할 수 있죠.

이처럼 연구자가 설정한 가설에 대해 기각할지, 채택할지 판단하도록 하는 통계를 추리통계라고 합니다. 추리통계는 연구자가 탐구하는 현상에 대한 가설의 기각과 채택을 통해 그 현상을 모집단까지 확장하여 적용할 수 있는지를 알려줍니다. 이와 관련하여 중요한 것이 '유의도'입니다.

● 결과가 틀릴 가능성, 유의도

통계분석을 한 표가 제시되어 있는 논문을 읽다 보면, '유의도'라는 표현을 볼 수 있습니다. 유의도는 'p값'이라고 표기하기도 합니다. 여기서 p는 영어 probability에서 따온 것입니다.

일단 유의도의 의미부터 살펴보겠습니다. 이는 통계분석 결과에 나타난 결과가 틀릴 가능성을 보여주는 정도입니다. 보통 연구자가 사회 현상을 연구하고 얻은 결과는 항상 참이나 항상 거짓이라고 보기보다 참에 가까울 확률이 얼마인지를 봅니다. 유의도는 그 확률이죠.

"두 집단의 차이에 대한 유의도는 $p < .05$ 수준에서 통계적으로 유의미하다"와 같이 서술하는데, 통계를 바탕으로 하는 "두 집단의 차이가 나타나는 이 판단이 잘못될 가능성은 5퍼센트 이하다"라는 의미입니다.

쉽게 말해서 통계분석 후 연구자가 유의도를 바탕으로 "통계적으로 유의미하다"라고 서술하는 것은 그 현상이 참일 가능성이 상당히 높다는 뜻입니다.

유의도는 실제로 어떻게 제시될까요? 일반적으로 통계분석을 한 표의 숫자 옆에 유의도나 p를 따로 표시하지 않고 '*' 표시를 한 개(*), 두 개(**), 또는 세 개(***)로 사용하는 경우를 볼 수 있습니다. 이때에는 대체로 표 아래에 '*: $p < .05$' '**: $p < .01$' '***: $p < .001$'으로 제시합니다. 또한 통계분석표 안에 유의값 또는 유의도 칸을 만들고 아예 '.609' '.034' '.000'과 같이 소수점 이하의 세 자리로 된 숫자를 제시하기도 하며, '*' '**' '***' 중 어느 하나가 표시된 경우도 있습니다.

이때 '*'는 연구자가 조사한 자료로 분석한 해당 내용의 오류(참이 아닐) 가능성이 5퍼센트 미만이라는 뜻입니다. 이 말을 달리하면 "동일한 조건에서 이런 현상을 다시 조사(실험)할 경우에 이런 결과가 나타날 확률은 95퍼센트 이상이다"라는 말입니다.

'**'는 연구자가 조사한 자료로 분석한 해당 내용의 오류(참이 아닐) 가능성이 1퍼센트 미만이라는 의미입니다. "동일한 조건에서 이런 현상을 다시 조사(실험)할 경우에 이런 결과가 나타날 확률은 99퍼센트 이상이다"라는 의미죠.

'***'는 연구자가 조사한 자료로 분석한 해당 내용의 오류(참이 아닐) 가능성이 0.1퍼센트 미만이라는 뜻입니다. 이는 "동일한 조건에서 이런 현상을 다시 조사(실험)할 경우에 이런 결과가 나타날 확률은 99.9퍼센트 이상이다"라는 것입니다.

그래서 유의도 값이 낮을수록 통계분석 결과는 더 신뢰할 만합니다. 종종 '*' 대신에 소수점 숫자만 적혀 있는 경우가 있는데, 이때는 그 값이 .05보다 낮아야 통계적 유의도가 있다고 볼 수 있습니다.

그러면 "p<.05 수준에서 유의미하지 않다"라는 말은 어떻게 이해해야 할까요? 지금까지 살펴본 유의도의 의미를 고려하면 "연구자가 조사(또는 실험)를 통해 보고자 했던 판단은 틀렸을 가능성이 높다"라고

보아야 합니다.

이런 지식을 바탕으로 통계분석 결과표를 제시한 논문을 어떻게 읽어야 하는지 살펴봅시다. 통계분석 결과표에서 유의도나 p값이 있으면 그것을 먼저 찾아서 '*'가 하나 이상 있거나, 제시된 p값(유의도)이 .05보다 적은지 확인합니다. '*'가 하나 이상 있거나, .05보다 적은 값이 있다면, 연구자가 증명하고자 했던 것이 틀리지 않을 확률이 95퍼센트 이상이라고 생각하면 됩니다.

일반적으로 가설을 설정한 연구의 경우 가설의 기각과 채택 여부에서 유의도가 중요합니다. 만약 가설과 관련한 통계표에서 '*' 표시가 있거나 .05보다 적은 p값이 있는 경우에는 가설이 채택됩니다. 반면에 통계표에서 '*' 표시가 없거나 p값이 .05와 같거나 .05보다 높은 경우에는 가설이 기각되죠.

● 통계분석 방법은 무엇이 있을까?

앞에서 기술통계와 추리통계를 배웠습니다. 논문이나 보고서에서 일반적으로 볼 수 있는 기술통계는 집단 간의 비율이나 평균을 구하여 그 수치를 제시하면서 설명하는 경우가 대부분입니다. 이러한 기술통계에서 집단별 차이에 통계적 유의도가 있는지는 추론통계 분석표에서 확인할 수 있습니다.

이런 경우에 통계 내용은 어떤 것이 나오고 결과표는 어떻게 제시되는지 같이 살펴봅시다.

① 집단 간 인식 '비율'의 차이를 비교할 때

연구자가 어떤 집단 간의 인식 차이를 비율로 구하고 그 차이가 통계적으로 유의미한지 살펴보는 경우가 있습니다. 이 경우에는 일반적으로 응답 항목별로 비율을 제시하고 그 차이를 통계적으로 비교하는 교차분석을 하여 x^2값을 구합니다. 그리고 유의도를 계산하여 집단 간 인식 비율 차이가 유의미한지 판단합니다.

초등학생 1,043명에게 "'얌전해야 한다'는 어느 성에게 어울리는 표현인가요?"라는 질문을 주고 '① 남자 ② 남녀 모두 ③ 여자'라는 답을 주어 하나만 선택하게 했다. 그리고 응답한 초등학생의 성별에 따라 인식 차이의 비율을 분석했다.

<표> '얌전해야 한다'가 어울리는 성에 대한 초등학생의 성별 인식

응답 항목	성별 집단		전체	통계치
	남학생	여학생		
남자	6.6%	2.3%	4.2%	
남녀 모두	36.4%	25.7%	30.5%	x^2=30.427***
여자	57.0%	72.0%	65.3%	
사례 수	465명	576명	1,041명	

***: <.001

* 출처: 구정화(2009). 가정 내 성차별이 초등학생의 성 고정관념에 미치는 영향.
사회과교육, 48(3), 35-46.

<표>를 보면, 초등학생 중 남학생은 '얌전해야 한다'가 '남자'에 6.6퍼센트, '남녀 모두'에 36.4퍼센트. '여자'에 57.0퍼센트가 어울리는 표현이라고 응답했고, 여학생은 '얌전해야 한다'가 '남자'에 2.3퍼센트, '남녀 모두'에 25.7퍼센트. '여자'에 72.0퍼센트가 어울리는 표현이라고 응답했다. 남학생과 여학생의 이러한 응답 차이는 x^2=30.427로, p<.05 수준에서 통계적으로 유의미하다. 이에 따라 '얌전해야 한다'가 어울리는 성에 대한 초등학교 남학생과 여학생의 인식은 차이가 있음을 알 수 있다.

② 집단 간 '산술평균'의 차이를 비교할 때

연구자가 어떤 집단 간에 무엇인가에 대한 평균을 구하여 평균 차이가 통계적으로 유의미한지를 살펴보는 경우가 있습니다. 이 경우에는 집단별 평균과 표준편차, 사례 수를 제시하고 그 차이를 통계적으로 비교하는 t-검증을 통해 t값을 구합니다. 그리고 유의도를 계산하여 집단 간 평균 차이가 유의미한 것인지 판단합니다.

고등학생 275명을 대상으로 '교사의 수업권 존중'과 관련한 여러 문항을 5점 척도 '매우 존중한다(5점)-존중한다(4점)-보통이다(3점)-존중하지 않는다(2점)-전혀 존중하지 않는다(1점)'로 답하게 하여 그 평균을 구했다. 또한 응답 학생을 지난 1년간 받은 인권 교육 정도에 따라 '인권 교육을 많이 받은 집단'과 '인권 교육을 적게 받은 집단'으로 나누었다. 이에 따라 두 집단 간에 교사의 수업권 존중 정도에 차이가 있는지를 분석했다.

<표> 고등학생의 인권 교육 정도별 교사의 수업권 존중 차이 분석

집단 구분	평균	표준 편차	사례 수	통계치
인권 교육을 많이 받은 집단	4.06	.56	157명	
인권 교육을 적게 받은 집단	3.38	.80	118명	t=7.74***
전체	3.76	.78	275명	

***: <.001

* 출처: 구정화(2014). 학생의 인권보장 정도와 교권 존중과의 관련성. 법과인권교육연구, 7(3), 1-19.

<표>를 보면, 고등학생 중 '인권 교육을 많이 받은 집단'의 교사 수업권 존중 인식 평균은 4.06이고 '인권 교육을 적게 받은 집단'의 교사 수업권 존중 인식 평균은 3.38로, 인권 교육을 많이 받은 고등학생이 교사의 수업권 존중 정도가 더 높음을 알 수 있다. 인권 교육을 많이 받은 집단과 적게 받은 두 집단의 교사 수업권 존중에 대한 평균 차이는 t=7.74로, p<.05 수준에서 통계적으로 유의미하다. 이에 따라 학생의 인권 교육 정도는 교사의 수업권 존중에 영향을 주는 요인임을 알 수 있다.

앞의 내용은 두 집단의 평균 차이를 통계분석하여 그것이 통계적으로 유의미한지 살펴본 것입니다.

그런데 경우에 따라 비교하는 집단이 셋 이상일 수 있습니다. 이럴 때는 앞의 표에 집단이 몇 개 더 첨가될 것입니다. 그리고 t-검증이 아니라 변량분석이라는 통계분석을 적용해야 하고, 통계치에서도 t값이 아니라 F값을 얻습니다. 그리고 집단 간 차이에 따른 유의도를 구하여 통계적으로 유의미한지 판단하게 됩니다.

③ 여러 독립변수 중에서 어떤 것이 종속변수에 영향을 주는지 파악할 때

논문이나 보고서를 읽다 보면, 연구자가 여러 독립변수 항목 중에서 어떤 것이 종속변수에 통계적으로 유의미한 영향을 주는지 살펴보는 경우가 있습니다. 이 경우에는 여러 독립변수의 영향을 살펴보는 회귀분석을 하여 독립변수별 β값과 t값, p값을 구합니다.

그리고 독립변수별 유의도를 바탕으로 그 독립변수의 영향력이 유의미한지, 독립변수별 β값의 크기에 따라 어느 변수의 영향력이 큰지 파악합니다. β값은 -1에서 +1까지 값을 갖는데, '-'는 부적 영향을, '+'는 정적 영향을 주는 것입니다. 여러 독립변수의 β값은 원래 b값인데 변수 간 사용하는 척도가 달라서 이를 표준화한 값인 β값으로 계산하여 그 영향력의 상대적 크기를 비교합니다.

앞에서 여러 사례를 살펴본 것처럼, 통계분석은 연구자의 연구 조사 내용에 따라 나타나는 집단의 특성이나 변수의 특성에 따라 각기 다른 통계를 적용해야 합니다. 그리고 각각의 통계분석 방법에 따라 얻는 통계값도 차이가 납니다.

초등학생 2,835명을 대상으로 이론적 배경을 검토한 다음, 행복감, 성별, 학년, 자아존중 감, 가정 내 아동방임, 부모로부터의 신체적 벌, 부모로부터의 비난이나 욕, 가정 내 싸움 으로 인한 스트레스 정도 등등 다양한 항목을 조사하고 학교폭력 피해 경험도 조사했다. 이를 바탕으로 초등학생의 학교폭력 피해 경험에 영향을 주는 변수는 어떤 것이고, 그 영 향력은 정적인지 부적인지, 그리고 어떤 변수의 영향력이 큰지 알 수 있다.

<표> 초등학생의 학교폭력 피해 경험에 영향을 주는 변수 분석 결과

변수	b값	β값	t값	유의도
상수	1.254		21.844	.000
행복감	-.052	-.125	-5.919	.000
성별	-.044	-.079	-4.323	.000
학년	-.025	-.073	-3.936	.000
자아존중감	-.021	-.049	-2.418	.016
가정 내 아동방임	.139	.117	8.940	.000
부모로부터의 신체적 벌	.044	.119	5.479	.000
부모로부터의 비난이나 욕	.019	.058	2.602	.009
가정 내 싸움으로 인한 스트레스	.014	.042	2.076	.038
통계치	수정된 R^2=.138 / F값=53.439 / p값= .000 / 사례 수=2,835명			

* 출처: 구정화(2016). 가정환경 요인이 초등학생의 차별 및 학교폭력 피해 경험에 미치는
영향 분석. 법과인권교육연구, 9(1), 1-25.

<표>는 초등학생의 학교폭력 피해 경험에 대하여 통계적으로 유의미한 가정환경 변수를 파악하기 위해 학생 개인의 요인과 가정환경 변수를 함께 통계분석한 것이며, 유의도가 p<.05인 변수만 제시했다.

<표>를 보면 초등학생의 '행복감'과 '자아존중감'의 β값이 '-'로, 부적 관계에 있다. 따라서 행복감과 자아존중감이 높을수록 학교폭력 피해 경험이 적다. 한편 가정 내 아동방임, 부 모로부터의 신체적 벌, 부모로부터의 비난이나 욕, 가정 내 싸움으로 인한 스트레스의 β값 은 '+'로, 정적 관계에 있다. 이런 경험을 많이 했을수록 학교폭력 피해 경험이 높음을 알 수 있다.

이들 변수 중에서 β값의 절댓값을 보면 '행복감'의 점수가 가장 높아서 영향력이 크다는 것을 알 수 있다. 이를 고려하면 초등학생의 경우 가정 학대 경험이 있는 경우에 학교폭력 피해 경험이 높을 가능성이 있다.

다만 모든 통계분석 결과에는 p값이 제시되며, 이를 바탕으로 추리통계를 하여 가설을 검증합니다. 이때 유의도 값이 .05보다 큰지를 바탕으로 연구자가 살펴보고자 하는 현상이 유의미한지 파악하여 가설의 채택 여부를 결정한다는 것을 알 수 있습니다.

이런 기본 이해를 바탕으로 통계분석 프로그램 사용법을 구체적으로 배우고 싶다면, 통계청 통계교육원 홈페이지(sti.kostat.go.kr)를 방문해 보세요. 통계청 소속으로 통계교육을 하는 곳입니다. [교육안내/신청]에서 프로젝트형 통계 수업을 진행합니다. 주로 학생들이 참여하므로 방문하여 살펴보고 교육에 참여하는 것도 도움이 됩니다. 또한 학습 소프트웨어인 '통그라미' 프로그램을 활용하여 학습할 수 있고요. 그런데 통계 학습은 혼자 하기보다 여러 명이 같이 듣고 서로 배운 내용을 나누는 것이 좋습니다. 친구들과 같이 배워보세요.

3
통계표는 어떻게 만들고 설명해야 할까?

● 표를 만들 때 고려해야 할 것

다른 연구자가 만든 통계표를 잘 읽는 것도 중요하지만 나의 탐구결과를 표로 잘 제시하는 것도 중요합니다.

일단 통계표 읽는 순서를 기억해 봅시다. 표 제목, 가로축과 세로축에 들어갈 정보와 단위, 그리고 세부 내용 등의 순서였죠. 다른 사람의 표를 읽을 때는 표 제목부터 먼저 읽었지만, 통계표를 만들 때는 표를 완성한 다음에 표 제목을 정하는 것이 더 좋습니다.

그런데 통계표를 작성할 때, 표의 형식과 관련하여 먼저 고려할 것이 있습니다. 일반적으로 논문이나 보고서에서 표를 그릴 때, 가장 왼쪽과 오른쪽의 세로선은 보이지 않게 처리한다는 점입니다. 어떤 경우에는 모든 세로선을 보이지 않게 하기도 합니다.

자, 그러면 본격적으로 통계표를 만들어볼까요? 먼저 다음과 같은 조사 결과가 나타난 상황을 가정해 봅시다.

▶ **조사 대상**
고등학생 1학년 200명, 2학년 200명, 3학년 200명(모든 학년의 성비는 1:1임)

▶ **조사 내용**
제주, 경주, 속초, 순천 중 선호하는 1박 2일 여행지

▶ **조사 결과**
- 제주: 1학년 남학생 40명, 1학년 여학생 40명, 2학년 남학생 50명, 2학년 여학생 20명, 3학년 남학생 10명, 3학년 여학생 20명
- 경주: 1학년 남학생 10명, 1학년 여학생 20명, 2학년 남학생 10명, 2학년 여학생 30명, 3학년 남학생 30명, 3학년 여학생 30명
- 속초: 1학년 남학생 20명, 1학년 여학생 10명, 2학년 남학생 30명, 2학년 여학생 30명, 3학년 남학생 30명, 3학년 여학생 20명
- 순천: 1학년 남학생 30명, 1학년 여학생 30명, 2학년 남학생 10명, 2학년 여학생 20명, 3학년 남학생 30명, 3학년 여학생 30명

위의 조사 결과를 보면, 학년별로 선호하는 여행지나 성별로 선호하는 여행지가 어느 곳인지 파악하기 힘듭니다. 그러나 이를 표로 제시하면 선호하는 경향을 명료하게 파악할 수 있죠.

이를 표로 만들기 위해 고려해야 할 중요한 정보가 무엇인지 파악해 봅시다. 일단 여행지가 네 곳인데, 제주, 경주, 속초, 순천입니다. 이들은 장소이기에 단위가 없습니다. 그리고 학년과 성별이 있습니다. 학년은 1, 2, 3학년이 있고, 성별은 여학생과 남학생으로 나뉘겠죠. 그리고 응답자 수가 있습니다.

이 정보를 바탕으로 연구자는 자신의 연구와 관련하여 어떤 정보를 제공할지 생각해야 합니다. 이와 관련하여 몇 가지 질문을 하겠습니다.

① 통계표에서 사람들에게 알릴 정보는 '여행지별 학년의 학생 수'일까요, 아니면 '학년별 여행지 선택 학생 수'일까요? (이는 통계표를 작성할 때 매우 중요한 고민입니다.)

② 통계표에서 내가 제시할 수 있는 통계는 무엇일까요? 그리고 그것을 어떤 숫자로 나타낼까요?

③ 통계표에서 가로축과 세로축에 무엇을 넣어야 할까요?

첫 번째 질문부터 해결해 볼까요? 일반적으로 연구에서 독립변수와 종속변수가 있다면 독립변수별로 종속변수를 파악할 수 있도록 정보를 제시해야 합니다. 그런데 여행지와 학년은 인과관계를 보여주는 독립변수와 종속변수라고 보기 어렵습니다.

이런 경우는 보통 사회인구학적 변수와 그에 따른 인식을 보여줍니다. 그래서 이 경우에는 사회인구학적 변수별 특정 인식이 드러나도록 통계표를 만들어야 합니다. 그래서 연구자는 '학년별 여행지 선호 정도'라는 통계표를 만들게 되는 것이죠.

이 결정은 빈도표를 어떻게 작성할 것인지를 정합니다. 더불어 비율을 제시할 때 통계표 안에 들어가는 비율의 분모가 되는 것이 무엇인지를 결정하죠. 이 표에서는 1학년 전체 학생 수 중에서 네 곳 여행지를 선호하는 학생 수를 보여주면서 비율을 구해야 합니다.

두 번째 질문을 보겠습니다. 첫 번째 질문을 해결하면 이제 본격적으로 통계표에 넣을 수 있는 정보를 구체적으로 정할 수 있습니다. 우리는 다음의 세 가지를 살펴볼 수 있습니다.

① 학년에 따른 여행지 선호 정도

② 성별에 따른 여행지 선호 정도

③ 학년 및 성별에 따른 여행지 선호 정도

세 가지 모두 제시하는 것이 가능하니, 연구자가 보여주고 싶은 것을 선택하면 됩니다. 가능하면 여러 경우를 고려하여 통계표를 모두 작성해 보고, 통계표에 나타난 경향이나 특성을 설명하기에 가장 좋은 통계표를 고르는 것이 좋습니다.

더 중요한 것은 응답자 수와 응답 비율 중에서 어떤 수치를 정보로 제공할지 결정해야 한다는 겁니다. 지금은 1, 2, 3학년이 모두 200명이고 성비도 1:1이니, 사실 응답자 수와 비율 중 무엇을 제시하든 상관없습니다. 그러나 집단별 수가 동일하지 않은 경우, 수보다 비율을 제시하는 편이 집단별 차이를 비교하는 데 용이합니다.

만약 표에서 비율만 제시하는 경우에는 단위도 '단위: %'라고 씁니다. 응답자 수와 비율을 같이 제시해도 되는데, 이 경우에는 단위를 '단위: 명, %'라고 씁니다. 응답자 수를 제시하고 그 옆에 괄호를 만들어 괄호 안에 비율을 넣기도 합니다. 이 경우에는 단위를 '단위: 명(%)'이라고 표시해야 합니다. 비율은 보통 소수점 한 자리까지 표기합니다.

그리고 가로축과 세로축에 무엇을 넣을 것인지를 생각해야 합니다. 일반적으로 가로로 더하여 전체가 되도록 하는 것이 좋습니다. 그런데 가로축에 들어가기에 표의 칸이 너무 많이 필요하면 세로축에 넣어도 됩니다. 어떤 경우든 가로축과 세로축 모두에서 전체 값을 제시해야 합니다. 어느 값을 바탕으로 비율의 합계가 되도록 할 것인지를 고려하여 전체 값을 제시해야 하고요.

조금 어렵지만 실제로 표를 만들어보면 이해하기가 쉬워질 것입니다. 같이 만들어봅시다.

● 실제 자료로 통계표 만들기

지금까지 살펴본 고민을 바탕으로 여기서는 세 가지 표를 만들어보겠습니다. 제시하는 표에서는 정보가 되는 응답자 숫자와 비율을 모두 제공할 것이며, 단위는 '명(%)'으로 제시하겠습니다.

첫째 표는 학년에 따른 여행지 선호 정도를 보여주는 표입니다. 가로축에 여행지를, 세로축에 학년을 넣겠습니다.

[단위: 명(%)]

학년＼여행지	제주	경주	속초	순천	전체
1학년	80(40.0)	30(15.0)	30(15.0)	60(30.0)	200(100.0)
2학년	70(35.0)	40(20.0)	60(30.0)	30(15.0)	200(100.0)
3학년	30(15.0)	60(30.0)	50(25.0)	60(30.0)	200(100.0)
전체	180(30.0)	130(21.7)	140(23.3)	150(25.0)	600(100.0)

둘째 표는 성별에 따른 여행지 선호 정도를 보여주는 표입니다. 가로축에 여행지를, 세로축에 성별을 넣겠습니다.

[단위: 명(%)]

성별＼여행지	제주	경주	속초	순천	전체
남학생	100(33.3)	50(16.7)	80(26.7)	70(23.3)	300(100.0)
여학생	80(26.7)	80(26.7)	60(20.0)	80(26.7)	300(100.0)
전체	180(30.0)	130(21.7)	140(23.3)	150(25.0)	600(100.0)

세 번째 표는 성별 및 학년에 따른 여행지 선호 정도를 보여줍니다. 가로축에 여행지를, 세로축에 학년과 성별을 넣겠습니다. 그리고 응답자 수와 비율이 모두 들어가면 어느 숫자를 보아야 할지 헷갈리므로 비율만 넣겠습니다. 이 표는 세 가지로 만들 수 있습니다. 같이 볼까요?

① 학년별과 성별 정보를 각각 살펴본 표

(단위: %)

구분	여행지	제주	경주	속초	순천	전체
학년별	1학년	40.0	15.0	15.0	30.0	100.0
	2학년	35.0	20.0	30.0	15.0	100.0
	3학년	15.0	30.0	25.0	30.0	100.0
성별	남학생	33.3	16.7	26.7	23.3	100.0
	여학생	26.7	26.7	20.0	26.7	100.1
전체		30.0	21.7	23.3	25.0	100.0

② 학년별의 하위로 성별을 고려하여 정보를 살펴본 표

(단위: %)

학년	성별 여행지	제주	경주	속초	순천	전체
1학년	남학생	40.0	10.0	20.0	30.0	100.0
	여학생	40.0	20.0	10.0	30.0	100.0
	소계	40.0	15.0	15.0	30.0	100.0
2학년	남학생	50.0	10.0	30.0	10.0	100.0
	여학생	20.0	30.0	30.0	20.0	100.0
	소계	35.0	20.0	30.0	15.0	100.0
3학년	남학생	10.0	30.0	30.0	30.0	100.0
	여학생	20.0	30.0	20.0	30.0	100.0
	소계	15.0	30.0	25.0	30.0	100.0
전체		30.0	21.7	23.3	25.0	100.0

③ 성별의 하위로 학년별을 고려하여 정보를 살펴본 표

(단위: %)

성별 \ 학년 \ 여행지		제주	경주	속초	순천	전체
남학생	1학년	40.0	10.0	20.0	30.0	100.0
	2학년	50.0	10.0	30.0	10.0	100.0
	3학년	10.0	30.0	30.0	30.0	100.0
	소계	33.3	16.7	26.7	23.3	100.0
여학생	1학년	40.0	20.0	10.0	30.0	100.0
	2학년	20.0	30.0	30.0	20.0	100.0
	3학년	20.0	30.0	20.0	30.0	100.0
	소계	26.7	26.7	20.0	26.7	100.1
전체		30.0	21.7	23.3	25.0	100.0

세 가지 표는 학년별과 성별 선호에 관하여 각기 다른 정보를 줍니다. 표 ①은 성별과 학년별로 각각의 선호를 알 수 있습니다. 반면 표 ②와 ③은 학년과 성별의 하위 집단의 선호를 상세하게 알려줍니다. 이 중에서 어떤 표를 쓸지는 연구자가 판단하여 선택합니다. 다만 만약 저라면 수학여행은 학년별로 가는 것이기에 학년별의 하위 집단으로 성별을 넣은 표 ②를 선택하겠습니다.

● 보고서에서 통계표를 설명하는 방법

통계표를 만들었다면 그 후에 표를 어떻게 설명할지 알아봅시다. 일반적으로 사람들은 표만 제시하면 된다고 생각하는 경향이 있습니다. 이건 잘못된 생각입니다.

통계표는 통계 정보를 표라는 형식으로 제공하는 것이기에 통계표에 대한 연구자의 설명과 의견을 제시해야 합니다. 앞에서 배운 표 읽는 법을 참고하면 수월합니다.

대체로 표 안의 정보를 상세하게 서술하는데, 먼저 전체적인 경향을, 그 후 부분적인 경향 순서로 설명합니다. 그 후 표에 나타난 통계의 경향과 그 의미를 제시합니다.

이제 구체적으로 우리가 만든 표 중 학년별의 하위로 성별을 고려하여 정보를 살펴본 표 ②를 가져와서 표 제목 등을 적어서 제시하고, 이를 설명해 봅시다.

<표 1> 학년별 및 성별 수학여행지 선호도 조사 결과

[단위: 명(%)]

학년 \ 성별 \ 여행지		제주	경주	속초	순천	전체
1학년	남학생	40.0	10.0	20.0	30.0	100.0
	여학생	40.0	20.0	10.0	30.0	100.0
	소계	40.0	15.0	15.0	30.0	100.0
2학년	남학생	50.0	10.0	30.0	10.0	100.0
	여학생	20.0	30.0	30.0	20.0	100.0
	소계	35.0	20.0	30.0	15.0	100.0
3학년	남학생	10.0	30.0	30.0	30.0	100.0
	여학생	20.0	30.0	20.0	30.0	100.0
	소계	15.0	30.0	25.0	30.0	100.0
전체		30.0	21.7	23.3	25.0	100.0

표를 제시하기 전에는 표에 대한 간단한 정보를 제시하는 내용을 다음과 같이 서술하면 좋습니다. 둘 중 어느 것이든 상관없습니다.

— 고등학교 학생 600명을 대상으로 수학여행지에 대한 선호도 조사 결과를 빈도 분석했다. 분석 결과는 <표 1>과 같다.

— 고등학교 학생 600명에 대하여 수학여행지에 대한 선호도를 조사한 결과를 표로 제시했다(<표 1> 참조).

그리고 해당 표에 대하여 세부적으로 설명하는 글을 작성해 봅시다. 다음의 예시와 같이 서술하는 것이 가능합니다.

선호하는 수학여행지에 대한 전체 응답을 보면 다음과 같다. '제주'가 30.0퍼센트로 가장 높으며, 다음으로 '순천'이 25.0퍼센트, '속초'가 23.3퍼센트이고, '경주'는 21.7퍼센트로 가장 낮게 나타났다. 네 개의 수학여행지에 대한 선호 차이는 크지 않은 편이었다.

학년별로 선호하는 수학여행지를 살펴보자. 먼저 1학년은 '제주'가 40.0퍼센트, '순천'이 30.0퍼센트로 높게 나타났으며, '경주'와 '속초'는 각각 15.0퍼센트로 나타났다. 1학년은 남학생과 여학생 모두 '제주'를 가장 선호하는 것(40.0퍼센트)으로 나타났고, 다음으로 '순천'에 대해서도 남학생 여학생 모두 30퍼센트로 동일한 선호 비율을 보였다. 그러나 경주는 여학생이, 속초는 남학생이 선호하는 비율이 더 높게 나타났다.

2학년은 '제주'가 35.0퍼센트, '속초'가 30.0퍼센트로 높게 나타났으며, '경주'는 20.0퍼센트, '순천'은 15.0퍼센트로 나타났다. 2학년 중에서 남학생은 '제주(50.0퍼센트)>속초(30.0퍼센트)>경주(10.0퍼센트)=순천(10.0퍼센트)' 순으로 나타났고, 여학생은 '경주(30.0퍼센트)=속초(30.0퍼센트)>제주(20.0퍼센트)=순천(20.0퍼센트)' 순으로 나타났다.

3학년은 '경주' '순천'이 각각 30.0퍼센트로 높은 선호를 보였고, 다음으로 '속초'

가 25.0퍼센트, 마지막으로 '제주'가 15.0퍼센트로 낮은 선호를 보였다. 3학년 중 남학생은 '경주(30.0퍼센트)=속초(30.0퍼센트)=순천(30.0퍼센트)>제주(10.0퍼센트)'로, 여학생은 '경주(30.0퍼센트)=순천(30.0퍼센트)>제주(20.0퍼센트)=속초(20.0퍼센트)'로 나타났다.

이러한 결과를 보면, 1학년의 경우 성별 차이 없이 모두 '제주'를 선호하지만 2학년은 성별로 선호하는 여행지가 다름을 알 수 있다. 또한 3학년은 '제주' 선호가 가장 낮고 '경주'와 '순천'의 선호도가 높음을 알 수 있다.

이를 종합하면 1학년은 제주를 수학여행지로 확정해도 될 것이다. 그러나 2학년은 전체적으로 선호도가 높은 제주를 선택할 경우, 여학생의 선호가 낮아서 반발이 일어날 수 있다는 점에서 성별로 각각 높은 선호를 보인 제주와 속초에 대한 최종 선호도를 확인할 필요가 있다. 또한 3학년도 '경주'와 '순천'에 대한 선호가 같다는 점에서 두 지역을 대상으로 선호도를 다시 확인하여 최종 결정하는 것이 적절하다.

앞에 서술한 내용을 보면 표의 세부 정보와 관련하여 전체에 대한 사실 설명, 학년과 그 안에서의 성별 선호에 대한 사실 설명을 먼저 진술합니다. 이 경우에는 연구자의 개인 의견보다는 표 정보를 그대로 서술하는 것이 좋습니다.

비율 등을 서술하는 방법은 정해져 있지 않지만, 일반적으로 비율이 높게 나온 항목부터 순서대로 설명하면 됩니다. 그리고 전체의 합이 100.0퍼센트가 되는 집단 내에서의 순서를 사실 그대로 서술합니다. 이때 비율의 구체적인 수치를 제시하면서 진술해도 되고, 크기나 순서 정도만 설명해도 됩니다. 위의 서술 내용을 참조하여 여러분도 자신만의 표를 만들어서 설명해 보길 바랍니다.

표에 나타난 사실 정보에 대한 설명을 진술했다면, 그다음에는 그

러한 설명에 대한 연구자의 의견을 제시해야 합니다. 이때는 연구자의 견해가 들어가도 됩니다. 다만, '~해야 한다'와 같은 당위적인 표현보다는 '적절하다' '할 필요가 있다' '임을 알 수 있다' 등의 표현을 활용하여 의견이나 제안을 피력하는 것이 좋습니다.

　실제 연구보고서를 작성하는 경우에, 통계 결과에 따른 사실 정보를 선행연구와 비교하면서 경향 면에서 유사성이 있는지, 차이가 있는지 살펴보면서 비교하여 그 내용을 기록하면 됩니다.

　선행연구와 내 연구의 통계 해석이 유사하다면 선행연구에서 나타난 결과와 내 연구결과가 일치한다는 것을 확인했다고 서술하면 됩니다. 반면 차이를 보일 때는 누구의 연구와 어떤 점에서 차이가 났는지 서술하고, 그 이유에 대해 연구자가 나름대로 생각하여 서술하면 됩니다. 이때 그 이유는 상식적으로 사람들이 동의할 수 있어야 하겠죠.

　설명이 복잡해 보이지만, 천천히 살펴보면 조사한 자료를 어떻게 표로 잘 제시하고 설명할 수 있는지 금방 알게 됩니다. 너무 두려워 말고 시도해 보기 바랍니다.

4
그래프는 어떻게 작성하고 읽어야 할까?

● 어려운 통계를 쉽게, 인포그래픽

지금까지 통계표를 보면서, 머리 아프다는 생각이 들었을 것입니다. 그냥 지나가면 안 될까 하는 생각도 들었을 것입니다. 그러나 통계는 중요한 자료입니다. 조금 쉽게 통계 관련 정보를 이해하기 위해 인포그래픽을 활용해 봅시다.

인포그래픽은 정보(information)와 그래픽(graphic)의 합성어입니다. 일반적으로 '그래픽'은 그림이나 도형 등의 다양한 형태로 시각화하는 것을 의미합니다. 즉, 인포그래픽은 '정보를 시각화한 것'으로 생각하면 됩니다. 다음 자료를 볼까요?

이 자료는 국토교통부에서 만든 인포그래픽입니다. 여러 정보가 들어 있는데도 항공 여객 정보에 관해 한눈에 쉽게 파악할 수 있습니다.

항공여객 연간 1억명

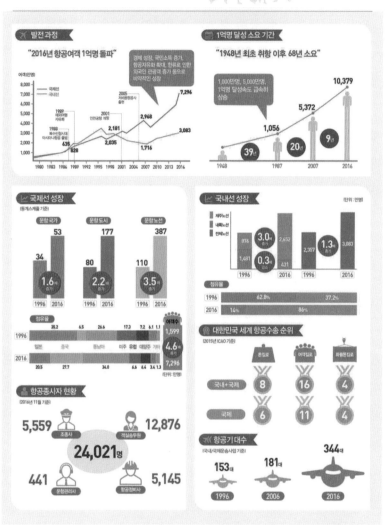

국토교통부의 인포그래픽[42]

표로 제시하는 것보다 관련 자료를 파악하기가 쉽죠. 논문이나 보고서를 작성하는 경우, 이와 같은 인포그래픽으로 연구결과를 정리하면 독자들이 이해하기가 쉬울 것입니다.

인포그래픽은 여러 통계 정보를 종합하여 그림으로 정리해야 합니다. 내 통계자료를 보고 하나의 인포그래픽으로 정리할 내용이 무엇인지 파악한 뒤 이를 어떤 그림으로 제시하는 것이 좋은지 고민해 보세요.

인터넷 블로그나 국제기구 등에서 중요한 통계를 인포그래픽으로 제시하는 방식을 참고해도 됩니다. 또한 인터넷 사이트에서 인포그래픽을 그릴 수 있도록 제공하는 사이트들도 있으니 찾아보길 바랍니다. 아니면 PPT를 활용하여 제작해도 됩니다.

● 나이팅게일의 장미도표

앞에서 나이팅게일이 통계학자라고 했던 것 기억하시나요? 나이팅게일은 당시 병원의 위생 문제로 환자가 죽어가는 것을 증명하여 병원의 위생을 개선하겠다고 생각했습니다. 이를 위해 통계를 냈는데, 그때 사용한 것이 장미도표라는 그래프입니다. 먼저 장미도표가 어떻게 생겼는지 확인해 볼까요?

이 통계 자료는 모양이 장미 꽃잎 같다고 하여 장미도표라고 불립니다. 4, 6, 8, 10, 12개 등의 꽃잎 모양의 그래프를 연결하여 만듭니다.

그림에 보이는 12개의 꽃잎 모양은 나이팅게일이 1년 12달의 변화를 드러내기 위해 선택한 것입니다. 연도가 적혀 있으니 두 자료를 보면 변화를 살펴볼 수 있습니다. 왼쪽이 이전 것이고, 오른쪽이 이후의

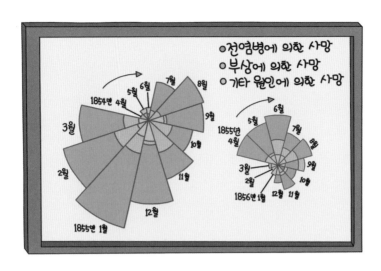

상황을 그린 것입니다.

매달 환자의 질병이나 사망과 관련한 특징도 볼 수 있습니다. 병원의 위생을 개선한 후 환자의 사망 정도가 줄어든 것을 보여주기 위해 만든 것으로 알려져 있습니다.

이처럼 도표는 정확한 정보를 시각적으로 보여주어서 문자를 모르는 사람도 쉽게 이해할 수 있습니다.

전통적으로 많이 사용된 도표에는 그래프가 있습니다. 통계 그래프는 통계 자료를 직선, 곡선, 도형 등으로 시각화하여 보여주는 것을 말하죠.

사회현상에 대한 통계 그래프로는 일반적으로 막대그래프, 꺾은선그래프, 원그래프, 띠그래프가 사용됩니다. 이제 본격적으로 그래프에 대해 살펴볼까요?

● 그래프를 읽는 순서

표와 마찬가지로 그래프도 다음의 순서로 읽고 이해해야 합니다.

첫째, 그래프 제목, 그래프의 종류, 그래프의 외적인 정보(가로축, 세로축의 내용, 단위 등)를 먼저 파악합니다. 예를 들어 연령대별 근로소득을 보여주는 막대그래프라면, '가로축에는 월평균 소득이 천원 단위로 제시되어 있고, 세로축에는 연령대가 20대, 30대, 40대, 50대, 60대, 70대로 나누어져 있다' 등의 정보를 파악하는 것입니다.

둘째, 그래프가 제공하는 정보를 읽는 것입니다. 예를 들어 연령대별 근로소득을 보여주는 막대그래프를 보고 20대는 소득이 얼마인지, 30대는 얼마인지 정보를 사실 그대로 파악하는 것이죠.

셋째, 그래프의 정보를 바탕으로 종합하여 내용을 정리하거나 파악하는 것입니다. 예를 들어 연령대별 근로소득을 보여주는 막대그래프를 본 경우, '연령별로 보면, 40대까지는 근로소득이 증가하는데 50대부터는 감소한다' 등과 같이 그래프를 통해 파악한 특징이나 경향을 진술할 수 있습니다.

넷째, 마지막으로 그래프에서 파악한 종합적 정보와 관련하여 원인이나 문제점, 해결 방안 등을 생각하는 것입니다. 예를 들어 연령대별 근로소득을 보여주는 막대그래프를 본 경우, '은퇴 연령인 70대에서 근로소득이 나타나는 이유는 무엇인가?' '왜 50대부터 근로소득이 감소하는가?' 등의 질문을 하면서 문제점이나 해결 방안 등을 고려해 볼 수 있습니다.

● 그래프는 어떻게 그려야 할까?

그래프를 그릴 때는 어떤 정보를 줄지, 어떤 형태로 그리고 싶은지 등을 고려해야 합니다. 예를 들어 1학기 초인 3월과 2학기 초인 9월에 학급 학생들을 대상으로 선호하는 간식을 조사해서 다음과 같은 결과가 나왔다고 합시다.

구분		김밥	떡볶이	순대	어묵	계
3월	남학생	10명	5명	4명	1명	20명
	여학생	5명	10명	3명	2명	20명
9월	남학생	5명	5명	5명	5명	20명
	여학생	10명	5명	3명	2명	20명

이런 정보를 바탕으로 그래프 그리는 방법을 살펴봅시다. 그래프를 그릴 때는 해당 통계 정보를 형태에 맞게 시각적으로 보여주되, 통계 수치, 단위 등을 제시해야 합니다. 다른 곳에서 통계자료를 가져와서 인용하는 경우에는 출처를 표시해야 하죠. 그래프 옆에 그래프를 파악하기 쉽도록 관련 정보를 제시하는 범례도 넣어야 합니다. 이제 그래프 모양별로 그래프를 그리는 방법을 알아봅시다.

① 원그래프

원 하나의 면적을 100퍼센트로 하여 전체 중에서 각 부분이 차지하는 비율의 정도를 파악하기 좋은 그래프입니다. 360도 각도가 전체 100퍼센트이기에 1퍼센트는 3.6도가 됩니다. 원그래프를 그릴 때는 전체 360도 원에서 항목이 차지하는 비율별로 각도를 파악하여 각 항

목이 차지하는 정도를 표시합니다. 원그래프로 제시한 것을 설명할 때
는 높은 비율을 차지하는 항목부터 순서대로 설명하면 됩니다. 위에서
살펴본 3월의 우리 학급 전체의 간식 선호도를 원그래프로 그려 비교
해 볼까요? 이를 위해서는 남학생과 여학생 모두를 합한 간식 선호 비
율을 먼저 구해야 합니다.

구분	김밥	떡볶이	순대	어묵	계
사례 수	15명	15명	7명	3명	40명
비율	37.5%	37.5%	17.5%	7.5%	100.0%

이를 하나의 원그래프로 만들면 다음과 같습니다. 만약에 성별로 그
리려면 두 개의 원그래프를 작성하면 됩니다.

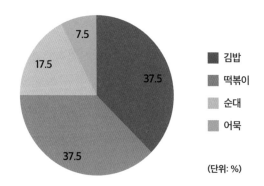

② 띠그래프

보통 가로로 만들어 전체에 대한 부분의 비율을 파악하기 위해 많이
활용합니다. 원그래프와 동일하게 사용할 수 있지만, 띠그래프는 여러
집단의 비율을 나란히 제시할 수 있어서 집단 간 비교를 시각적으로
잘 보여주죠. 예를 들어 우리 학급의 간식 선호와 관련하여 시기별 간

272

식 선호 등 다양하게 자료를 그릴 수 있습니다. 특히 시기나 두 개 이상의 집단에 대한 띠그래프를 비교할 때는 띠 안에 제시하는 항목의 순서를 같이 배치하여 그 차이를 비교하도록 하는 것이 중요합니다. 자료 해석에서도 이를 강조하여 비교하면 좋습니다.

띠그래프로 시기별 우리 학급의 간식 선호를 살펴보기 위해, 먼저 위의 통계자료 중에서 3월 조사 자료를 성별 비율로 정리해 봅시다.

구분		김밥	떡볶이	순대	어묵	계
남학생	사례 수	10명	5명	4명	1명	20명
	비율	50%	25%	20%	5%	100%
여학생	사례 수	5명	10명	3명	2명	20명
	비율	25%	50%	15%	10%	100%
전체	사례 수	15명	15명	7명	3명	40명
	비율	37.5%	37.5%	17.5%	7.5%	100.0%

앞의 자료를 바탕으로 띠그래프를 그려볼까요? 띠그래프는 하나의 그래프에서 남학생의 비율, 여학생의 비율, 그리고 전체의 비율을 한 번에 비교할 수 있어서 전체와 비교한 하위 집단 간 특성을 파악하는 데 유용합니다. 띠그래프는 가로 또는 세로로 그릴 수 있습니다.

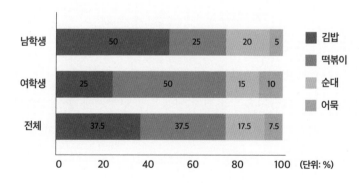

③ 막대그래프

조사한 항목별 수나 비율 등을 각각의 막대로 나타내어 비교하기에 좋은 그래프입니다. 원그래프나 띠그래프와 달리 각 항목에 대하여 하나의 막대를 제시하기에 막대의 키를 비교하면 됩니다.

막대그래프에서는 항목별로 차이가 발생하는 양상의 비교가 쉽습니다. 그래서 연구자가 조사한 세부 항목의 양상을 부각하여 제시할 때 유용합니다.

구분	김밥	떡볶이	순대	어묵	계
3월	15명	15명	7명	3명	40명
9월	15명	10명	8명	7명	40명

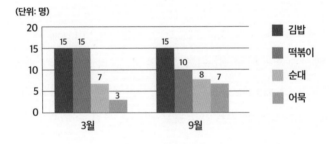

④ 꺾은선그래프

점을 연결하여 선분으로 그린 그래프를 말합니다. 다른 것과 달리 선으로 연결되기에 지속적인 변화 양상을 표현하기에 좋은 그래프입니다. 대표적으로 경제지수의 변화나 출생률 변화, 기온의 변화 등을 그릴 때 많이 사용합니다.

특히 꺾은선그래프에서는 변곡점이 생긴 순간, 즉 상승하다가 하강하는 경우나 하강하다가 상승하는 순간을 파악하기가 쉽습니다. 그래서 꺾은선그래프를 작성하여 설명할 때에는 변곡점을 찾아서 설명하고, 그 이유도 제시하는 것이 필요합니다.

앞에서 본 우리 학급의 간식 선호도는 꺾은선그래프에 적합한 정보가 아닙니다. 간식 각각에 대한 변화 정보를 파악할 수 있지만, 그 변화는 의미 있는 정보가 아니기 때문입니다. 꺾은선그래프는 시기별 변화를 잘 보여주는 통계자료로 제시해야 합니다.

이를 위해 여기서는 3월부터 9월까지 학교 앞 분식집의 월별 하루 평균 이용자를 통계로 제시하고, 이를 바탕으로 꺾은선그래프를 만들어 봅시다. 꺾은선그래프는 사례 수나 비율의 변화 모두 구성이 가능합니다. 여기서는 이용자 수를 비교하는 꺾은선그래프를 같이 그려볼까요?

그래프를 보면 8월에 이용자 수가 갑자기 줄어드는 것을 볼 수 있습니다. 이런 경우를 중요한 변곡점이라고 볼 수 있는데, 그래프 해석에서 이에 대한 이유를 논리적으로나 상식적으로 납득할 수 있도록 설명해야 합니다. 이 자료에서는 방학인 8월에 이용자 수가 급감하는데, 이를 바탕으로 방학으로 인해 줄었다고 이유를 제시하면 될 것입니다.

월	3월	4월	5월	6월	7월	8월	9월	10월	11월	12월
이용자 수	30명	40명	50명	55명	55명	20명	40명	45명	55명	69명

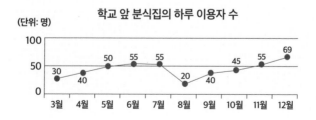

학교 앞 분식집의 하루 이용자 수

● 통계자료를 시각적으로 제시할 때 유의점

통계자료 시각화의 가장 큰 문제는 시각적 자료로 인해 정보를 왜곡할 수 있다는 점입니다. 그런 점에서 통계자료를 시각화하는 경우에는 통계 숫자나 비율도 중요한 정보로 파악할 수 있도록 명시해야 하며 단위 등을 정확하게 제시해야 합니다.

또한 여러 시각화 방법 중 어떤 것이 자료를 정확하게 전달하면서도 독자의 이해를 높이는 방법인지 살펴보아야 합니다. 이에 따라 통계자료를 시각화할 때는 하나만 만들지 않고 여러 가지를 만들어서 그중 정확성과 함께 이해도를 높이는 자료가 무엇인지를 살펴보고 선택할 것을 권합니다.

5
탐구의 열매, 탐구보고서 쓰기

● **탐구보고서의 전체 틀 잡기**

"구슬이 서 말이어도 꿰어야 보배다"라는 말이 있습니다. 사회현상 탐구에서도 자료를 모았다면 마지막엔 논문이나 보고서를 써야죠.

논문이나 보고서는 일정한 형식이 있기에 그에 따라 탐구결과를 기술하면 됩니다. 그럼 탐구보고서의 전체 틀을 잡기 위해 차례부터 정해 봅시다. 전문 연구자를 비롯한 대부분의 사람들이 차례를 정하기를 힘들어합니다. 그러나 앞에서 말했듯, 논문이나 보고서는 탐구 과정을 순서대로 기술하는 글이라고 생각하고 차례를 정하면 생각보다 쉽습니다.

다음은 일반적으로 많이 사용하는 논문의 차례입니다. 이를 보면 차례가 연구과정 순서와 같다는 말이 이해될 것입니다.

논문 제목

I. 서론

  - 연구의 필요성과 목적

  - 연구문제(또는 연구 내용)

II. 이론적 배경

  - 연구자가 다루는 연구변수에 대한 학계의 관련 논의

  - 연구자의 연구 내용과 유사한 선행연구 검토 결과

  - (필요한 경우) 가설과 가설 설정 이유

III. 연구방법

  - 연구대상과 선정 방법

  - 자료 수집 방법과 기간

  - 자료 분석 방법

IV. 분석 결과

  - 연구자가 분석한 결과를 목차를 나누어 구성

  - 분석 결과가 주는 시사점이나 논의거리 제안

V. 결론

  - 연구 내용 요약

  - 제언

참고문헌

부록: 질문지 등

이는 일반적으로 많이 사용하는 차례이지만 그대로 따라야 하는 것은 아닙니다. 기본 틀이니 연구자 나름대로 변형하여 사용하면 됩니다.

탐구과정을 떠올리며 차례를 생각해 봅시다. 제일 먼저 탐구주제를 정하고, 그에 따라 탐구문제를 결정합니다. 이때 연구자는 탐구문제가 탐구주제로서 유의미한지 파악하기 위해 관련 연구를 찾아서 검토합니다. 이런 과정을 정리하는 것이 '서론'입니다.

그다음에는 탐구주제를 더 상세화하고, 관련된 선행연구가 있는지 살펴봅니다. 필요한 경우에 이런 선행연구를 바탕으로 가설을 정합니다. 이런 전반적인 과정이 '이론적 배경'에서 다루는 내용입니다.

이제 본격적으로 연구자가 연구대상자를 정하고 언제, 어떤 방법으로 자료를 수집하고 그것을 분석할지 정하여 실행합니다. 이것을 정리하는 것이 '연구방법'에 대한 소개입니다.

그 후에 연구자가 수집한 자료를 분석하여 연구결과를 얻습니다. 이를 정리한 것이 '분석 결과'입니다. 분석 결과는 서론에서 제시한 연구문제의 답을 내놓는 것이기도 합니다. 이 과정에서 연구자는 자신의 분석 결과에 비추어 사회적인 시사점도 같이 제시할 수 있습니다. 마지막으로 연구 내용을 요약하고 연구결과에 따른 제언을 '결론' 부분에 쓰며 마무리합니다.

한편 여기서 제시한 큰 제목 외에 세부 제목은 연구 주제 등을 고려하여 연구자가 정해야 합니다. 그 방법은 다른 연구보고서의 차례를 보면서 익혀보세요.

● 탐구보고서의 세부 내용 작성하기

① 연구 제목 상세화하기

연구 제목은 무엇을 연구했는지 읽는 사람이 어느 정도 추측할 수 있도록 명료해야 합니다. 특히 연구변수나 연구대상자 등이 드러나면 좋습니다.

(가) 반려동물에 대한 연구

(나) 반려동물에 대한 인식 연구

(다) 고등학생의 반려동물에 대한 인식 연구

(라) 고등학생의 반려동물 복지권 인식에 관한 연구

앞에 나열한 네 개의 제목을 살펴봅시다. 사실 (가)나 (나)는 추상적인 제목이어서 구체적으로 어떤 방법을 사용하여 연구할지 파악하기 어렵습니다. 이에 비해 (다)나 (라)는 조금 더 상세합니다. (다) 정도로 해도 되고, 연구주제가 명확하다면 (라)와 같이 조금 더 상세하게 제시해도 됩니다.

한편, 연구 제목을 설정할 때 양적연구인지 질적연구인지에 따라 제목을 달리 정하는 것이 좋습니다. 대체로 일반화를 고려하는 양적연구는 변수 간의 인과관계가 드러나도록 하고 질적연구는 의미화를 강조하도록 하니 제목부터 차이를 볼 수 있어요.

(가) 반려동물 양육 경험이 동물복지권 인식에 미치는 영향

(나) 성별 반려동물에 대한 인식 차이 연구

(다) 반려동물이 1인 가구 구성원에게 주는 삶의 의미 연구

(라) 반려동물 양육 경험에 대한 사례 연구

(가)는 인과관계, (나)는 남녀 집단 간 인식 차이를 다룹니다. 이 경우에는 대체로 양적연구법을 사용하는 것이 적절할 것입니다. 반면 (다)는 의미, (라)는 사례 연구를 강조하므로, 질적연구로 결과를 제시하는 것이 적절할 것입니다.

제목을 명확하게 제시하기 위해 연구 과정에서 사용한 연구대상자, 연구변수, 연구방법 등을 제목에 넣기도 합니다. 아예 질문 형태로 연구 제목을 정할 수도 있습니다. 연구를 실행하면서 연구결과를 가장 잘 드러낼 수 있는 제목을 계속 생각해 볼 필요가 있습니다. 연구의 제목은 논문을 완성하고 최종적으로 결정해도 되니까요.

② 서론 작성하기

먼저 자신이 연구하게 된 계기나 필요성을 서술합니다. 일반적으로 사회현상에 대한 연구는 연구자 개인의 관심사이거나 사회적으로 이슈가 된 경우에 시작하죠. 이런 배경을 잘 정리하여 적으면 됩니다.

개인적 관심에서 연구를 시작했더라도 감정을 드러내지 않고 객관적으로 서술해야 합니다. 또한 탐구한 현상이 사회적으로 의미가 없다면 연구할 필요가 없기에, 어떤 점에서 사회적으로 연구할 필요가 있는지도 서술합니다. 또한 자신의 연구 내용과 비슷한 선행연구를 간단히 제시하고, 선행연구와 자신의 연구가 차이가 있다는 점도 밝힙니다.

그 후 탐구 내용을 질문 형태로 만들어서 제시합니다. 예를 들어 "반

려동물을 양육한 경험이 있는 사람은 동물복지권 주장에 찬성할까?"
라거나 "반려동물을 양육하는 경험이 개인의 일상에 주는 의미는 무
엇일까?"와 같이 구체적으로 질문을 만들어봅니다.

결국 서론에서는 연구 내용의 사회적 필요성, 관련 연구의 경향에
비추어 이 연구주제를 구체적으로 연구한 경우가 없으므로 여러분이
하고자 하는 연구가 필요하다는 점을 강조하여 서술합니다. 이에 따라
연구 필요성, 연구 목적, 관련 연구의 간단한 경향 분석, 그리고 구체적
인 연구문제가 제시됩니다.

③ 이론적 배경 작성하기

논문이나 최종보고서에는 이론적 배경을 본격적으로 정리해야 합
니다. 기본적으로 이 부분에는 연구자가 자신의 연구 설계(연구 가설이
나 문제, 자료 수집 방법, 연구대상자 선정, 자료 분석 방법)를 위해 공부한
관련 연구 내용을 정리하여 서술합니다.

다만 질적연구방법을 사용하는 경우에서는 이론적 배경을 하나의
목차로 정하여 따로 정리하지 않고, 서론에서 관련 연구를 검토할 때
작성하고 끝내기도 합니다.

반면 양적연구방법에서는 이론적 배경을 논리적으로 잘 서술하는
것이 매우 중요합니다. 특히 가설을 정하고 가설을 검증하기 위해 독
립변수와 종속변수를 정한 경우에는 이론적 배경에서 해당 변수와 관
련한 개념에 대한 기존 논의를 바탕으로 연구자가 다루는 해당 개념의
의미를 명확하게 서술해야 합니다.

이때 해당 개념에 대한 학자의 주장이 다양하다면 모두 기술하고,
연구자인 자신은 그중에 어느 학자의 것을 선택하겠다거나 여러 학자

의 논의를 종합한 후 나름대로 사용하겠다고 진술합니다.

그리고 자신이 연구하는 현상과 관련한 선행연구를 살펴보면서 연구대상자, 자료 수집 방법, 결과 등을 하나하나 정리하면서 전반적으로 관련 연구 경향이 어떠한지 논의해야 합니다. 이때 본문주로 인용한 부분을 잘 표기합니다.

이를 바탕으로 자신의 연구에서 사용할 가설이 무엇인지를 제시합니다. 결국 양적연구방법의 경우, 이론적 배경은 연구자가 만든 가설이 연구자의 개인의 생각이 아니라 관련 연구의 논리적 공부를 바탕으로 하여 만들어진 것임을 알리는 내용을 작성하는 공간입니다.

④ 연구방법 작성하기

연구방법에서는 연구대상자, 자료 수집 방법, 자료 분석 방법을 소개합니다.

첫째, 연구대상자는 양적연구와 질적연구별로 진술하는 내용이 다릅니다. 양적연구는 일반적으로 모집단이 누구이고, 그중에서 표본은 누구이며 몇 명인지, 그리고 표본을 선정한 방법도 제시합니다. 그리고 표본인 조사 대상이나 실험 대상의 집단 특성에 대해서도 성별 등 사회인구학적 특성을 바탕으로 기본적인 내용을 숫자나 비율 등으로 소개합니다.

질적연구는 연구참여자를 선정한 방법, 연구참여자는 몇 명인지, 그리고 그들의 연구주제와 관련한 특징 등을 상세히 제시합니다. 이때 연구참여자는 가명으로 제시하여 개인 정보를 보호해야 합니다.

둘째, 자료 수집 방법을 진술해야 합니다. 이와 관련해서는 앞에서 살펴본 다양한 자료 수집 방법 중에서 연구에 사용한 방법을 제시하고 진행한 자료 수집 절차를 구체적으로 진술하면 됩니다. 예를 들어 질 문지법을 사용한 경우에는 조사지를 어떤 내용으로 구성했고, 예비조 사를 통해 신뢰도와 타당도는 어떻게 구했고, 조사는 언제, 어떻게 했 는지를 제시하는 것입니다.

셋째, 자료 분석 방법도 진술해야 합니다. 양적연구에서는 사용한 통계분석 프로그램과 통계분석법을 제시하면 됩니다. 질적연구에서는 전사한 자료를 어떻게 질적으로 분석했는지 제시하면 됩니다.

⑤ 분석 결과 작성하기

이 부분에서는 연구자가 자료를 분석해서 얻은 결과를 세부 차례로 정해서 제시합니다. 양적연구의 경우에는 주로 가설별로 차례를 정하고 분석 결과를 표나 그래프 등과 같이 제시하는 것이 좋습니다. 또한 분석 결과를 바탕으로 사회에 주는 의미나 시사점 등을 서술하면 좋습니다.

질적연구의 경우에는 중요 발견에 따라 세부 차례를 정하면 됩니다. 참여관찰하면서 연구일지 등에 적은 내용이나 면접에서 들은 생생한 내용 일부를 그대로 제시합니다. 연구 자료를 전사한 내용 중에서 분 석 결과를 잘 드러내는 생생한 해당 내용의 부분을 그대로 제시하는 것입니다. 이 경우에 누가 말한 것인지, 언제 관찰한 것인지 등도 기술 해야 합니다.

⑥ 결론 작성하기

여기서는 연구의 전체 내용을 간단히 요약하고, 연구결과에 해당하 는 제언을 서술합니다. 연구자가 분석한 결과를 바탕으로 사회적인 정 책 변화 등을 제안하면 됩니다.

⑦ 참고문헌과 부록 작성하기

지금까지 본문에 인용했던 자료들을 모아서 참고문헌 정리를 합니다. 참고문헌은 일정한 형식에 맞추어 잘 정리해야 합니다. 그리고 부록에는 질문지 등과 같이 본문에 넣기 어렵지만 연구 과정에서 사용한 자료 등을 제시합니다. 다만 학술지 논문이라면 부록을 따로 제시하지 않아도 됩니다.

⑧ 전체 차례, 표와 그림의 차례 정리하기

모든 내용을 제시했다면, 연구 전체 차례, 표와 그림의 차례를 만들어서 제목 다음에 제시합니다. 이 역시 학술지 논문에서는 따로 작성하지 않아도 됩니다.

⑨ 국문 초록과 영문 초록 작성하기

탐구보고서에는 국문 및 영문 초록을 쓰지 않아도 되지만 논문에는 1,000자 내외로 내용을 정리하는 초록을 작성합니다. 한글로 국문 초록을 적고, 이를 영어로 번역하여 영문 초록을 작성합니다. 다른 외국어로 작성해도 되지만, 세계적으로 영어가 많이 활용되기에 영어로 씁니다.

국문 초록은 제목 다음에, 영문 초록은 참고문헌과 부록 사이에 배치합니다. 그리고 초록을 작성하는 경우에는 주제어(핵심어)도 작성합니다. 주제어는 자신의 연구결과물을 잘 드러내는 개념어를 다섯 개 내외로 작성하면 됩니다. 주제어나 초록은 다른 사람들이 논문을 검색했을 때 먼저 보이는 부분으로, 연구논문의 첫인상을 결정하므로 잘 정리해야 합니다.

내용을 다 적었으면 전체적으로 잘 다듬고 오탈자 등이 있는지 확인해야 합니다. 여러분이 작성하려는 주제와 가장 유사한 논문을 가져다 놓고 같이 살펴보면서 어떻게 기술하면 좋을지 살펴보세요. 그러면 이해가 더 쉬울 것입니다.

6
탐구에서 한발 더 나아가기, 사회참여 활동

● 침팬지를 연구하다 보호까지 하게 된 제인 구달

영국 출신인 제인 구달은 침팬지의 행동을 연구하는 학자입니다. 케냐에 살았던 경험으로 침팬지 연구를 시작했죠. 그가 침팬지를 연구한 결과는 그 자체로 야생동물 연구 분야의 획기적인 성과이면서, 일반 사람에게 야생동물 보호의 필요성을 알리는 자료입니다.

제인 구달은 박사학위를 받은 후에는 야생동물 연구를 체계적으로 계속하기 위해 기금을 모금하여 '제인 구달 연구소'를 만들었습니다. 이러한 연구소 활동은 야생동물을 연구하는 후배 학자의 지속적인 연구 활동에도 큰 도움이 되었습니다.

그러나 제인 구달의 활동은 연구에만 머물지 않았습니다. 자신의 연구 분야인 야생동물의 권리와 환경 보존을 위해 다양한 곳을 여행하면서 대중을 향한 강연을 합니다. 또한 'Roots&Shoots(뿌리와 새싹)'라는 사회운동 단체 활동도 하고 야생동물의 권리를 위한 캠페인 활동도 하고 있습니다.

어떤 현상을 탐구하여 연구결과를 제시하는 것만으로도 연구자는 사회적 책임을 한 셈입니다. 그러나 연구자로서 제인 구달의 다양한 활동에서 보듯이 자신이 탐구한 분야와 관련하여 사회변화를 이끌기 위해 다양한 활동을 하는 것도 가능합니다. 이처럼 연구자가 사회현상을 탐구한 후 해볼 수 있는 활동을 생각해 봅시다.

● 블로그에 탐구결과 공유하기

요즘 사람들은 논문이나 보고서같이 긴 글을 읽기 어려워합니다. 반면 인터넷 자료는 쉽게 활용합니다. 그래서 최근에는 많은 연구기관에서 연구결과를 블로그 등 인터넷 기반 사이트에 제공하고 있습니다.

여기서는 대부분 중요 연구 자료에 대한 인포그래픽 정보를 활용합니다. 질적자료는 핵심적인 단어나 구절 등으로 인포그래픽을 만들면 되고, 양적자료는 표나 그래프를 제시하면서 중요한 결과를 한 문장으로 만들어 옆에 제시하는 형태가 일반적이죠.

만약 한 학급에서 여러 친구가 동일한 사회현상을 탐구했다면 학급 전체가 사용할 수 있는 블로그를 하나 만들어서 세부 탐구 주제별로 해당 연구결과의 인포그래픽 등을 올리면 될 것입니다. 추가 보고서나 통계자료 사이트, 신문 기사 등 선행연구 자료의 링크를 참고 자료로 걸어두면 블로그 이용자에게 큰 도움이 되겠죠.

● 홍보 영상 만들기

요즘은 영상 세대라 논문이나 보고서와 같은 텍스트보다는 영상으로 탐구결과를 보는 것을 편하게 여깁니다. 따라서 PPT 동영상이나 TV 프로그램과 같은 동영상을 활용하면 좋습니다.

우선 PPT 동영상을 만들어봅시다. 일단 탐구결과에서 강조할 주장을 어떤 순서로 이야기할지 정합니다. 이를 바탕으로 PPT 슬라이드에 어떤 내용을 담을지 구상합니다. 그런 후 슬라이드의 각 화면에 텍스트와 그림, 통계자료 등으로 중요 내용을 넣어서 만듭니다.

이렇게 PPT를 만든 후 슬라이드마다 상세한 설명을 문장으로 적어봅니다. 그리고 슬라이드를 보면서 연습해 보고 미흡한 사항이 있으면 수정합니다. 그 후에 PPT 동영상 만들기 기능으로 녹음하면서 동영상을 제작하면 됩니다.

이때 저작권이 있는 사진이나 그림, 동영상 등은 설명만 하거나 링크로 제시하고 실제로 사용하지 않아야 합니다. 또한 글이나 도표 등의 자료를 다른 곳에서 가져왔다면 인용 표시를 해야 합니다.

다음으로 사회 비평을 하는 TV 프로그램과 같은 동영상을 제시하는 방법이 있습니다. 이 경우에는 연구자의 탐구 내용이 갖는 사회적 의미와 연구결과, 연구결과를 바탕으로 어떤 변화가 필요한지에 초점을 두어 스토리를 만듭니다.

이후 스토리를 잘 전달할 관련 자료를 같이 제시하면서 자신의 주장을 펼치면 됩니다. 필요한 경우에 연구 내용을 설명하고, 연구결과에 비추어 사회변화가 일어나야 한다는 주장을 담아서 스피치하면 됩니다. 또는 최근 인기인 숏폼 형태의 동영상을 창의적으로 제작해도 됩니다.

그 후 영상을 촬영하고 편집하면서 간단한 배경음악을 입혀서 최종 결과물을 완성합니다. 다만 이 경우에도 배경음악에 저작권이 있다면 유의하여 사용해야 합니다.

● 캠페인 활동하기

제인 구달이 침팬지 등 야생동물이 살아갈 자연환경의 보존 필요성을 강조하는 활동을 하는 것처럼, 여러분도 사회탐구 결과를 바탕으로 캠페인 활동을 할 수 있습니다. 일반적으로 캠페인 활동은 다수의 사람에게 무엇인가를 주장하기 위한 것이기에 간단한 자료를 준비하고 그 내용을 바탕으로 공개적으로 홍보하는 활동을 하면 됩니다.

혼자서 할 때는 행사에 대한 신고 등의 법적인 절차가 필요하지 않습니다. 1인 시위와 같이 개인적으로 자신의 연구 내용을 홍보하면 되죠. 그러나 여러 명이 사회 이슈에 대한 캠페인 활동을 할 때는 사전 신고가 필요할 수 있습니다.

교내나 학교 앞에서 홍보·캠페인 활동을 할 때는 사전 신고가 필요 없습니다. 그러나 다수가 이용하는 공개적인 장소나 공원, 거리 등 사람이 많이 모이는 장소에서 할 때는 보통 48시간 전에 행사 장소를 관할하는 경찰서에 집회 사전 신고를 해야 합니다.

경찰서에 신고해야 한다고 하니 겁먹는 경우가 있는데, 그러지 않아도 됩니다. 집회는 헌법에서 보장하는 시민의 자유 중 하나이며, 경찰서에 신고하는 것은 법률적인 절차를 지키는 과정일 뿐이니까요. 사전 신고는 관할 경찰서에 가서 신고서를 작성하여 제출하면 됩니다.

예를 들어 반려동물을 위한 의료비 지원이 필요하다는 연구결과를 얻었다면 이와 관련한 정책 변화를 요구할 수 있을 것입니다. 이 경우에 캠페인 활동을 통해 여러 사람의 지지를 얻어서 그 내용을 여러분이 소속된 학교의 지역구 국회의원에게 전달하는 것도 좋은 방법입니다. 이를 위해서는 캠페인 활동에서 홍보만 하고 끝내는 것이 아니라 동의서를 받는 등의 지지를 받기 위한 활동까지 이어가야 합니다.

● 사회운동하기

캠페인 활동보다 더 적극적인 것이 사회운동을 통해 사회변화를 이끌어내는 것입니다. 사회운동은 사회현상의 방향을 정하고 그것을 이루기 위해 조직적으로 활동을 지속하는 것입니다. 일반적으로 시민단체를 구성하거나 사회단체에 가입하여 활동하는 방식을 띱니다.

최근에는 기후변화, 노동환경 변화, 사회적 소수자 인권, 문화 다양성, 지속 가능 발전 등 다양한 주제를 바탕으로 다수의 사람이 단체를 구성하여 사회운동을 하는 모습을 쉽게 접할 수 있습니다.

실질적인 사회운동은 위에서 말한 홍보 블로그, 동영상 홍보, 캠페인 활동 등을 모두 포괄합니다. 사회운동은 사회현상을 연구한 연구자들이 자신의 연구결과를 바탕으로 사회적 실천을 위한 활동이라는 점에서 의미가 있습니다.

그러나 앞에서 말했듯 연구자는 연구만으로도 사회적 책무를 다했다고 할 수 있습니다. 그런 점에서 지금까지 제시한 다양한 활동은 탐구를 바탕으로 할 수 있는 부가적인 활동임을 기억하면 좋겠습니다.

인포그래픽을 활용해 볼까?

좋은 생각이야!

야생동물을 보호하려면 어떻게 해야 할까?

제가 이번에 한 연구에 따르면….

○○○ 국회의원께

저는 이번에 노동 환경에 관한 연구를 한 학생입니다. …… 정책을 만들어주시기를 부탁드립니다.

장애인의 이동권을 보장해라!

누구나 원하는 곳에 갈 자유가 있다!

이동권 보장!

장애인의 이동권을 보장해라!

장애인의 이동권을 보장해라!

장애인의 이동권을 보장해라!

누구나 원하는 곳에 갈 자유가 있다!

장애인의 이동권을 보장해라!

누구나 원하는 곳에 갈 자유가 있다!

탐구결과 정리부터 통계표 활용까지

1. 자신이 조사한 내용에서 표나 그래프로 제시해야 할 것이 있는지 정리해 봅시다.

2. 자신이 구하거나 조사한 내용 등에서 표로 제시할 내용이 있으면 구체적으로 표로 만들어서 제시해 봅시다.

3. 자신이 구하거나 조사한 내용 등에서 그래프나 인포그래픽으로 작성할 내용이 있다면 어떤 자료로 구성해야 할지 정리해 봅시다.

4. 자신의 탐구 내용에 대하여 연구 계획서를 작성해 봅시다.

5. 자신이 탐구한 결과를 보고하기 위한 연구결과의 목차를 만들어봅시다.

6. 자신의 탐구 결과를 바탕으로 사회운동을 해야 하는지, 그렇다면 어떤 것을 할 수 있을지 생각하여 의견을 제시해 봅시다.

스스로 질문하고
답을 찾는 여행을 시작합시다

사회현상을 직업적으로 탐구하는 사람들은 대학이나 연구소 등에서 연구자라는 직업을 가지고 살아갑니다. 이들의 일은 사람들이 일상으로 경험하는 다양한 현상을 조금 새로운 측면에서 질문하고 그에 대하여 관찰하는 등의 과학적 방법으로 그 답을 찾아갑니다.

그러나 오늘날에는 전문 연구자가 아닌 보통 사람들도 연구자가 될 필요가 있습니다. 우리가 살아가는 삶에 대하여 질문하고 답을 찾는 과정이 조금 더 지혜롭게 살 수 있게 해주기 때문입니다.

대의민주주의 시대인 오늘날, 우리는 온갖 미디어가 사회현상에 대하여 이런저런 주장을 주도하는 환경에서 살고 있습니다. 미디어에 등장하는 이들의 주장 중 상당 부분은 과학적 지식을 기반으로 하는 것이 아니라 그냥 '느낌적인 느낌'으로 하는 이야기입니다.

이를 고려하면, 우리 모두 스스로 질문하고 객관적인 증거를 바탕으로 답을 찾을 필요가 있습니다. 그러지 않으면 타인의 근거 없는 주장을 그대로 따라가는 수동적인 삶을 살 가능성이 크기 때문이죠.

지금까지 이 책에서 보여준 것처럼 사회의 모든 현상을 엄밀하게 탐구하기는 어려울 것입니다. 다만 사회현상에 대하여 누군가의 말을 그대로 수용하는 대신 스스로 질문을 만들고 답을 찾아가는 탐구를 해봅시다.

이 책을 다 읽었다면 여러분도 이제 그 길의 시작점에 선 것입니다. 이제 머릿속에 있는 사회현상 탐구에 대한 온갖 내용을 정리하면서 탐구 질문을 던지고, 탐구의 현장으로 나아가보세요.

그러면서 우리가 살아가는 사회를 알아가고, 사회의 긍정적인 변화 방향을 모색하고, 여러분이 살아갈 멋진 사회를 만들어보세요. 여러분은 충분히 해낼 수 있습니다.

2024년 4월

구정화

미주

1 국립생태원 블로그(blog.naver.com/nie_korea/221073675473).

2 국제 커피 통계 자료는 국제커피협회 사이트(ico.org)에 회원가입하면 찾을 수 있음.

3 통계청, 「2022년 초중고사교육비조사 결과」, 통계청 사회통계국 복지통계과, 2023.03.27.

4 『현대 사회학』(앤서니 기든스 저, 김미숙 외 역, 을유문화사, 2011)의 커피 한잔에 담긴 질문을 바탕으로 하여 재구성함.

5 박용정·이정원·한재진, 「커피산업의 5가지 트렌드 변화와 전망 – 국내 커피산업 약 7조 원 규모로 성장!」, 《한국경제주평》, 현대경제연구원, 848(0), pp. 1~15. 2019.

6 최승식, "'용서'가 학업 성적 향상에도 도움?", 《코메디닷컴》, 2023.05.14.

7 루이스 코저 저, 박명규·신용하 역, 『사회사상사』, 한길사, 2018.

8 안현재, "서울대 사람들은 공부하기 전에 팩을 찹니다", 《서울대학교 대학신문》, 2004.03.13.

9 이혜정, 「노는 아이들의 세계: 중학교 또래집단의 학교 밖 생활에 관한 문화기술적 논문」, 서울대학교 대학원 석사학위논문, 1989.

10 이 자료들은 저자가 관련 연구 등을 고려하여 각색함.

11 로렌 슬레이터 저, 조증열 역, 『스키너의 심리상자 열기』, 에코의서재, 2005.

12 뉘른베르크 강령과 관련한 내용은 국가생명윤리정책원(nibp.kr/xe/info4_5/4780)에서 확인할 수 있음.

13 왓슨의 실험은 여러 심리학 서적에 제시되어 있음. 특별히 행동주의 연구와 관련한 실험은 『심리의 책』(캐서린 콜린 외 저, 이경의·박유진·이시은 역, 지식갤러리, 2012)을 참조함.

14 선진국 및 신흥국가 19개국 총부양비 자료는 "아직 실감이 안 나는 고령화 사회 : 총부양비 기준비교"(조창훈, 《괜찮은뉴스》, 2023.03.18.)에서 참조함.

15 김지연, 「30대 여성 경제활동참가율 상승의 배경과 시사점」, KDI, 2023.10.30.

16 성불평등지수와 성격차지수에 관한 내용은 한국여성정책연구원(gsis.kwdi.re.kr/kr/gdi/gdiTabInfo.html?tabType=INTE)을 참조함.

17 정인숙·오미영, 『커뮤니케이션 핵심이론』, 커뮤니케이션북스, 2023.

18 하마모토 다카시 저, 박정연 역, 『신데렐라 내러티브』, 효형출판, 2022.

19 임병안, "송유관 석유 노린 땅굴 일당 주범은 누구?…항소심 재판부에서 결론 나올 듯", 《중도일보》, 2023.09.15.

20 마르셀 뒤샹의 모나리자 패러디에 관한 자료는 「레오나르도 다 빈치의 〈모나리자〉 패러디 유형에 따른 작품 분석」(양모란, 한국교원대학교 대학원 석사학위논문, 2009)을 참조함.

21 저작권의 역사 등에 관한 내용은 「저작권의 역사와 철학」(남형두, 《한국산업재산권법학회논집》, 26, 한국지식재산학회, pp. 245~306, 2008)에서 참조함.

22 박지훈, "빅데이터 혁명 국내 사례: 걸음마 시작한 코리아 빅데이터, 상품 추천을 넘어 '데이터 드리븐'", 《매일경제》, 2019.12.27.

23 마시멜로 실험의 결과 등은 『마시멜로 이야기』(호아킴 데 포사다·엘렌싱어, 정지영 역, 한국경제신문사, 2005)를 참조했고, 관련 실험의 문제점과 이후 실험 등의 자료는 "마시멜로 실험은 틀렸다"(백소정, 《전자신문》, 2018.08.06.)를 참조함.

24 노성호·구정화·김상원, 『사회과학 연구 방법론』, 박영사, 2018.

25 루스 베네딕트 저, 김윤식·오인석 역, 『국화와 칼』, 을유문화사, 2019.

26 김영옥, 「어린이의 일상생활을 통해 본 장소 경험의 특징: 한 어린이의 일기에 나타난 장소 경험을 중심으로」, 경인교육대학교 교육대학원 석사학위논문, 2007.

27 김경일, "[김경일의 심리학 한 토막] 그냥 알게 된 것보다 실수 통해 배운 것 더 잘 기억한대요", 《조선일보》, 2019.08.28.

28 필립 짐바르도 저, 이충호·임지원 역, 『루시퍼 이펙트』, 웅진지식하우스, 2007.

29 Asch, S. E.(1952), 『Social Psychology』, New York: Prentice-Hall.

30 안혜정, 「2022 KAIST 구성원 실패 인식 조사」, KAIST 실패연구소, 2023.

31 노성호·구정화·김상원, 앞의 책.

32 앞의 책.

33 앞의 책.

34 오스카 루이스 저, 박현수 역, 『산체스네 아이들』, 이매진, 2013.

35 유진은·노민정, 『초보 연구자를 위한 연구방법의 모든 것』, 학지사, 2023.

36 수디르 벤카테시 저, 김영선 역, 『괴짜 사회학』, 김영사, 2009.

37 김용환, 『말리노프스키의 문화인류학』, 살림출판사, 2004.

38 전경옥·김은실·정기은, 『한국여성인물사 1』, pp. 83~165, 숙명여자대학교 아시아여성연구소, 2004.

39 김은아, 「아빠가 휴대폰을 망치로 깼다: 청소년 스마트폰 사용에 관한 한 가족의 갈등 경험」, 《교육인류
    학연구》, 21(3), pp. 111~137, 2018.

40 김창희, 『플로렌스 나이팅게일 평전』, 맑은샘, 2019.

41 노성호·구정화·김상원, 앞의 책.

42 국토교통부, 「'16년 연간 항공여객 1억 명 돌파」, 국토교통부 항공정책과, 2016.12.16.

청소년을 위한 사회문제 탐구 에세이

초판 1쇄 2024년 4월 22일

지은이 | 구정화
펴낸이 | 송영석

주간 | 이혜진
편집장 | 박신애 **기획편집** | 최예은 · 조아혜 · 정엄지
디자인 | 박윤정 · 유보람
마케팅 | 김유종 · 한승민
관리 | 송우석 · 전지연 · 채경민

펴낸곳 | (株)해냄출판사
등록번호 | 제10-229호
등록일자 | 1988년 5월 11일(설립일자 | 1983년 6월 24일)

04042 서울시 마포구 잔다리로 30 해냄빌딩 5 · 6층
대표전화 | 326-1600 **팩스** | 326-1624
홈페이지 | www.hainaim.com

ISBN 979-11-6714-080-7